Le grand livre de la philosophie

Claude-Henry du Bord

Le grand livre de la philosophie

EYROLLES

Groupe Eyrolles
61, bd Saint-Germain
75240 Paris cedex 05
www.editions-eyrolles.com

Mise en pages : Facompo

ISBN : 978-2-212-56464-8

Le noyau ne fait pas le fruit, mais il en contient la promesse.
Ce livre est comme un tas de noyaux qui attendent de germer.

À Pascale Saint-André du Bord, qui sait.

Uxori optimae...

REMERCIEMENTS

Je tiens à remercier chaleureusement mes Maîtres, Jean Guitton, Emmanuel Levinas, pour ne citer qu'eux ; je leur dois le peu que je sais. *In memoriam.*

NOTE DE L'ÉDITEUR

Du grec « amour de la sagesse », la philosophie est l'affaire de tous. Ainsi, cet ouvrage vous invite à dialoguer avec les plus grands philosophes : Platon, Rousseau, Nietzsche, Sartre, et bien d'autres encore !

Dans un langage accessible, il vous propose un panorama non exhaustif de la philosophie occidentale, des origines à nos jours. Organisé de façon chronologique, il présente chaque époque à travers ses courants, ses auteurs et ses œuvres, donnant ainsi les principaux repères. Interactif et ludique, le texte bénéficie d'une présentation pratique, facile à consulter.

Pour chaque philosophe, vous trouverez :

- une courte biographie,
- un résumé des idées forces de sa pensée,
- de nombreuses citations,
- des anecdotes savoureuses,
- des schémas clairs.

SOMMAIRE

Quatrième partie

LE XVIIIe SIÈCLE, L'ENCYCLOPÉDIE, LES LUMIÈRES

Cinquième partie

LE XIXe SIÈCLE, LES TEMPS NOUVEAUX

Sixième partie

LE XXe SIÈCLE : LA PHILOSOPHIE CONTEMPORAINE

LE MIRACLE GREC

CHAPITRE 1

LES PENSEURS GRECS AVANT SOCRATE

Entre croyance et savoir

L'intérêt que nous portons aux présocratiques est assez récent ; il date de la fin du XIXe siècle et des reproches adressés par Nietzsche à Socrate, père des « hallucinés de l'arrière-monde ». L'idée germe que ce qui précède Socrate est « plus pur », plus authentique… Pourtant, des œuvres, il ne reste presque rien ; des hommes, nous ignorons presque tout. La légende l'emporte sur la vérité, la bribe parle pour le recueil.

• Philosophie et mythologie

La réflexion morale du peuple grec s'affine en même temps que se développent tant sa civilisation que son rapport avec les autres peuples, non sans exacerbations et luttes politiques. La pensée grecque cherche alors de plus en plus à expliquer et à formuler l'énigme de l'univers. Elle passe lentement d'une conception mythique où la religion des Mystères joue un rôle considérable à une conception du monde visible ; la plupart des penseurs cherchent à comprendre le monde et la manière dont il a été créé. Ils s'appuient d'abord sur des cosmogonies qui se séparent de la religion traditionnelle en même temps qu'elles s'unifient ; à partir de ces généalogies s'élabore la première réflexion « scientifique » fondée sur l'observation de phénomènes élémentaires.

Vous avez dit cosmogonie ?

La cosmogonie est la théorie qui vise à expliquer la formation de l'Univers.

La pensée philosophique se confond alors avec la pensée scientifique ; elle se concentre en premier lieu sur le monde avant même de s'intéresser à l'homme.

En effet, avant d'être ce que nous nommons des « philosophes », ces penseurs sont des « physiologues », des « physiciens ». Leur étude de la nature leur permet de dégager une vérité sur les êtres et les choses.

• Une soif de connaissances

Les présocratiques travaillent en écoutant la Nature et, en suivant ses lois, admirent et étudient le Ciel, l'art, la beauté, le secret des nombres, de l'alphabet, de la grammaire... En ce sens, il est possible de dire que Thalès et Pythagore sont « mathématiciens », Héraclite « grammairien », Anaximandre « géographe ».

Certains créent des « écoles » (qui regroupent des tendances communes) attachées à une ville (Crotone, Élée...), d'autres sont des personnalités de premier plan qui brisent les cadres établis, rejettent « leurs contemporains dans l'ombre ».

• Le pouvoir du langage

Le déclin de la philosophie de la nature, jugée trop dogmatique, donnera ensuite naissance aux sophistes, prédécesseurs immédiats de Socrate. La pensée prend ici une nouvelle voie : l'homme devient « la mesure de toute chose » ; mais est-il capable de connaître réellement la réalité, d'arriver à une certitude sans sombrer dans une logique devenue art de la parole ? Telles sont les questions auxquelles Socrate s'attachera à répondre en fondant la dialectique qui étudie non les choses, mais les opinions des hommes sur les choses.

L'école ionienne : ébauche d'une science

La première école de philosophes « scientifiques », logique et rationnelle, naquit dans la ville de Milet, sur la côte ionienne (la patrie d'Homère), carrefour du commerce et de l'industrie. Les penseurs ioniens sont les premiers à poser la question fondamentale : « De quoi toutes choses sont-elles faites ? »

• Thalès de Milet (vers 625-547 av. J.-C.) : les mathématiques à l'honneur

Imprégné par la cosmologie traditionnelle, Thalès affirme que « *tout est fait d'eau* », formulant ainsi le tout premier essai d'une « philosophie de la nature ». L'eau, principe primordial et primitif, engendre la terre à la suite d'un processus physique résiduel ; l'air et le feu étant des exhalaisons d'eau. Les astres flottent comme des bateaux dans les eaux d'en haut.

• Anaximandre (vers 610-546 av. J.-C.)

Les éléments en lutte

Critiquant Thalès, Anaximandre considère que l'élément primitif est dans l'Infini ou *l'Illimité,* un fond de matière qui s'étend dans toutes les directions. Il serait le premier à avoir employé le terme de « principe », substance primitive qu'Aristote nomme « cause matérielle ». Déduisant que, si une matière était plus importante, elle l'aurait emporté sur les autres, il conçoit que les différentes formes de matière sont en lutte continuelle. Éternelle, englobant toutes choses, la nature procède par tension et dissociation des contraires – qu'il désigne sous le nom de « contrariétés » : chaud/froid ; sec/humide. Toute chose est née d'un mélange et le changement résulte de la lutte des contraires.

La naissance de la cosmologie

Anaximandre est par ailleurs le précurseur de la cosmologie véritable, un système cohérent du monde. Les premiers pythagoriciens, puis Platon et Aristote, perfectionneront ses abstractions qui donneront naissance à la cosmologie grecque admise jusqu'à Copernic : la Terre est un disque plat dont la hauteur est le tiers du diamètre ; elle n'a pas besoin de support, demeure en place pour être à égale distance de tout ; les astres (formés de feu et d'air) sont entraînés autour d'elle par rotation, accrochés à une roue qui tourne... Notre monde (notre galaxie) est entouré d'une infinité d'autres.

• Anaximène (vers 550-480 av J.-C.)

Comme Anaximandre, il croit en une substance primordiale, mais pense qu'il s'agit de l'air, qu'il qualifie d'indéterminé, de « non illimité ». Les différentes sortes de matières qui nous entourent proviennent soit de la raréfaction, soit de la condensation de l'air. L'air est dieu, notre âme est faite de cette puissance vivante qui maintient le monde en vie (conception que partageront les Pythagoriciens). En se solidifiant, l'air donne naissance à un corps de nature cristalline ; un perpétuel échange de matière a lieu entre le ciel et la terre, de sorte qu'au sein de ce mouvement perpétuel, la compression et la dilatation produisent différents corps.

REPÈRES

Un grand architecte de l'Univers

La conception astronomique d'Anaximène va durablement influencer l'Occident : en se comprimant aux limites du monde, l'air constitue une voûte qui se dessèche et se solidifie sous l'influence du feu ; en se raréfiant, l'air produit des étoiles. La Terre, comme les autres astres, est une espèce de table peu épaisse, de forme concave, suspendue dans l'air.

• Héraclite d'Éphèse (vers 576-480 av. J.-C.)

« La route qui monte et qui descend est la même. »

Fragment 60

Contrairement à ses prédécesseurs, il est plus préoccupé par la théologie et la morale que par la cosmologie ou l'étude de la nature.

Le feu, principe primordial

Pour Héraclite, le feu est la matière à la fois la plus subtile et la moins corporelle. Véritable « psyché » (âme en grec), il se voit attribuer une vitalité foncière ainsi que la capacité de faire naître. L'âme en feu est, en quelque sorte, la manière divine de son mode d'être.

L'harmonie par-delà les contraires

Les choses et leur aspect évoluent selon la loi des contraires, ou plus exactement de remplacement des contraires : l'ombre devient lumière, le froid se transforme en chaud, etc. Cette opposition, qui est aussi un principe, est la condition du devenir, « tout s'écoule », sans cesse soumis à une perpétuelle métamorphose qui évolue selon un cycle où s'accomplit la coïncidence des contraires : l'harmonie.

FOCUS

Le devenir perpétuel

L'unité de toute chose, au sein des contradictions, induit l'idée de devenir. Le célèbre fragment 49a doit ainsi être lu dans son unité, et surtout sans oublier la seconde phrase :

- « *Nous sommes et ne sommes pas* », c'est-à-dire : malgré les apparences, notre existence est une et cette unité est le fruit d'un perpétuel changement.
- « *Nous descendons et ne descendons pas dans le même fleuve* », c'est-à-dire : je peux traverser le Rhône un lundi, recommencer un mardi, mais l'eau ne sera pas la même puisque le propre du fleuve est de couler. Platon formulera autrement ce concept en disant que « *notre être est un perpétuel devenir* ».

Le mot « harmonie » appartient au vocabulaire grec des charpentiers : il signifie originellement « bien faire jointer deux poutres » d'où l'idée d'ajustement dans l'équilibre. Héraclite donne un autre sens à une notion établie par Pythagore : le monde réel est un bel ajustement de tendances, de forces qui s'opposent. Reconnaître l'existence de ce conflit sans fin permet donc de découvrir aussi que le monde est une harmonie cachée où vibre un accord profond : « *Ils ne savent pas comment le discordant [ce qui lutte] s'accorde avec soi-même : accord de tensions inverses, comme pour l'arc et la lyre* » (fragment 51). C'est ce conflit qui maintient le monde et la vie qui est en lui. Le « *Bien et le Mal sont un* » (fragment 58), parce qu'admettre la notion de Bien conduit à admettre celle de Mal.

REPÈRES

Une doctrine prometteuse

La doctrine héraclitéenne influencera considérablement la pensée de Platon qui la critiquera vivement, choqué par cette théorie sur l'instabilité des substances et de l'incessant écoulement. Mais Hegel célébrera « *la première formulation de la pensée dialectique* », Nietzsche puis Heidegger l'admireront sans mélange.

• Anaxagore (vers 520-428 av. J.-C.)

Une pensée de la totalité

Né à Clazomènes en Ionie, Anaxagore est le premier philosophe à s'implanter à Athènes où, durant une trentaine d'années, il aurait exercé son enseignement. Digne héritier de l'école ionienne, il devint le maître et l'ami de

Périclès ; certains prétendent qu'Euripide fut son élève. Passionné par les questions scientifiques et cosmologiques, il se désintéressait des affaires publiques au point de prétendre que le ciel était sa patrie, et les étoiles sa mission.

Des substances premières à l'infini

Le nombre des choses est infini et aucune d'entre elles n'est semblable à une autre. Chaque partie qui compose une chose contient une minuscule portion de matière *dans des proportions variées*. Un peu de tout est en tout : la neige contient du noir, même si le blanc prédomine. Anaxagore démontre le bien-fondé de sa théorie par l'infinie divisibilité de la matière (il est le premier à avancer cet argument développé ensuite par les atomistes). D'une certaine manière, il donne une première formulation de la théorie de Lavoisier, selon laquelle « *rien ne se perd, rien ne se crée, tout se transforme* », en développant l'idée du continu réel : les modifications apparentes d'un être réel s'inscrivent dans une permanence.

FOCUS

La création du monde : le *Noûs*

Pour Anaxagore, le monde a été créé par une force qui a tout organisé. Il nomme *Noûs* cet être pensant ou intelligence qui est, selon lui, infini, autonome, et ne se mélange à rien. Sous l'impulsion de cette substance rare et subtile, la matière s'est mise à tourner, à tourbillonner au point de gagner tout l'être existant : ainsi, le monde est soumis à un ensemble de forces mécaniques : ce sont les éléments les plus lourds qui se séparent. Cette intelligence n'est en aucun cas douée d'une personnalité : il ne faut pas l'assimiler à un dieu créateur ou à la providence.

L'intelligence, principe du mouvement

Anaxagore fut certainement le premier à étudier les éclipses de soleil et à penser qu'elles résultent d'un passage de la Lune entre la Terre et le Soleil. Selon lui, « *tous les êtres qui ont une âme sont mus par l'intelligence* », en proportions différentes : les planètes sont dotées d'une intelligence « minime », les plantes possèdent vie et sensibilité et sont produites, comme les animaux, à partir d'un mélange de toutes les substances. La sensation est produite par le contraire et non par le semblable : le froid est senti par contraste avec le chaud… Mais, en osant soutenir que les astres possèdent une nature identique à celle des corps terrestres, Anaxagore n'en faisait plus des dieux, il contrariait les célébrations rituelles officielles et donc le gouvernement en place. Le dieu du philosophe se confond avec cette « intelligence » qui met les choses en mouvement.

• Pythagore (vers 580-500 av. J.-C.)

Une pensée du nombre

Vraisemblablement né sur l'île de Samos, Pythagore aurait voyagé en Perse avant de s'installer à Crotone où de nombreux disciples vinrent suivre son enseignement ; il se serait retiré à Métaponte et y serait mort. Tout le reste est légende. Véritable thaumaturge, le maître n'a rien écrit, pas même les *Vers dorés* qu'on lui attribue à tort.

FOCUS

Les pythagoriciens

Depuis Aristote, les disciples de Pythagore sont désignés d'une manière générale par le terme de pythagoriciens : nous leur devons des spéculations sur l'arithmétique, la géométrie, la physique et la cosmologie, conjuguées avec un ensemble de conseils moraux.

Les mystères de la musique

Selon les pythagoriciens, la vie doit être ascétique et contemplative, placée sous le signe de la science, et plus précisément des mathématiques. On trouve chez ces penseurs une fascination pour la musique conçue comme un élément purificateur qu'il est possible de comprendre par les mathématiques.

REPÈRES

Pythagore musicien

Pythagore découvrit les rapports numériques simples des intervalles musicaux. Une enclume frappée avec des marteaux de poids différents produit des sons dont les hauteurs sont proportionnelles aux poids des marteaux. Une corde donne l'octave si sa longueur est diminuée de moitié ; réduite à trois quarts, elle donne la tierce, et à deux tiers la quinte. Une quarte et une tierce font une octave :
$\frac{4}{3} \times \frac{3}{2} = \frac{2}{1}$.

Le secret des nombres

L'idée germe que toutes les choses sont des nombres et qu'il suffit de comprendre ces nombres pour comprendre le monde. L'ensemble des lois de la nature est réductible à des équations. Plus encore, on s'imagine pouvoir maîtriser le monde une fois qu'on aurait déchiffré ses structures numériques. Les nombres sont des réalités concrètes identifiées à l'espace ; une valeur morale leur est attribuée : le 4 et le 9 représentent la justice pour la simple raison qu'ils sont des carrés (2^2 ; 3^2), et donc le signe d'un équilibre parfait.

Les nombres s'inscrivent dans une démarche majeure fondée sur deux irréductibles : les notions de Limite et d'Illimité. Cette table pythagoricienne est ensuite étendue à la division des entités arithmétiques selon le Pair et l'Impair, la Multitude et l'Unité. Ces couples prennent symboliquement nom et forme :

- le Pair (indéfiniment divisible) comme Mâle, Droit, Repos, Lumière ;
- l'Impair (unité indivisible) comme Femme, Courbe, Mouvement avec rotation.

L'école éléate : entre science et onirisme

• Parménide (vers 544-450 av. J.-C.)

« Une machine à penser »

Ce philosophe sur qui nous savons si peu naquit à Élée, au sud de l'actuelle Naples, et y fonda une école qui porte le nom de sa ville : éléate. D'après Aristote *(Métaphysique)*, Parménide aurait été l'élève de Xénophane. Si l'on en croit Platon, il aurait rencontré Socrate à Athènes vers – 450, en compagnie de son disciple, Zénon.

La vérité contre l'opinion

À la manière de Xénophane, et plus tard d'Empédocle, la doctrine de Parménide est contenue dans un poème en hexamètres épiques, intitulé *De la nature* et divisé en deux parties : « Le chemin de la vérité », qui renferme sa théorie logique, et « Le chemin de l'opinion », qui expose sa théorie cosmologique, fortement inspirée par le pythagorisme. Cette seconde partie est, en somme, un catalogue des erreurs dont il s'est libéré, le philosophe nous mettant ainsi en garde contre l'opinion du plus grand nombre.

L'Être et le Néant

Selon Parménide, ses prédécesseurs manquent de logique : avancer que tout est constitué d'une seule matière fondamentale exclut en effet qu'il y ait de l'espace vide. Pour le philosophe, « *ce qui est, est* », point. Ce qui n'est pas ne peut être pensé. L'être est : indivisible, immuable, et par conséquent pensable. Le monde est plein de matière d'une même densité ; incréé, éternel, homogène, il s'étend à l'infini, dans toutes les directions. Il n'y a rien en dehors de lui, semblable à une sphère solide, il est sans mouvement, sans temps, sans changement. L'expérience de nos sens étant illusoire, penser qu'il puisse en être autrement est sans aucun fondement logique.

La perfection de l'Être est comme enfermée dans la perfection du langage poétique : « *Le même, lui, est à la fois penser et être* » (frag. III). Les autres, les « mortels », « *tous sans exception, le sentier qu'ils suivent est labyrinthe* » (frag. VI). Penser l'être ouvre le bon chemin, celui de la stabilité, de cette clairière où les hommes sont chez eux. L'avancée du discours est image de cette permanence.

• Zénon d'Élée (vers 490-485 av. J.-C.)

Une pensée du paradoxe

Vraisemblablement né vers le commencement du ve siècle, Zénon a sans doute été un proche ami, voire le fils adoptif, de Parménide.

Zénon ne fut pas qu'un dissident, « *un authentique homme politique*[1] », il est d'abord considéré comme un expert en logique et en spéculation mathématique, dans la lignée de l'enseignement ésotérique des pythagoriciens qu'il s'applique à détruire. Aristote lui attribue l'invention de la dialectique[2].

Vous avez dit dialectique ?

Dans son sens premier, la dialectique est l'art de dialoguer habilement en vue de persuader l'interlocuteur. Avec Socrate, elle devint surtout une méthode pour critiquer les opinions.

1 Platon, Scolie à L'Alcibiade majeur, 119 a.

2 Dans deux œuvres perdues, *Sur les poètes* et *Le Sophiste*, compilées par Diogène Laërce.

La réalité du mouvement

Dans le livre VI de la *Physique,* Aristote commente et critique les quatre célèbres paradoxes avancés par Zénon.

- **Achille et la tortue :** Achille et une tortue font une course avec handicap. Supposons que la tortue parte d'un certain point en avant de la piste ; pendant qu'Achille court jusqu'à ce point, la tortue avance un peu. Pendant qu'Achille court vers cette nouvelle position, la tortue gagne un nouveau point, légèrement plus en avant. Ainsi, chaque fois qu'Achille arrive près de l'endroit où se trouvait la gentille bête, celle-ci s'en est éloignée. Achille talonne la tortue, mais ne la rattrape jamais. Le poète Paul Valéry illustre à merveille ce paradoxe dans un vers fameux du *Cimetière marin* : «*... Achille immobile à grands pas !* »... Ainsi, la conception de l'unité de Zénon exclut le mouvement.
- **Le paradoxe de la flèche :** la flèche qui vole occupe à chaque moment du temps un espace égal à elle-même et donc, déduit Zénon, elle est au repos. Il s'ensuit qu'elle est toujours en repos. Le mouvement, ici, ne peut même pas commencer, alors que dans le paradoxe précédent il était toujours plus rapide qu'il n'est.

Ainsi Zénon jette-t-il les bases d'une théorie de la continuité qui s'inscrit exactement dans la théorie de la sphère continue de son maître Parménide.

• Empédocle d'Agrigente (vers 484-424 av. J.-C.)

Une pensée du mythe

La vie d'Empédocle est entourée de légendes. Son œuvre est une des moins mutilées par le temps ; nous devons à Jean Bollack la restitution de 400 vers du poème *Sur la nature des choses* où sa conception du monde recourt à la mythologie de *L'Iliade* et de *L'Odyssée.* Aristote reconnaît en lui « *un philosophe de la nature*[1] » qui traite son sujet d'une manière « homérique ».

1 *Poétique*, I, 1447 b 17. *« Il n'y a rien de commun entre Homère et Empédocle, hormis la versification... »*

REPÈRES

La légende d'Empédocle

Poète excentrique, esprit encyclopédique, il a inspiré Hölderlin qui projetait de lui consacrer une tragédie dont il reste trois versions (1798-1800) ; en 1870, Nietzsche voulut écrire un drame sur ce penseur à la fois médecin, ingénieur et prophète. Partisan de la démocratie, Empédocle se réfugia dans le Péloponnèse à la suite de son bannissement ; se jeta-t-il dans l'Etna ? Rien ne le prouve. Préféra-t-il se pendre ? Nul ne le sait. Il déclare avoir été honoré à l'égal d'un dieu pour avoir, entre autres, éloigné la peste de Sélinonte, non loin de sa ville, sur la côte sud de la Sicile.

Pour Empédocle, la physique de l'Être est gouvernée par six principes.

- Deux grands principes d'être « supérieurs » (ou dyade, force motrice de Rassemblement ou de Dispersion) :
  - l'Amour (représenté par Aphrodite ou Harmonie) ;
  - la Haine (représentée par Neikos ou Cydeimos).

  Nous sommes ici en présence d'un dualisme religieux au cœur de la cosmogonie.
- Quatre éléments éternels dotés d'une qualité d'être « inférieure », liés selon la paire actif/passif : le mâle/le féminin, etc.

Empédocle distingue deux « extrêmes » : le Feu (Zeus) / la Terre (Héra) ; deux « moyens » : l'Air (Aïdès) / l'Eau (Nestis).

Un devenir cyclique

Il ne faut pas concevoir les cycles d'Empédocle comme une simple alternance entre deux phases distinctes, mais comme les moments, les composantes, d'une même réalité[1] ainsi constituée :

- dans la sphère du monde, la lutte se situe à l'extérieur, et l'amour à l'intérieur ;
- la lutte chasse l'amour jusqu'à ce que les autres éléments du monde, considérés d'abord dans leur ensemble, soient dissociés ; l'amour est projeté à l'extérieur ;
- puis l'inverse se produit, jusqu'à ce qu'un nouveau cycle ait lieu.

Lors de la dernière étape du cycle, quand l'amour envahit la totalité de la sphère, des éléments d'animaux sont formés séparément. Quand la lutte se situe à l'extérieur de la sphère, des combinaisons au hasard sont soumises à la loi du plus fort, pour survivre. Quand elle est à l'intérieur, commence un

1 Selon J. Bollack.

processus de différenciation. Cette conception mécaniste est une « causalité matérielle » : les effets sont produits par la matière dont les objets (ou les êtres) sont faits. Cette théorie selon laquelle seraient d'abord apparus des membres épars, puis des monstres, puis les créatures que nous connaissons, était professée par Parménide. La conception d'un devenir cyclique sera reprise et modifiée par Platon dans *Le Politique* (269 c).

Une œuvre bigarrée

L'œuvre d'Empédocle est fascinante à plus d'un titre : non seulement il élabore une théorie sous forme de poème où la puissance des images se mêle à un message souvent hermétique, mais encore il tente de restituer l'état d'un savoir aussi bien en psychologie, en anatomie qu'en climatologie. Ses *Catharmes* ou *Purifications* retiennent l'influence du pythagorisme. Empédocle y évoque la transmigration des âmes, la Caverne (que Platon reprendra), le thème de la purification philosophique, mais aussi des sujets comme la médecine et la physiologie, la sensation, la vision (il savait qu'il faut du temps à la lumière pour voyager).

REPÈRES

Un végétarisme mystique

Empédocle condamnait les sacrifices d'animaux et l'ingestion de chair parce que les âmes fraternelles vivent et souffrent en elles. Dans cette logique, il pensait que tous les vivants étaient parents ; il préconisait de remplacer les sacrifices par des pratiques[1] susceptibles de faciliter « *l'ajustement des membres* » : droit d'asile, hospitalité, pratiques érotiques (tel l'amour entre maître et disciple, l'amitié au sein des communautés)...

L'école atomiste ou le matérialisme de Démocrite

• Démocrite d'Abdère (vers 460-370 av. J.-C.)

Un matérialisme tranquille

Originaire de la ville d'Abdère en Thrace, Démocrite est le contemporain de Socrate. Les théories de Démocrite constituent un moyen terme entre Héraclite et Parménide : contrairement à l'école éléate, il maintient, par exemple, le mouvement, admet la parfaite plénitude de l'être présent par l'atome, unité infinitésimale de l'Être.

1 Il les nomme « œuvres d'amour ».

REPÈRES

La vie tumultueuse de Démocrite

D'après Hippolyte, il aurait beaucoup voyagé, se serait « *entretenu avec de nombreux gymnosophistes aux Indes, avec les prêtres en Égypte, ainsi qu'avec les astrologues et les mages à Babylone* ». On lui prête une vie extrêmement longue puisqu'il aurait été plus que centenaire. Revenu pauvre et indigent, il aurait vécu des aumônes de son frère. Auteur d'une œuvre considérable dont il ne reste presque rien, cet esprit encyclopédique riait de tout, selon Diogène Laërce. Nietzsche voit en lui le premier penseur rationaliste : « *Il voulait se sentir dans le monde comme dans une chambre claire* », précise-t-il en évoquant la théorie des atomes, exemple de rigueur logique et dogmatique.

L'âme, un condensé d'atomes

L'âme, comme tout le reste, est constituée d'atomes plus fins que ceux qui forment le corps. Ses atomes sont très mobiles, lisses et ronds. La respiration remplace les atomes disparus. Épicure et ses disciples en déduiront que l'immortalité n'existe pas, puisque l'âme se désintègre.

Démocrite ne nie pas l'existence des dieux mais prétend qu'ils sont devenus totalement indifférents au sort de l'homme. Le divin, il le conçoit comme une « âme chaude » répandue à travers le monde, et nullement dotée d'une essence personnelle.

Le matérialisme de cette conception pousse Démocrite à chercher le Souverain Bien dans le plaisir, non dans la débauche ou dans le culte de l'agréable (qui varie d'un individu à l'autre), mais dans le plaisir de l'âme, c'est-à-dire dans la vraie joie, source de paix et de bonheur.

• Les sophistes ou l'art du discours

La fin justifie les moyens

Nous devons à Platon de prendre les sophistes pour des charlatans, « *amis des apparences* » et peu respectueux de la vérité. Il faut pourtant reconnaître à ces hommes de métier d'avoir excellé dans l'art de manier le langage : ils « créent » l'étymologie, la grammaire, dressent une liste des types d'arguments, analysent la nature des preuves avancées…

FOCUS

Une postérité dans l'histoire de la philosophie

D'après Hegel, les sophistes ont été « *les maîtres de la Grèce. C'est par eux que la philosophie est venue à l'existence* »[1].

Ces professeurs délivrent une pensée efficace, pragmatique, destinée à autrui et à la satisfaction de ses intérêts. Peu importe ce que sont les choses en soi, mais ce qu'elles sont pour les hommes. L'art de trouver une solution aux problèmes posés repose pour eux d'abord sur des exigences sociales. L'outil pour les satisfaire est le langage, au sens de la rhétorique qui tient lieu de science de l'être (d'ontologie), au service de la science suprême : la logique. Autrement dit, le discours vrai est celui que l'autre comprend ou finit par comprendre parce qu'il est persuadé.

FOCUS

La méthode de la rhétorique

Cerner le problème (d'un homme précis, dans un milieu social donné).

Faire comprendre les solutions possibles, les hiérarchiser.

Trouver la meilleure « en la circonstance », au moment opportun, selon l'occasion.

Être efficace pour conduire à telle ou telle action.

Pour persuader, rien ne sert de dire vrai, il suffit de faire croire que tel ou tel but à atteindre est plus avantageux qu'un autre. La rhétorique est donc la science des techniques par excellence puisqu'elle permet d'être cru, accepté, compris... Ce refus de la vérité fait de la sophistique une philosophie sceptique et pessimiste.

Une histoire de reconnaissance

L'être n'ayant pas d'unité, la science ne peut être un système cohérent. Il est donc possible de répondre « n'importe quoi » ou presque à une question, en s'attribuant une compétence universelle, puisque l'essentiel n'est pas de connaître la vérité mais d'être admiré par le plus grand nombre. Une valeur est bonne non quand elle est vraie mais reconnue pour vraie.

---

1 *Leçons sur l'histoire de la philosophie*, tome II, p. 244.

FOCUS

Un apport majeur dans l'évolution des idées

Les techniques employées par les sophistes ont contribué à affiner certains problèmes : leur analyse sur la nature de la vertu, par exemple, les conduit à étudier les conditions où elle s'exerce ; de même, l'élaboration d'un discours juridique, jusque-là médiocre, est soutenue par leurs techniques d'analyse et d'écriture qui ont jeté les bases d'une réflexion sur le droit ; enfin, leur réflexion sur les conditions d'exercice du discours est capitale dans l'histoire des idées...

• Protagoras d'Abdère (vers 480-408 av. J.-C.)

Le premier sophiste

Contemporain de Démocrite et d'Empédocle, Protagoras, disciple d'Héraclite, est certainement le premier des sophistes. D'abord pauvre homme de peine, il acquiert de l'instruction et, passé la trentaine, il commence à voyager (Sicile, Grande Grèce, Athènes...). Platon donne son nom à l'un de ses plus célèbres dialogues et le met en scène dans *Théétète, Ménon, L'Apologie de Socrate...* Il est l'auteur d'ouvrages sur les mathématiques, l'art de la lutte, l'éristique, d'un traité sur *La Vérité.*

Protagoras persécuté

Son *Traité des Dieux* lui valut d'être persécuté sous le gouvernement des Quatre-Cents. Le livre fut brûlé par raison d'État, et Protagoras banni d'Athènes ; il se serait noyé lors d'un naufrage alors qu'il se rendait en Sicile.

Une parole pour convaincre

Platon reproche à Protagoras d'avoir monnayé ses leçons : cent mines pour un cours (soit, la même somme que demandait Zénon[1]). Mais le profit n'était pas le mobile premier, l'efficacité pratique l'emportait. Protagoras professe un scepticisme qui va vite se répandre : seules existent les apparences subjectives de la vérité. La conséquence directe en est que chacun est autonome, se croit autorisé à rejeter toute autorité (de l'État comme de sa conscience) et à vivre, au nom de son intérêt, pour son plaisir.

1 Voir Platon : *Alcibiade majeur*, 119 a.

Vous avez dit scepticisme (antique) ?

Doctrine selon laquelle l'esprit ne peut atteindre la vérité. Ne pouvant donc rien connaître avec certitude, les sceptiques doutent de la validité des connaissances relatives au monde extérieur.

L'art oratoire de Protagoras s'est d'abord appliqué à la science politique, et principalement au gouvernement de la cité. Pour ce faire, il exploite les ressources de la grammaire, du vocabulaire, en introduisant une quantité de corrections, visant à une plus grande efficacité.

Vous avez dit cité ?

La cité désigne l'ensemble de la société en tant qu'elle est organisée selon lois. La politique est l'art de gouverner la cité avec justice.

L'homme oublié par la nature

L'homme, qui est « *la mesure de toute chose*[1] », est considéré comme un oubli au sein de la nature : il est donc contraint d'user d'artifices pour se faire comprendre. Tout est donc conventionnel : les mots (définis par leur usage) ; le bien distingué du mal ; les dieux qui n'existent pas ou plutôt dont nous ne pouvons rien savoir sinon qu'ils sont faits de terre et mortels. Leur utilité n'est avérée que par ce qu'on attend d'eux...

Voilà pourquoi, selon Platon : « *La vérité de Protagoras ne serait vraie pour personne : ni pour un autre que lui, ni pour lui* » (Théétète, 171 c). Pour Protagoras, l'homme n'est rien et n'a rien à attendre de la nature. C'est pour cette raison que la tromperie, la ruse et l'artifice sont autorisés. La survie de l'homme est contre nature. S'il y parvient malgré tout, c'est grâce à une technique, à des outils, à l'existence d'une société, d'une éducation... En somme, par la culture.

1 Frag. I tiré de *La Vérité ou Discours destructifs*.

CHAPITRE 2

SOCRATE (VERS 469-399 AV. J.-C.)

« Puisque Dieu est caché et que le monde est son secret, il n'est possible que de se connaître soi-même, c'est-à-dire de vouloir connaître ce qui est véritablement moi, ce qui me constitue. »

La droite raison à l'œuvre

• La vie de Socrate

Fils d'un artisan sculpteur et d'une sage-femme, Socrate naquit vers 469, à Alopèce, près d'Athènes ; nous ne savons rien de ses années d'apprentissage ; peut-être se maria-t-il deux fois : avec la légendaire Xanthippe puis avec Myrtho (trois enfants seraient nés de ces unions).

• La sagesse comme art de vivre

Socrate n'a rien écrit. Sa philosophie n'est pas une doctrine, mais une sagesse mise en pratique. Dans la Grèce du Ve siècle avant J.-C., l'art de vivre est lié à la connaissance et la connaissance est un art de vivre, ne visant pas forcément à la sérénité de l'esprit, mais requérant un état de veille permanent.

Vous avez dit philosophie (des Anciens) ?

La philosophie est le désir du savoir, et en même temps de la sagesse. Pour cette raison, Socrate déclare qu'il faut préférer l'ignorance à l'erreur.

Le sage aime à vivre en société, en établissant un rapport fécond avec l'autre. Il soigne sa santé, méprise l'argent, cultive son esprit, veille à rester modeste, pieux, grâce à un constant examen de conscience ; il obéit aux lois de la cité, c'est un devoir, même si les lois ne sont pas justes.

Une pensée « humaniste »

Socrate est un « *spécialiste des affaires humaines* », non des « choses célestes ». L'homme est au centre de sa philosophie, au sens de la célèbre sentence gravée sur le fronton du temple d'Apollon à Delphes : « *Connais-toi toi-même.* » Dans la cité, il appartient au sage d'entretenir avec les autres une relation privilégiée, d'abord par le dialogue. Bien qu'il fût conservateur en politique comme dans les mœurs (il approuve l'esclavage, fait preuve de misogynie...), Socrate est d'abord un homme libre. Il ne craint jamais de dire ce qu'il pense et s'honore de montrer du doigt l'ignorance de ceux qu'il veut changer.

FOCUS

Le dialogue

Socrate aborde sans distinction tous les citoyens, cordonnier, général, politicien, prêtre..., les interpelle dans leur vie quotidienne : « *Toi qui allais ton chemin, arrête-toi, causons ; entretiens-moi de ce que tu étais sur le point de faire. Pourquoi crois-tu que cela soit juste, beau ou bon ? Explique-moi donc ce qu'est la justice, la beauté, la bonté, si tu y parviens.* » Dialoguer devient philosopher, en maniant la contradiction à partir des arguments donnés par l'interlocuteur.

Socrate est un empêcheur de tourner en rond, un trouble-fête ; il préfère passer les thèses au crible plutôt que les soutenir. Cette méthode qui consiste à se regarder soi-même, non sans réticence, déconcerte son interlocuteur, le trouble et le transforme.

REPÈRES

La maïeutique

Socrate cherche l'être et non le paraître : il sonde l'invisible et aspire à faire accoucher les esprits afin que chacun devienne son propre juge, conscient de ses responsabilités, maître de sa raison. « *Voici l'art de la maïeutique ; j'exerce le même métier que ma mère : accoucher les esprits est ma tâche, et non pas d'enfanter, qui est l'affaire du dieu* » (Platon, Théétète, 150 cd).

S'il cherche ainsi à définir les vertus de courage (Platon, *Lachès*), de tempérance *(Charmide)* et de piété *(Eutryphron)*, c'est moins pour ce qu'elles sont que pour inciter les hommes à se définir par rapport à elles et donc à se rendre compte par eux-mêmes de ce qu'ils sont vraiment. Selon Socrate, cette mise au point est nécessaire parce que « *nul n'est méchant volontairement* » et que le mal vient de l'ignorance de soi. Se connaître, c'est chercher le bien auquel l'âme aspire et qui ne relève que d'elle.

FOCUS

Sentences socratiques

« Cher Critias, tu me traites comme si je prétendais savoir les choses sur lesquelles je t'interroge [...]. Il n'en est rien. Je cherche. Ensemble, nous examinons chaque problème qui se présente. Et si je cherche, c'est que moi-même je ne sais pas » (Platon, Charmide).

Influences

La jeunesse athénienne aimait et suivait cet homme qui lui faisait comprendre le bien-fondé d'une remise en question de l'éducation familiale. En ce sens, Socrate « corrompait » les jeunes gens en cherchant à les émanciper de tout modèle. Aristophane, dans *Les Nuées*, va jusqu'à écrire : « *Ce hâbleur détourne la jeunesse de notre enseignement !* » Tant mieux ! aurait répondu Socrate.

Au sens strict, le « socratisme » n'existe pas, Socrate n'est l'initiateur d'aucun système, mais bien plutôt d'une manière d'être et de penser qui, d'une façon ou d'une autre, a influencé la quasi-totalité des philosophies.

PLATON (427-347 AV. J.-C.)

« Découvrir l'auteur et le père de cet univers, c'est un grand exploit, et quand on l'a découvert, il est impossible de le divulguer à tous. »

La vie de Platon

• La rencontre de Socrate

Platon est issu d'une famille noble athénienne. Après avoir vraisemblablement suivi les cours de l'héraclitéen Cratyle, il fait la rencontre de sa vie en – 407 : Socrate le subjugue ; il suivra ses cours pendant huit ans. Lors de la condamnation de son maître en – 399, il n'assiste pas aux derniers moments du philosophe et se réfugie à Mégare, par peur d'être inquiété. Il ne cessera pourtant de vouloir répondre à la question posée par Socrate avant de mourir : « *Pourquoi le juste est-il condamné à mort ?* » Pourquoi la cité va si mal et court à sa ruine ? Il entreprend alors une suite de longs voyages en Égypte, en Cyrénaïque (où il fait la connaissance d'Aristippe et du mathématicien Théodore), en Italie méridionale (où il fréquente les pythagoriciens).

En – 388, il part pour la Sicile dans l'espoir d'y convertir à ses idées le tyran Denys Ier l'Ancien : réforme politique, établissement d'un gouvernement juste. L'expérience tourne court et Platon est exilé. Sur le chemin du retour, il est capturé à Égine et vendu comme esclave. Le Cyrénaïque Anniceris, son ami, l'achète et lui rend sa liberté.

• La fondation de l'Académie

De retour à Athènes, Platon fonde l'Académie.

FOCUS

L'Académie

Au fronton de l'école de Platon on pouvait lire : « *Nul n'entre ici s'il n'est géomètre.* » Inspirée des écoles pythagoriciennes, c'est la première véritable école de l'Antiquité. L'Académie est organisée de façon méthodique (avec salles de cours et bibliothèque). Le rayonnement de cette « université » avant la lettre sera durable et considérable. Elle vise à « *détourner les étudiants du devenir pour les tourner vers l'être* », c'est-à-dire à les éloigner du « concret » pour mieux appréhender « l'abstrait » : arithmétique, géométrie (plane et dans l'espace), astronomie, harmonie (ou étude des sons), toutes ces disciplines étant subordonnées à la dialectique et à l'étude de ses règles. L'un des premiers étudiants en fut Aristote, qui y étudia près de vingt ans, jusqu'à la mort de Platon. Les activités de l'Académie ne seront suspendues qu'en 529 sur ordre de l'empereur chrétien Justinien.

Une œuvre majestueuse

L'œuvre de Platon est l'une des rares de l'Antiquité à nous être parvenue presque complète ; elle s'étale sur une cinquantaine d'années et porte la trace d'une évolution de la pensée et de l'expression littéraire. Elle comporte trente-cinq dialogues (classés artificiellement par les Anciens), vingt-huit attestés de la main de Platon, un recueil de lettres, des définitions, et six petits traités apocryphes. Le dialogue n'est pas un exposé systématique et technique de sujets philosophiques, il n'a pas la prétention de tout résoudre. Ce genre littéraire est aussi une œuvre dramatique, qui suppose une discussion entre deux interlocuteurs supposant un lecteur ou un spectateur.

FOCUS

L'art du dialogue

Lieu de la dialectique, méthode philosophique où le débat et la discussion permettent à l'interlocuteur de découvrir sa vérité à travers un cheminement commun et une méthode philosophique dirigée ; Socrate tient le rôle d'accoucheur de la pensée, Platon lui donne une forme littéraire qu'il juge adaptée à l'investigation philosophique puisque la pensée « *est un dialogue de l'âme avec elle-même* ». Un dialogue qui n'apporte pas de réponse au problème posé est dit « aporétique ».

Il est possible de donner un tableau des œuvres capitales de Platon en suivant leurs périodes supposées de rédaction :

PÉRIODE DE JEUNESSE 399-390 AV. J.-C.	PÉRIODE DE TRANSITION 390-385 AV. J.-C.	PÉRIODE DE MATURITÉ 385-370 AV. J.-C.	PÉRIODE DE VIEILLESSE 370-348 AV. J.-C.
Ion *Protagoras* *Euthyphron*	*Gorgias* *Ménon* *Apologie de Socrate* *Criton* *Cratyle*	*Phédon* *Le Banquet* *La République* (10 livres)[1] *Phèdre*	*Théétète* *Parménide* *Sophiste* (lié à *Théétète*) *Le Politique* (« suite » du *Sophiste*) *Timée* *Critias* (inachevé) *Philèbe* *Lois* (12 livres)

Platon est un pédagogue. L'expérience philosophique qu'il propose exige une conversion de l'existence.

• La métaphysique

Rejetant tout uniment les conceptions d'Héraclite et des sophistes, le monde sensible quoiqu'en perpétuel changement est, selon Platon, subordonné à un monde stable, idéal, constitué d'Essences et d'Idées, modèles de toutes choses.

1 La composition de *La République* comporte quatre périodes (le premier livre datant probablement de la période de jeunesse) : II-IV ; V-VII ; VIII-IX ; X.

Sa métaphysique de l'être distingue deux mondes.

- **Le monde sensible,** monde de la multiplicité où se succèdent générations et corruptions. Source d'illusions, « d'ombres », sa réalité est constituée d'emprunts, de copies imparfaites. Les choses qui n'existent que par imitation et participation doivent leur existence à l'opération d'un démiurge, qui leur a donné une forme à partir de la matière (éternelle, incréée).
- **Le monde intelligible,** soit le principe même de l'existence du monde sensible. C'est le monde des Idées éternelles, simples, absolues, et des archétypes, composé d'idées mathématiques (cercle, triangle...) et d'idées « *anhypothétiques* » (Prudence, Justice, Beauté...). L'ensemble de ces idées constitue un ordre harmonieux, un univers hiérarchique régulé par un principe unificateur, une Idée suprême : l'Idée du Bien, « *source de l'être et de l'essence des autres idées* ».

FOCUS

L'Idée platonicienne

Dérivée du grec signifiant « image » ou « modèle », l'Idée désigne la forme, le modèle de toutes choses, la réalité plus « réelle » que les êtres sensibles bien qu'elle ne soit pas perçue. L'Idée fonde le phénomène et lui donne sens. Ainsi, le cercle concret que nous pouvons dessiner et nous figurer est la reproduction imparfaite de l'Idée de cercle (idéal) ; il existe dont une idée « en soi » du cercle.

Il est possible de retrouver le monde intelligible en recourant à la dialectique, science suprême, effort soutenu, démarche intellectuelle pour s'élever lentement, progressivement vers le principe de tout, puis jusqu'au Bien.

• La dialectique

D'abord mouvement ascendant par lequel l'âme s'élève progressivement, par degrés, en suivant une division logique – apparences sensibles des Idées, concret, opinion –, elle finit par atteindre l'idée du Bien. Dans un second temps, la dialectique descendante revient de la contemplation du Bien vers le quotidien pour instruire les hommes.

• Une philosophie du mythe

Le mythe est, dans la recherche platonicienne du monde des idées, un récit fictif, narratif, une histoire avec personnage qui se donne comme un autre moyen de comprendre quand le raisonnement pur ne suffit plus. Il suggère un probable qui mérite qu'on lui accorde foi puisqu'il recèle un sens caché, un message qui demande à être dépassé. Son intention est également pédagogique : il aide à la réflexion et à la compréhension, incite à rendre meilleur sinon plus courageux.

L'allégorie de la Caverne

Au début du chapitre VII de *La République*, le récit du l'allégorie de la Caverne se divise en quatre temps.

- **Une description de la caverne et de notre enchaînement :** un espace fermé sur trois côtés, des prisonniers enchaînés (« à notre image ») depuis leur enfance, corps et tête immobilisés. Ils regardent défiler des ombres sur la paroi et perçoivent des voix indistinctes. Nous ne percevons que des apparences, l'illusion est totale. Les enchaînés le sont doublement : parce qu'ils sont victimes et parce qu'ils ignorent qu'ils sont des victimes.
- **L'arrachement hors de cette caverne :** conversion *(periagogê)* et premières épreuves. « On » invite le captif à la délivrance ; la sortie de la caverne de l'opinion est un arrachement qui suppose un renoncement à tout ce qui jusque-là était connu. La lumière extérieure éblouissante entraîne résistance et rébellion dans la nostalgie de la passivité perdue. En passant de la rumeur, des « on dit » au « je pense », le captif libéré fait l'expérience douloureuse de la liberté.
- **L'ascension vers la lumière** *(anabasis)* : l'ancien captif emprunte un étroit sentier escarpé qui semble monter vers le soleil. Partir à la conquête de la Vérité suppose d'apprendre sans cesse, particulièrement les sciences abstraites dites « éveilleuses » (géométrie, arithmétique, astronomie) qui préparent l'esprit à l'abstraction suprême (les Idées).
- **La nécessaire redescente** vers les hommes encore enchaînés : Platon pose d'abord que seuls les dieux possèdent la sagesse, que seuls quelques âmes (non encore incarnées) ont eu la possibilité de connaître la vérité. Au terme de l'ascension, pas de repos puisqu'en bas les autres continuent de vivre dans l'ignorance ; acquérir la vérité n'est pas pour soi mais pour la partager. Le retour est maladroit, les sarcasmes se mêlent aux menaces, autre prix à payer pour être délivré du mensonge. Les autres ont besoin d'être éduqués, là aussi commence la politique.

La dialectique ascendante se compose de deux aspects complémentaires, deux voix médiatrices :

- la Caverne et la quête de la Vérité par la connaissance ;
- les révélations de Diotime dans *Le Banquet* où l'ascension conduit à la contemplation du Beau, par l'amour.

L'ascension vers le Beau

Le Banquet expose également le mythe d'Aristophane qui, sur un mode burlesque, raconte l'histoire de l'androgyne : à l'origine, notre nature primitive était une totalité unique ; nous avons été ensuite séparés en deux moitiés ; enfin l'amour est « retrouvailles » où chaque moitié aspire à l'unité perdue. Platon explique l'irrésistible attirance des sexes ; l'amour est d'abord le désir de combler un manque, d'assouvir une nostalgie et seul le désir est à même de pouvoir le faire.

Les propos de Diotime contiennent la conception platonicienne de l'amour : deux demies font un entier, plus encore la fusion met au monde un tiers, une pensée et une œuvre : l'amour est « *un enfantement dans la beauté, selon le corps* ». La révélation suprême apparaîtra au terme d'une ascension et d'un apprentissage en trois temps.

- **1er degré :** l'amant s'attache à un beau corps qu'il aime égoïstement, dans le désir d'assouvir ses appétits et de satisfaire son affectivité. Un guide lui fait comprendre que la beauté d'un corps particulier est sœur de la beauté de tous les autres. Il passe ainsi du singulier à l'universel, initié à aimer la beauté dans l'infinie diversité de ses formes.
- **2e degré :** l'amant passe de l'amour des corps à l'amour des âmes. En s'attachant à la beauté morale d'une âme, il découvre la beauté morale des actes qui rend belles toutes les conduites humaines.
- **3e degré :** l'initié commence par aimer la diversité des sciences, leur pertinence et leur spécialité ; il élargit ensuite son amour des connaissances à un amour pour la science et le savoir. Au terme d'une lente ascension spirituelle, il accède à la science unique : celle de la Beauté. Le Beau en soi, absolu, éternel, étranger aux apparences et à l'opinion. La contemplation est ici communion où l'âme fait un avec l'absolu du Beau.

• L'âme au fondement de la connaissance

La réminiscence

Selon Platon, l'âme a su et peut donc se ressouvenir ; le « ressouvenir » ou réminiscence, au cœur de la théorie platonicienne de la connaissance, est aussi une preuve de l'immortalité de l'âme. La maïeutique intervient ici à titre d'aide à la remontée des souvenirs : par son lent travail d'accouchement, l'âme finit par mettre au jour la vérité dont elle est grosse (*Théétète*, 148 e-151 d). La connaissance vient donc d'abord de l'intérieur de soi, d'une redécouverte de vérités oubliées, enfouies au plus profond d'une mémoire défaillante.

FOCUS

L'immortalité de l'âme

Dans le *Phédon* (72 c- 73 b), Platon en donne quatre preuves.

- Dans leur devenir permanent, il semble qu'il soit possible de connaître certaines choses par opposition. Ainsi, puisque « mourir » signifie « passer de la vie à la mort », il est logique de penser que « renaître » signale le passage de la mort à la vie. Si l'âme renaît, la métempsycose est donc une réalité.
- Bien que nous soyons, dans ce monde sensible, en présence d'objets beaux, nous ne sommes pas en présence de la Beauté en soi, et pourtant grâce à ces beaux objets nous pouvons appréhender l'Idée du Beau. Cela signifie que nous avons le souvenir de moments de vie non terrestres au cours desquels l'âme se trouvait en contact direct avec sa pureté.
- Tout ce qui existe peut être classé en deux catégories : ce qui est « composé » et « décomposable » et qui appartient à la matière ; ce qui est simple et non décomposable participe de l'intelligible. L'âme appartient à cette catégorie sans corruption.
- Pour Socrate, l'âme est incompatible avec la mort puisqu'elle fait partie des éléments qui ne peuvent changer de nature.

La fin du dialogue est consacrée au destin des âmes dans l'au-delà.

Le tribunal des âmes

À force d'attention pourrons-nous peut-être avoir conscience que l'âme se réincarne sous de multiples formes (animales ou humaines) avant d'être jugées et réparties en fonction de leur vie passée.

La sanction est considérée comme juste parce qu'elle est proportionnée à la faute ; c'est ce qu'Aristote appelle la justice distributive (à chacun sa part), qu'il oppose à la justice commutative (à tous la même part). La sanction doit par ailleurs conduire à la réflexion, et en ce sens elle est dite « réparatrice » puisque l'âme poussée au repentir se purifie dans un fructueux face-à-face avec elle-même.

• Éthique et politique

Pour Platon, l'homme (qui appartient au monde sensible et au monde des Idées) a pour vocation de s'affranchir du corps et de vivre selon la vie de l'esprit, d'une manière aussi parfaite que possible. Le mal a son origine dans l'ignorance. Par l'éthique, l'exercice de la vertu entraîne le bonheur véritable qui consiste principalement à faire régner la justice.

FOCUS

L'éthique platonicienne

L'éthique est, au sens propre, une discipline philosophique dont l'objet porte sur les jugements d'appréciation lorsqu'ils s'appliquent à la distinction du bien et du mal.

Cette justice est harmonie dans l'âme. Et l'harmonie suppose que la sensibilité soit subordonnée au cœur et que le cœur soit soumis à la sagesse de la raison. L'homme sage doit retourner dans la Caverne, tenter de tourner le monde sensible vers l'Idée et le Bien, et mettre en ordre la cité.

La République propose comme remède à la décadence des sociétés de mettre le pouvoir entre les mains des princes de la science. Il s'ensuit une forme de gouvernement autoritaire où l'indépendance des individus est sacrifiée.

Platon a exercé une influence profonde et durable sur la pensée occidentale. Si le *Timée* fut jusqu'à la Renaissance le plus lu de ses dialogues, *La République* et *Le Banquet* ont également fasciné. Quant à la théorie des Idées, elle continue à influencer mathématiciens et physiciens qui s'efforcent de comprendre, sinon de justifier, l'adéquation des mathématiques au réel.

CHAPITRE 4

ARISTOTE (384-322 AV. J.-C.)

« J'entends par intellect ce par quoi l'âme pense et conçoit. »
Livre III

La vie d'Aristote

Aristote naquit à Stagire en Macédoine, non loin de l'actuel mont Athos. Aucune allusion directe à sa vie n'est présente dans ses œuvres : ce que nous savons vient de tiers. Son père, Nicomaque, était médecin du roi Amyntas III, père de Philippe II. Cette filiation permet de comprendre l'intérêt que le philosophe ne cessera de porter à la biologie. Vers – 366, il gagne Athènes, entre à l'Académie et devient vite l'un des plus brillants disciples de Platon qui le surnomme « le Liseur ». En – 347, à la mort de son maître qu'il ne se prive pas de critiquer, il rompt avec l'Académie. La même année, il devient conseiller du tyran Hermias d'Atarnée dont il épousera la nièce, Pythias. Il ouvre une école et entreprend de nombreuses recherches en biologie.

REPÈRES

Le précepteur d'Alexandre le Grand

Vers – 343, Aristote est appelé par Philippe II qui lui confie l'éducation de son fils Alexandre, alors âgé de treize ans. En – 340, Alexandre monte sur le trône. Aristote retourne à Athènes où il fonde le Lycée ou *Peripatos* (sorte de péristyle où l'on philosophait en marchant), école rivale de l'Académie ; il y enseigne pendant treize ans, jusqu'à la mort d'Alexandre en – 323.

À la mort d'Alexandre, Aristote devient suspect de macédonisme et est menacé d'un procès d'impiété ; il préfère quitter Athènes plutôt que d'encourir le sort de Socrate : il dit ne pas vouloir donner aux Athéniens l'occasion « *de commettre un nouveau crime contre la philosophie* ». Réfugié à Chalcis, dans l'île d'Eubée (pays d'origine de sa mère), il y meurt l'année suivante, âgé de soixante-trois ans.

L'œuvre

Aristote a rassemblé en un tout cohérent le savoir de son temps et puise dans toutes les connaissances de son époque en systématisant les données acquises. L'Antiquité lui attribuait quatre cents ouvrages ; quarante-sept livres presque complets sont parvenus jusqu'à nous ainsi que des fragments d'une centaine d'autres.

Les œuvres sont classées selon l'ordre non chronologique mais systématique de l'édition d'Andronicos de Rhodes (*ca* – 60), repris par Bekker en 1831 : toutes les références renvoient à cette dernière devenue classique.

L'œuvre est aujourd'hui divisée en deux groupes :
- **les sciences théorétiques** (c'est-à-dire « qui ont pour objet la recherche désintéressée du savoir et de la vérité ») qui regroupent principalement physique et métaphysique, et englobent la recherche des causes premières et des principes, la science de l'être en tant qu'être ;
- **les sciences pratiques** qui regroupent la morale et la politique.

Une critique de la théorie platonicienne

Aristote a précisé les raisons philosophiques de sa rupture avec l'école platonicienne. Son vœu est de faire descendre sur terre des spéculations que son maître aurait converties à la contemplation du divin. Plus exactement, il ne sépare pas le monde intelligible du monde sensible.

FOCUS

La représentation du monde selon Aristote

Elle s'appuie sur le monde réel et, à l'instar de Platon, elle est également coupée, mais en deux régions de ce monde : la région céleste (lieu d'une régularité immuable des mouvements) et la région sublunaire, soit le domaine des choses qui « naissent et périssent », soumises à la contingence et au hasard. Pour Aristote, les Idées, immobiles et éternelles, ne peuvent être causes de mouvement ni de changement ; ce qui l'intéresse, ce n'est pas l'éternité, mais le mouvement et la corruptibilité : « *Les platoniciens, en créant leurs Idées, ne créent que des êtres sensibles éternels*[1]. »

Aristote distingue quatre causalités, exposées dans le livre II de sa *Physique*.

- **Causalité formelle :** l'idée ou le modèle à quoi correspond l'objet ; le principe d'organisation de la matière, par exemple une statue représentant une déesse.
- **Causalité matérielle :** la matière dont l'objet est fait : le bronze est la cause formelle d'une statue.
- **Causalité efficiente :** l'agent (l'auteur) de la modification ; l'auteur d'une décision est cause : le père est cause efficiente de l'enfant ; le sculpteur cause efficiente de la sculpture.
- **Causalité finale :** ce en vue de quoi l'objet existe ou présentation d'un phénomène comme moyen d'une fin : la manifestation du divin est cause finale de la statue de la déesse.

Aristote reconnaît par ailleurs l'action simultanée de la nécessité et de la finalité : si la première est aveugle, la seconde semble pouvoir prévoir.

L'Organum

Les six livres qui le composent sont liés par une même démarche logique dont le but est de définir un instrument qui permettra d'édifier la science, à partir de la science du *logos*. Cette démarche suppose une discipline dont les règles étudient la forme du raisonnement humain indépendamment de son contenu. Le terme de « logique » est absent du vocabulaire d'Aristote ; l'académicien Xénocrate l'aurait inventé vers – 330.

1 *Métaphysique*, B, 2, 997 b 11-12.

De l'interprétation

Cette partie étudie ensuite la proposition (les phrases). C'est le discours auquel il appartient d'être vrai ou faux. Après s'être interrogé, il est possible d'attribuer telle « qualité » à tel sujet.

Les *Analytiques*

Dans les *Analytiques*, Aristote s'occupe du raisonnement, c'est-à-dire de la combinaison de plusieurs propositions.

Dans les *Premiers Analytiques*, il définit les différentes formes de syllogismes.

Vous avez dit syllogisme ?

Il s'agit d'un raisonnement déductif tel que, de deux propositions initiales appelées prémisses (une majeure et une mineure), une troisième (nommée « conclusion ») est logiquement tirée en ce qu'elle y était implicite.

Ces enchaînements « nécessaires » peuvent sembler futiles, mais ils permettent de passer « *d'un savoir universel, donc en puissance, à un savoir particularisé, donc actuel, s'il est vrai que l'universel est le particulier en puissance*[1] ».

Dans les *Seconds Analytiques,* Aristote énonce le principe selon lequel tout raisonnement repose sur des connaissances préexistantes (soit des réalités existantes, soit des définitions). Il précise des notions telles que : la définition, la thèse, l'axiome, l'hypothèse..., et distingue la science universelle, qui procède par propositions nécessaires, de l'opinion qui a pour objet le contingent. La connaissance scientifique s'acquiert par la raison intuitive. Il affirme que c'est l'induction qui permet de parvenir à la connaissance des principes.

1 *Seconds Analytiques*, I, 24, 86 a 23-29.

La Physique

La Physique d'Aristote (c'est-à-dire sa philosophie de la nature) succède à la *Logique* ; il y affirme que posséder la science, c'est connaître la cause. Après avoir posé les quatre causalités, il introduit des analyses métaphysiques : l'existence du mouvement suppose et implique l'existence d'un « moteur immobile » : Dieu.

La physique a pour objet d'étudier la forme organisant la matière.

FOCUS

Les trois principes de la nature

La matière : c'est ce qui change, puissance pouvant revêtir des formes diverses ; la matière est une pure potentialité que la forme actualise.

La forme : c'est à la matière ce que le marbre est à la statue ; principe métaphysique d'organisation de la matière, la forme est ce qui est intelligible dans l'objet, elle n'est pas soumise au devenir.

La privation : c'est une négation déterminée ; le repos est « privation » de mouvement.

Aristote étudie ensuite les problèmes du mouvement, du changement et de l'évolution, ainsi que des notions liées au mouvement : l'infini « *en puissance et non pas en acte* », le lieu, le vide, le temps.

Vous avez dit puissance et acte ?

Puissance : il faut entendre virtualité et simple possibilité. Son contraire est l'acte. « *Quand nous disons qu'Hermès (la statue) est en puissance dans le bois (la matière) ou quand nous appelons savant en puissance celui qui même ne spécule pas* » (*Métaphysique*).

Acte : c'est le fait d'exister comme être pleinement réalisé et pleinement achevé, le fait pour une chose d'exister en réalité. Aristote parle d'acte pur au sujet d'un « *être totalement en acte* », où plus rien n'est en puissance et qui est soustrait au devenir ; en ce sens, Dieu est acte pur.

Le continu n'est pas une somme d'indivisibles (contrairement à ce que pensait Zénon). La « cause » de tout mouvement est liée à la nécessité d'un premier moteur, éternel et immobile, Dieu – dont l'être se situe à la périphérie de l'Univers. Cet argument dit « finaliste » aura cours jusqu'au XVIIe siècle : Galilée puis Descartes renverseront cette perspective.

Le *Traité de l'âme*

Aristote dit de l'âme qu'elle est « *la forme du corps* », « *le principe des animaux* », voilà pourquoi son étude la place, comme forme achevée qui meut l'être vivant, au sein de la physique. Il en étudie la nature et les propriétés. *De l'âme* servira de fondement à toute la pensée classique.

Selon Aristote, la seule manière de procéder est de définir l'âme à partir de la forme et de la matière : « *L'âme est substance en ce sens qu'elle est la forme d'un corps naturel ayant la vie en puissance* » (Livre II) ; elle est composée, non séparable du corps, bien que l'intellect continue à exister après la mort.

FOCUS

Les trois types d'âme

Végétative : elle appartient à toutes les choses vivantes ; l'âme de la plante possède la faculté nutritive.

Sensitive : seulement chez les animaux et les hommes qui possèdent le toucher et la faculté végétative.

Raisonnable : seulement chez la race humaine ; la morale n'intervient qu'au niveau de la raison. L'homme possède les trois facultés.

La fonction motrice et la fonction désirante sont à considérer comme des « effets secondaires » de la sensation, dans la mesure où le désir présuppose l'imagination et provoque un mouvement.

La *Métaphysique* ou philosophie première

• Une science maîtresse

Les quatorze livres qui la composent ne sont pas tous de la main d'Aristote. Après avoir posé que « *tous les hommes désirent naturellement savoir* », le philosophe distingue la « science maîtresse » qui connaît en vue de quelle fin toute chose doit être faite et, dans chaque être, cette fin est son bien, ce qui revient à dire que, d'une manière générale, il est le souverain Bien dans l'ensemble de la Nature.

FOCUS

La substance aristotélicienne

Par *substance*, Aristote entend « catégorie première », réalité sans laquelle les autres ne peuvent être ; cet être qui se suffit à lui-même demeure malgré les modifications que lui apportent les *accidents*, c'est-à-dire ce qui ne fait pas partie de l'essence d'une chose et n'appartient pas à sa définition.

Aristote commence par traiter de l'amour de la sagesse et insiste sur l'importance de l'étonnement qui poussa les premiers penseurs à spéculer. Il critique ensuite la théorie platonicienne des Idées séparées des choses sensibles, pour lui, ce dualisme n'est pas acceptable.

• Métaphysique et théologie

La théologie chrétienne médiévale se fondera sur le livre (lambda) de la *Métaphysique* d'Aristote comme sur un roc : Dieu, moteur immobile, acte pur, engendre le mouvement, il est la vie même, le seul vivant parfait, éternel, immuable. Tout en lui est pur : la pensée comme la forme ; on ne peut parvenir à elle que graduellement dans la hiérarchie des êtres de l'univers, en éliminant l'élément matériel qui lui est associé. En Dieu, il n'est pas de puissance, rien que des perfections, par conséquent la plus pure des sciences est la théologie, la science de Dieu.

• L'*Éthique à Nicomaque*

« La vertu est une disposition acquise […].
Elle tient la juste moyenne entre deux extrémités fâcheuses,
l'une par excès, l'autre par défaut. »
Livre III

Bien qu'il ne soit fait mention d'aucune dédicace, le plus important des livres de morale d'Aristote est destiné à son fils, Nicomaque. L'ouvrage est un traité de discipline pratique, c'est-à-dire « qui porte sur l'action » ; il ne s'adresse qu'à l'homme libre et réfléchi, non aux enfants et aux esclaves. Le principal sujet en est le bonheur, considéré comme contemplation et acte de ce qu'il y a en nous de plus divin. Cette perspective qui recherche le bonheur parfait, en s'attachant d'abord à la vertu, est dite « eudémoniste ».

La politique englobe l'éthique : le bien de l'individu est subordonné au Souverain Bien de la cité. L'homme étant d'abord un « animal politique », son bien est dans le bonheur : « *Le bien propre à l'homme est l'activité de l'âme en conformité avec la vertu, et, si les vertus sont nombreuses, selon celle qui est la meilleure et la plus accomplie* », à savoir la contemplation (I, 7). La sagesse et l'intelligence sont des vertus intellectuelles alors que la modération est une vertu morale, produit de l'habitude.

Tout est lié ! Personne ne choisirait de vivre sans vrais amis, et ceux-ci atteignent un degré inégalé d'excellence, pour ne pas dire de perfection quand ils sont égaux en valeur. Le vrai bonheur consiste à exercer la vertu sans que celle-ci soit accompagnée de biens du corps (santé, force) et de biens extérieurs (richesse, réputation, pouvoir). Le bonheur dépend aussi de la « bonne fortune ».

La politique

Le divin qui est en nous nous invite à le contempler, mais cette merveille est une exception réservée aux meilleurs. Aristote revient alors au politique, parce qu'il faut de bonnes lois pour développer le désir de la vertu. Il s'agit ici de l'art du savoir-faire, la science de la cité composée d'individus dont chacun est un « animal social » vivant en communauté, mais aussi la science de l'État, forme sublimée de la société.

Le philosophe réfléchit alors au statut du citoyen « *celui qui a la faculté de participer au pouvoir délibératif ou judiciaire* » ; les artisans en sont exclus sous prétexte qu'il faut être affranchi des tâches pour assumer pleinement la responsabilité de citoyen. Il ne saurait par ailleurs y avoir de gouvernement sans Constitution ; les deux devant servir l'avantage commun et non l'intérêt des gouvernants.

La démocratie est un régime qui repose sur la liberté, l'égalité, la majorité, et donc, dans l'esprit d'Aristote, les gens modestes détiennent la souveraineté ; pour protéger le système, il est conseillé de redistribuer les richesses, de lutter contre toute forme de démagogie. L'éducation est le meilleur moyen pour garantir la cité idéale de toute déviation en légiférant pour rendre le citoyen apte à mener une vie de loisir car une vie laborieuse est absolument méprisable ; en ce sens le philosophe est d'abord un pédagogue qui rejoint ici Platon.

CHAPITRE 5

PHILOSOPHIES HELLÉNISTIQUES ET ROMAINES

Le début de la période hellénistique correspond à la mort d'Alexandre le Grand en – 323, suivie de celle d'Aristote, dernier philosophe de la Grèce dite classique. Cette rupture est liée à d'importantes mutations historiques : les cités grecques sont conquises par la Macédoine, et cette perte d'indépendance a pour effet de bouleverser l'unité de l'homme et du citoyen, de dissocier le philosophe du politique. Il ne reste à l'homme libre que l'espace de sa vie intérieure pour être encore lui-même ; mais il n'y parvient plus par l'exercice de droits civiques au cœur d'une cité autonome, mais au moyen de ressources spirituelles surtout soucieuses de trouver, dans les replis de sa conscience, des solutions pratiques pour être tranquille.

La quête d'un art de vivre

Après l'âge classique, la pure spéculation fait place à un art de vivre : il s'agit de tout prendre avec philosophie – c'est-à-dire avec un mélange de résignation et de plaisir de l'instant.

Trois courants majeurs fort différents illustrent cette nouvelle manière d'être et de penser : deux sont dogmatiques, le **stoïcisme** et l'**épicurisme** ; un autre est un « état d'esprit » où se reconnaissent plusieurs écoles ou penseurs de diverses origines, le **scepticisme**. Excroissance du socratisme, théoriquement peu constitué, le **cynisme** sera en partie absorbé par l'école stoïcienne ; son éthique se résumant à une attitude opportuniste envers la vie : prendre ce qu'il y a à prendre, sans se plaindre des malheurs... Enfin, il convient de faire une place au **néoplatonisme**.

Les cyniques : une vie de chien

Le sens socratique de l'ironie prend ici une forme exacerbée qui s'amplifie jusqu'au sarcasme, au scandale et à la provocation volontaire. Tous les philosophes de l'école sont issus d'une classe très humble considérée par les citoyens « honorables » comme des demi-étrangers infréquentables. Plus encore que leur sens du mépris des conventions, ils excellent dans l'art d'exprimer leur ressentiment, non sans résignation.

• Antisthène (vers 440-336 av. J.-C.)

La sagesse par le renoncement

Après avoir suivi les cours de Gorgias et fréquenté Prodicos et Hippias, Antisthène devient l'élève de Socrate. Sa naissance est objet de mépris, raison pour laquelle il dédaigne les richesses et se moque des Athéniens de pure souche. Brouillé avec Platon qu'il brocarde, il assiste aux derniers instants de Socrate. Il fréquente le gymnase du Cynosargue (« *le chien blanc* ») et s'entoure de la classe la plus méprisée. Il y fonde l'école cynique (« *comme un chien* ») peut-être en raison du lieu où il professait.

L'individu en perspective

« Je vois bien tel ou tel cheval, mais je ne vois pas la chevalité ! »
Antisthène

Les idées, les cyniques s'en moquent. L'homme est ce qu'il est : un homme. Tout ce qu'on rajoute est inutile : les sciences ne servent à rien, au point que le philosophe convainquait ses élèves de ne savoir ni lire ni écrire. La philosophie est inutile. En morale, seuls importent le détachement et une parfaite indépendance envers les choses, les hommes, l'opinion. Il n'aspire à chercher l'amitié que de ceux qui lui ressemblent et n'accepte de venir au secours que de ceux qui aiment et cherchent la vertu non par l'étude, mais par l'exercice, dans un effort constant.

Le chien pour modèle

Les cyniques veulent imiter « le meilleur ami de l'homme » : ils mangent et font l'amour en public, vont nu-pieds, dorment à même la terre ; ils vont jusqu'à considérer l'absence de pudeur nettement supérieure à la modestie. Comme les chiens, ils savent reconnaître leurs amis, aboyer contre les fâcheux. Ils vont vêtus de haillons, portent un bâton, une pauvre besace, mangent ce qu'ils trouvent. Le seul lien qui vaille est l'amitié, l'amour est un piège, les affaires publiques sont une abomination. À un jeune homme qui lui demandait conseil pour se marier, Antisthène répondit : « *Si la femme est belle, elle te sera infidèle ; si elle est laide, tu le payeras cher.* » Antisthène serait mort en refusant le poignard que lui tendait Diogène, cherchant, disait-il, à se délivrer non de la vie, mais des douleurs de la maladie.

• Diogène (vers 440-323 av. J.-C.)

Le « Socrate furieux »

Né à Sinope en Asie Mineure, il aurait été contraint de fuir pour avoir falsifié de la monnaie. Il devint l'élève d'Antisthène à force de persévérance, le philosophe le chassant à coups de bâton !

L'anarchie comme art de vivre

Diogène se dépeint sans patrie, sans maison, pauvre et vagabond, vivant au jour le jour.

REPÈRES

Un personnage légendaire

Diogène aurait vécu dans un tonneau, sortant en plein midi une lampe à la main en disant : « *Je cherche un homme.* » Alexandre qui vint le visiter lui demande un vœu : « *Ôte-toi de mon soleil !* » et le roi, fasciné, de lui répondre : « *Si je n'étais Alexandre, je voudrais être Diogène.* »

Un jour, lassé de parler devant un auditoire distrait, Diogène se mit à gazouiller, une foule se forma. Il injuria les badauds en criant qu'ils se moquaient de choses sérieuses, mais qu'ils accouraient pour écouter des sottises. Visitant la demeure d'un parvenu qui lui demande de ne pas cracher par terre, il lui crache aussitôt au visage en disant : « *C'est le seul endroit sale que j'ai pu trouver !* » Sortant un jour en criant dans la rue « *Holà des hommes !* » ils chassent tous ceux qui se présentent en précisant : « *J'ai demandé des hommes, pas des ordures !* » Partisan de la mise en commun des femmes et des enfants, Diogène recommandait l'union libre et maudissait le mariage.

Le stoïcisme ou la force tranquille

Le courant tire son nom du grec *stoa* qui signifie « portique », lieu où enseigne le premier chef de l'école : Zénon de Citium. Il n'est pas l'unique fondateur puisque Cléanthe d'Assos (vers 312-232 av. J.-C.) et Chrisippe (vers 277-204 av. J.-C.) apportent chacun leur contribution à l'élaboration de la doctrine. Somme d'influences conjuguées, le stoïcisme durera pendant plus de cinq siècles, sans que son éthique soit fondamentalement modifiée : elle puise son inspiration dans l'art de vivre de Socrate, indifférent aux circonstances matérielles, courageux devant la mort...

• Les principes du stoïcisme

Le stoïcisme a connu trois moments historiques. Le premier est donc celui de Zénon ; le moyen stoïcisme est représenté par Panétius (vers 180-110 av. J.-C.) et Posidonius (vers 135-51 av. J.-C.) ; ce sont ces derniers qui introduisent à Rome le dernier stoïcisme, avec un apport platonicien et aristotélicien.

FOCUS

Le stoïcisme impérial

Le dernier stoïcisme dit impérial est représenté par trois grands noms : Sénèque (début de l'ère chrétienne ; 65) ; Épictète (50, mort entre 125 et 130) et Marc Aurèle (121-180 ; empereur en 161). Leurs œuvres nous sont parvenues quasi intactes alors que celles de leurs prédécesseurs ne sont accessibles qu'à travers des résumés ou des citations d'auteurs.

Un système bien huilé

La philosophie stoïcienne est la première à se vouloir « systématique ».

À des fins pédagogiques, le stoïcisme distingue trois parties dans la philosophie : la logique, la physique et la morale. Bien penser et bien vivre se confondent : ce principe établit la valeur de la logique. Les règles sont donc simples et aux antipodes des spéculations et des « constructions » mentales d'Aristote et de Platon.

Dans la physique des stoïciens, l'univers tout entier est pénétré d'une espèce de fluide, de souffle vital, le *pneuma,* dont la tension (*tonos*, en grec) maintient la cohésion des parties du monde, assure l'individualité de chaque être ; il n'est en somme rien d'autre que le *Logos* universel. La logique est la même en la physique : Posidonius est le premier à mettre en rapport le mouvement des marées et les phases de la lune, au nom de la « sympathie universelle ».

Le sage est heureux même dans la souffrance, il ne connaît ni trouble ni affliction ; quant au méchant, il est nécessairement malheureux puisqu'il s'inflige à lui-même, par son vice, le seul dommage que son âme puisse subir. Épictète résume cette doctrine en distinguant les choses qui dépendent de nous de celles qui ne dépendent pas de nous. Une telle sérénité demande beaucoup de rigueur et d'ascèse, en remettant sans cesse les choses à leur vraie place, et le temps à sa seule dimension : le présent de l'action droite. La passion qui nous asservit au temps comme aux choses doit être extirpée, c'est en quoi l'idéal stoïcien est une « apathie », c'est-à-dire une absence de passion. Nous devons vouloir l'ordre du monde parce que nous en sommes une partie.

• Sénèque (4 av. J.-C. + 66)

Un directeur de conscience

Fils d'un rhéteur célèbre d'origine espagnole, Sénèque naquit à Cordoue. Romain d'adoption, il embrasse la magistrature (comme Cicéron) puis devient sénateur. La plus importante figure du Ier siècle est d'abord ministre et précepteur avant d'être philosophe. En 41, il est exilé en Corse pour avoir condamné le mode de vie de la première femme de l'empereur Claude, la célèbre Messaline.

Un pédagogue

Sénèque écrivit la majeure partie de son œuvre, composée de tragédies et de livres théoriques, entre 48 et 65. Fidèle à la tradition stoïcienne, il est cependant très marqué par les cyniques[1] : il se défie de la civilisation, des progrès techniques, des arts et des sciences, combat le luxe. Il affirme et défend le caractère monarchique et souverain de la domination du prince.

1 Voir *Lettres à Lucilius*, 88 et suiv.

Nombre de traités possèdent une vertu pédagogique qui tente d'apporter des solutions : pour aller mieux, il faut chercher à être « tranquille », mélange de bonne humeur et d'optimisme, renoncer aux amitiés mal choisies, aux mondanités, chercher la simplicité, la vie studieuse, autant que faire se peut. Et ces conseils de vie sont la plupart du temps adressés à un correspondant ou à un dédicataire précis, preuve que le stoïcisme est un rapport de personnes autant qu'avec soi-même.

FOCUS

De la brièveté de la vie

Sénèque délivre une méditation sur le temps où l'homme d'action ne forme plus d'espoir ou de regret, jouit de l'instant, plongé dans une plénitude faite d'acceptation qui revêt les apparats de l'éternité. La vie ne vaut pas l'usage qu'on en fait, leçon que Montaigne retiendra.

Avec Sénèque, le stoïcisme devient plus que jamais une tension vers cette vertu qu'on espère plus qu'on ne la possède ; ne restent que quelques aveux : la vérité de l'amitié ; celle de la douleur qui nous donne l'occasion d'adhérer, non sans réticences, aux volontés du divin. Il est ainsi possible d'accepter le mal, à force d'héroïsme et d'abnégation, et de connaître la joie dans la résignation.

• Épictète (50-125 ?)

Un esclave affranchi

Né esclave vers 50 en Phrygie, Épictète entre au service d'un maître brutal, qui n'hésite pas à torturer le jeune homme. Il peut cependant entendre les leçons de Caius Musonius Rufus, stoïcien qui avait ouvert une école à Rome. Affranchi, Épictète fait profession de philosophe ; en 89, il est contraint de quitter l'Italie lors de la promulgation d'un édit de Domitien bannissant les philosophes. Exilé à Nicopolis, en Épire, Épictète vit pauvrement, sans femme, sans biens, ouvre à son tour une école où la jeunesse romaine se rend en foule. Il n'écrivit rien, mais son disciple, Flavius Arrien de Nicomédie, rédigea – en grec – à partir des leçons entendues, les *Entretiens d'Épictète* dont il ne reste que quatre livres sur les huit écrits sous forme de notes. Le *Manuel* (53 maximes) est la substance des *Entretiens*, leur brièveté permet de toujours garder sur soi ces règles de vie.

La théorie d'Épictète

Bien que le livre n'ait pas d'ordre précis dans les développements, les mêmes idées reviennent sans cesse formulées différemment, illustrées d'exemples le plus souvent familiers.

- La philosophie ne promet (ni ne permet) de changer les choses extérieures, son objet est de maintenir notre volonté en harmonie avec la nature (*Entretiens*, Livre I).
- Puisque tout homme porte Dieu en lui, philosopher revient à connaître notre relation avec lui : apprendre à vivre et à mourir comme un dieu ; il faut pour cela vouloir ce que Dieu veut et dominer ses opinions.

REPÈRES

Le Dieu d'Épictète

C'est la raison qui pénètre et unifie le monde auquel elle est immanente (en métaphysique, l'immanence désigne le fait que l'Absolu se tient dans le monde) ; il est également « père des hommes », cette parenté est établie par la raison.

- Il n'y a pas de doctrine, seulement des règles de vie : le contrôle de soi, comprendre que « *ce qui trouble les hommes, ce ne sont pas les choses mais les jugements qu'ils portent sur les choses* » (*Manuel*, V).
- Le bonheur ne réside pas dans la domination des hommes mais dans celle des désirs.
- La liberté est affaire de jugement et de volonté ; seule l'opinion droite est à même de nous libérer et de nous apporter la sérénité (ou ataraxie).

• Marc Aurèle (121-180)

Construire une citadelle intérieure

Né à Rome le 26 avril 121, Marc Aurèle est initié, malgré sa frêle santé, à ce qu'il appelle la « *discipline hellénique* », méthode d'éducation qui cherche l'harmonie de l'âme et du corps. Adopté par son oncle, Antonin le Pieux, investi du titre de César, Marc Aurèle lui succède en 161 et passe le reste de sa vie à servir l'Empire alors agité par des troubles militaires. Bien que la charge fût écrasante, quand il en avait le temps, l'empereur consignait (en grec) ses réflexions dans une espèce de journal philosophique (douze cahiers) auquel on donna le titre de *Pensées pour moi-même* quand il mourut du typhus. En 176, Marc Aurèle avait fondé quatre chaires impériales pour l'enseignement des doctrines traditionnelles.

Le principe de la double appartenance

« Je sais que j'ai deux patries, Rome, en tant que je suis Marc Aurèle, et le monde, en tant que je suis homme. »

Bien qu'il fût toute sa vie fidèle à l'enseignement du Portique et qu'il se réclamât de l'enseignement d'Épictète, Marc Aurèle se faisait une idée du devoir civique très proche de celle de Platon : parce que l'homme est une créature sociale, il incombe à chacun de bien jouer son rôle au sein du corps politique. L'empereur est d'abord préoccupé par l'éthique et l'attitude morale : les *Pensées* montrent comment il aspire à bâtir en lui-même une forteresse inaccessible aux passions.

L'épicurisme ou le calcul des plaisirs

Ce qu'on entend aujourd'hui par « épicurien » n'a pas grand-chose à voir avec l'épicurisme, doctrine qui porte le nom de son fondateur, Épicure, né sur l'île de Samos en – 341, en un temps de désordre politique et d'angoisse. Fondateur d'un « système de la nature », Épicure a pour dessein de nous faire parvenir à la sécurité de l'esprit, à la paix intérieure, à un bonheur synonyme de repos. Au Ier siècle de notre ère, le plus célèbre de ses disciples, Lucrèce, célèbre la physique épicurienne dans un poème dont le titre rappelle les préoccupations de son maître : *Sur la nature des choses.*

• Épicure (341-270 av. J.-C.)

Le plaisir est absence de douleur

Issu de la diaspora grecque, Épicure est envoyé, à l'âge de dix-huit ans, faire ses études à Athènes. L'année suivante, sa famille est chassée de Samos et contrainte de mener l'existence précaire des réfugiés à Colophon. L'expérience de ces malheurs incite Épicure à trouver une explication rationnelle, plus efficace que le seul recours à la prière. Il fonde sa première école à Mitylène en – 306 et y professe une sagesse qui vise à tirer l'homme de l'aliénation de la superstition. La majeure partie de cet enseignement très prisé des classes moyennes se déroula à Athènes, dans un lieu nommé « le Jardin », nom par lequel on désigne parfois l'école. Les disciples mènent une vie frugale où la sagesse pratique (*phronésis*, en grec) est dite « *plus précieuse que la philosophie* » *(Lettre à Ménécée).*

La sensation comme source de vérité

Épicure divise la philosophie en trois partie : la canonique, la physique, l'éthique. La théorie de la connaissance (ou « canonique ») est fondée sur la sensation par contact direct : par la vue, l'odorat et l'ouïe, où l'on distingue celui qui sent de ce qui est senti ; dans cette logique, n'ont de valeur que les sentiments individuels de plaisir concret.

La physique au service de la morale

Pour Épicure, il n'y a rien à chercher au-delà de la nature ; tous les phénomènes obéissent à des lois immuables : « *Tout arrive de manière inflexible au sein de toute chose* » *(Lettre à Pythoclès)* ; la connaissance n'a pas de limites quand elle est recherchée avec courage. L'élaboration de la physique s'appuie sur la doctrine atomistique de Leucippe et de Démocrite. Épicure ajoute que les atomes sont doués de pesanteur qui les met en mouvement, non seulement en ligne droite de haut en bas, mais encore en déviant légèrement grâce à ce qu'il nomme la « déclinaison[1] » : ils se heurtent les uns les autres et se combinent. Il n'explique en revanche ni d'où vient la pesanteur, ni les causes de la déclinaison. La physique reste la servante de la morale, au nom de la liberté.

FOCUS

Les dieux d'Épicure

Composés d'atomes subtils, ils sont absolument multiples, et cette pluralité permet de concevoir une « société des dieux ». Les dieux sont occupés à parler entre eux, au point de trouver dans cet échange une joie sans mélange ; ils ne se soucient nullement du monde et des hommes. La vie humaine se réfère aux dieux (qu'il ne faut pas craindre) comme à un idéal de joie et d'amitié. Il ne faut pas davantage redouter la mort puisque, tant que l'homme est en vie, la mort n'existe pas plus qu'elle ne le concerne. Au jour du trépas, l'âme composée d'atomes se disperse comme un nuage de lait dans une tasse de thé. Il n'y a donc aucune cause de peur ou d'angoisse et nous pouvons vivre en obéissant aux exigences vitales et à la morale du plaisir.

1 Lucrèce utilise le terme de « *clinamen* ».

Une éthique du plaisir

« Pour vivre heureux vivons cachés. »

Alors que pour les stoïciens le bonheur réside exclusivement dans la vertu, Épicure affirme qu'il est dans le plaisir (*hédoné*, en grec – d'où le nom d'hédonisme parfois donné à cette doctrine). Mais tous les plaisirs ne sont pas bons ; pour qu'ils soient souhaitables, ils doivent être stables, « au repos », c'est-à-dire non soumis au mouvement, dans une espèce de suspension de la douleur et un équilibre harmonieux. Cette absence de trouble est l'ataraxie, objet de la quête du sage, comme chez les stoïciens. Pour veiller au maintien de ce plaisir fragile, la raison veille et limite les désirs aux seuls « naturels et nécessaires ». Il les divise en trois classes[1] :

- **les plaisirs naturels et nécessaires.** Manger quand on a faim : les seuls qui « apaisent la tempête de l'âme » ;
- **les plaisirs naturels sans être nécessaires.** Ceux nés d'un souci de varier et de raffiner la nourriture (par exemple les boissons rares) : ils sont à éviter ;
- **les plaisirs ni naturels ni nécessaires.** Goût de la richesse, de la gloire, des honneurs : à proscrire absolument.

Rien là qui relève de la jouissance débridée ! Le bonheur, c'est de n'avoir ni faim, ni soif, ni froid, de vivre, non en société, mais en autarcie : le sage n'a besoin de rien (ou presque) ni de personne. Dans cette perspective, la philosophie est un moyen de « *préserver les hommes*[2] » en les engageant à vivre le moins possible en société.

• Lucrèce (vers 98-55 av. J.-C.)

« Les vers du sublime Lucrèce périront le jour où l'univers sera détruit. »
Ovide

Teintée de mystère, la vie de Lucrèce le Romain n'a certainement rien à voir avec la notice établie par saint Jérôme et qui le fait se suicider, à l'âge de quarante-cinq ans, rendu fou par un philtre... Lucrèce vécut dans un temps aussi troublé que celui de son maître, Épicure : la République romaine est sur le point de mourir et le philosophe matérialiste laisse une des œuvres

---

1 In *Lettre à Ménécée*, § 127.
2 *Maximes principales*, 14.

les plus sublimes de l'histoire : le *De natura rerum*, poème philosophique de 7 400 vers, en six chants, où il exalte un matérialisme farouchement opposé à la superstition. L'œuvre est dédiée à Memmius qui se réfugia à Athènes, et y acheta les jardins d'Épicure pour y construire un palais.

REPÈRES

L'atomisme de Lucrèce

L'homme est un accident de la matière et le monde dépourvu de cause finale, privé de causalité divine. Tout obéit au hasard et à la nécessité, aux besoins présents.

Mieux que la religion, la philosophie nous permet de comprendre l'univers et l'homme, souvent accablé de tourments, et qui cherche sans cesse à les éviter. L'éloge de la philosophie devient une quête de l'absence de douleur, d'un « *sentiment de bien-être dépourvu d'inquiétude et de crainte* ».

Le scepticisme ou l'inaccessible vérité

Le courant sceptique est une réaction contre le stoïcisme jugé trop dogmatique, trop simplificateur et empressé de proposer des solutions pratiques au détriment de l'établissement de certitudes. L'exercice du doute devient un principe fondamental : personne ne peut jamais connaître quoi que ce soit.

• Pyrrhon (né vers 340 av. J.-C.)

Contemporain d'Aristote, Pyrrhon n'a rien écrit (excepté un hypothétique poème sur Alexandre), son influence s'est exercée par l'intermédiaire de son disciple Timon (mort vers – 235), poète satirique qui popularisa les idées de son maître.

La recherche du bonheur est le but à atteindre non seulement dans l'ataraxie (l'absence de trouble) et dans l'apathie (l'absence de passion), mais encore dans l'aphasie, « *état de non-assertion qui nous pousse à ne rien affirmer non plus qu'à nier* ». Il résume sa pensée par une devise : « *Pas plutôt ceci que cela.* » Pyrrhon se refuse à l'élimination aussi bien qu'au choix.

L'abstention du jugement se fonde sur la non-différence (adiaphorie) qui affecte les phénomènes. Puisque tout ce qui nous paraît est relatif, Pyrrhon en conclut que la vérité est inaccessible et que la nature des choses est d'être non manifeste. La vérité est donc située au-delà des phénomènes qui ne la révèlent jamais totalement.

• Sextus Empiricus (IIIe siècle)

Empiricus qui signifie « homme d'expérience » (empirique) désignait alors un médecin, et Sextus, philosophe grec, l'était. Il laisse à la postérité une somme des arguments des sceptiques contre la science, *Adversus mathematicos* (littéralement : « contre ceux qui font profession de savoir »). L'ensemble a été résumé dans les *Hypotyposes pyrrhoniennes* ou *Esquisses sceptiques* (traduites par exemple par Henri Estienne en 1562) et qui devient le livre référence de Montaigne qui honore la « secte sceptique » en la qualifiant de « *plus sage parti des philosophes* ».

Sextus Empiricus veut fonder une science qui repose uniquement sur l'étude des phénomènes et leurs lois de succession. L'homme ne peut parvenir à la vérité, ni par une connaissance immédiate, ni par une démonstration. Par exemple, que « démontre » la proposition : il n'y a pas de fumée sans feu ? Pas grand-chose sinon qu'il y a de la fumée, ce signe est dit « commémoratif », il ne signifie pas qu'il y a du feu. Il n'existe pas de signe dit « indicatif » : les mouvements d'un corps ne nous amènent pas à conclure à une âme.

Le néoplatonisme, une pensée de l'Idéal

Les néoplatoniciens étudient d'abord Platon comme un maître inspiré qui dispense une sagesse éternellement vivante. Ils s'interrogent non seulement sur les problèmes qu'il a posés, mais encore sur les questions qu'il n'a pas abordées, et dégagent le contenu explicite de ses idées. Cette interprétation est un commentaire ouvert qui, à partir du *Parménide,* aboutit à une thèse exposée par Plotin, véritable fondateur de l'école néoplatonicienne : toutes les formes d'être et de non-être sont les modalités hiérarchisées de l'Un. Proclus, auteur d'un *Commentaire du Parménide,* est le dernier grand ordonnateur du mouvement.

• Plotin (204-270)

« Ne cesse de sculpter ta propre statue[1]. »

Nous connaissons la vie de Plotin grâce aux écrits de son disciple Porphyre : la première phrase qu'il consacre à la vie de son maître le résume assez justement : « *Plotin le philosophe semblait avoir honte d'être dans un corps.* »

1 *Ennéades,* I 6, 9, 13.

Né en Haute-Égypte, il ne se consacra à la philosophie qu'à l'âge de vingt-huit ans ; sa rencontre avec Ammonius Saccas, fondateur du néoplatonisme à Alexandrie, bouleverse son existence : il suivra ses cours pendant plus de dix ans. Par la suite, il entreprend de connaître la philosophie orientale ; en campagne en Perse, il rencontre certainement Mani, fondateur de la philosophie du dualisme strict. Il a quarante ans lorsqu'il décide d'enseigner, à Rome, la philosophie.

Le salut philosophique

C'est encore à Porphyre que nous devons d'avoir titré et organisé l'œuvre unique de son maître : les *Ennéades*, à partir de cinquante-quatre traités dispersés, il forme six groupes ou « neuvaines » (c'est-à-dire « ennéades ») de neuf livres qu'il publie en 301. Après avoir été perdue au Moyen Âge, l'œuvre est restituée à l'Occident en 1492.

Plotin présente toujours son enseignement comme un commentaire des doctrines de Platon qu'il « recrée » en fonction du nouveau champ d'idées alors en mouvement. Son *Commentaire du Parménide* est, par exemple, une réinterprétation de l'unité de l'âme, de l'esprit et de l'Un. Le philosophe est à la croisée de deux influences majeures : les préoccupations rationnelles de la culture hellénistique, principalement représentées par le platonisme, et les préoccupations religieuses venues d'Orient. Le plotinisme est le résultat d'une double exigence : le dépouillement mystique et la rigueur critique. Ce penseur qui n'est pas chrétien a pour dessein d'atteindre le salut par des voies purement philosophiques.

Conversion et purification

Il n'y a d'ordre et de clarté que par et dans l'esprit ; la pensée « *perçoit qu'elle pense* » (IV, 3, 30), « *s'accompagne elle-même* » (I, 4, 10), se définit ainsi comme conscience. C'est la matière qui fait le sensible distinct de l'intelligence, elle est impure : elle est l'expression inversée du *Noûs*. Mais, « *à mépriser l'existence, on ne fait que témoigner contre soi-même* », affirme Plotin ; il faut donc aimer la vie, sachant que toute existence authentique procède d'une contemplation et s'achève en contemplation. Le corps doit être maîtrisé et non méprisé ; le sage en use comme d'une lyre d'abord nécessaire à son chant terrestre (I, 4, 16). Voilà pourquoi il est nécessaire de se convertir spirituellement pour que l'âme se tourne vers l'esprit et dépasse en lui la « trace de l'Un », pour participer à une simplicité absolue, impossible à nommer et même à penser.

Le Beau et l'Amour

Le Beau permet de retrouver le reflet d'une Idée transcendante ; c'est pour « l'âme musicienne » une réminiscence de soi et de ce qui est sien. La vraie beauté, comme celle du soleil, est simple : elle est une participation au Bien.

L'amour préside à la conversion ; l'Un étant la source de tout, il est le seul à pouvoir donner son efficacité à une vraie conversion spirituelle.

Le chemin de l'extase

Contempler l'Un, le voir « *dans sa pureté sans mélange* », n'est possible que grâce à une expérience mystique (Porphyre relate plusieurs « extases » de Plotin) où le sage éprouve un sentiment de « *vide* » qui n'est pas privation, mais inexprimable joie d'un lumineux « *toucher* » (V, 3, 17). Seule la relation amoureuse est à même de pouvoir traduire cet état. Le bienheureux devient alors « le dieu » qu'il est (III, 2, 8). Au sommet de son ascension, quand l'âme est unie à l'Un, « *comme un choriste au chef de chœur* » (VI, 9, 8), elle ne convoite, ni ne craint plus rien.

• Proclus (412-485)

« Il faut qu'il y ait d'abord un être, puis un vivant, enfin un homme. »
***Éléments de Théologie*, 70**

La vie de Proclus

Né à Byzance (actuelle Istanbul) de parents originaires de Lycie, il reçoit sa première formation à Xanthos, poursuit ses études à Alexandrie. Il se rend ensuite à Athènes où il est initié « à la mystagogie de Platon » par Plutarque et Syrianos, à qui il succède, en devenant le maître de l'école platonicienne. Dans son panégyrique, son disciple Marinos brosse le portrait d'un maître sage et saint à l'origine de nombreux prodiges. Son éclectisme religieux pousse Proclus à une terrible austérité ; il meurt âgé de soixante-treize ans, son corps est inhumé près de celui de Syrianos, au pied du Lycabette.

Bénéficiant d'une documentation considérable par rapport à ses prédécesseurs, Proclus prend aussi en compte les nombreux apports de religions qui tentent d'échapper à la pression croissante du christianisme. Curieux de tout, il se tourne vers les écrits d'Hermès Trimégiste (IIe siècle), les *Oracles chalaïques* (fin du Ier siècle) ainsi que les traditions (rites et mythes) des Grecs comme des barbares. Il tente d'ordonner tous ces éléments à l'intérieur d'un système rationnel, d'où une profusion parfois encombrée de subtilités.

Tout est en tout

La *Théologie platonicienne* complète le *Commentaire du Parménide* qui s'arrête à la fin de la première hypothèse où, par un jeu dialectique, Proclus explore à neuf reprises les manières d'affirmer l'Un et de le nier. Les catégories platoniciennes du *Parménide* deviennent ici les degrés de la hiérarchie divine.

La procession suit un ordre qui est celui du tout (les genres entrant dans la « composition » de l'âme étant ceux de l'univers). La loi de complexité croissante aboutit à l'âme qui implique tous les principes supérieurs : un, être, vie, pensée ; au-dessus de l'âme, la loi de procession se retourne, allant des termes les plus simples vers les plus universels.

CHAPITRE 6

LE CHRISTIANISME ET LA PHILOSOPHIE : LES PÈRES GRECS ET LATINS

Le christianisme n'est pas une philosophie, mais il existe, selon l'expression d'Étienne Gilson, une « *philosophie chrétienne* », c'est-à-dire une manière de philosopher dans la foi. Il faut préciser que le christianisme primitif, celui des premiers siècles, entretient un rapport étroit avec les traditions philosophiques, qu'elles soient stoïciennes ou platoniciennes. Nous sommes en présence d'une double influence et d'une dépendance réciproque de la philosophie païenne et des doctrines chrétiennes en pleine formulation. Les deux pensées ont en commun le rapport que l'homme entretient avec Dieu ou la transcendance. Saint Paul est le représentant emblématique de ce changement capital dans l'histoire des idées, mais on doit aussi évoquer l'école de théologie chrétienne d'Alexandrie particulièrement ouvertes aux influences hellénistiques, surtout néoplatoniciennes.

Les Pères de l'Église

• La patrologie

L'étude des Pères de l'Église, ou patrologie, s'applique aux auteurs de l'Antiquité ayant traité de théologie. Elle s'attache surtout à ceux qui représentent et défendent la doctrine ecclésiastique traditionnelle. En Occident,

« *elle englobe tous les auteurs chrétiens jusqu'à Grégoire le Grand (mort en 604) ou Isidore de Séville (mort en 636), et pour l'Orient, jusqu'à Jean Damascène* » (Johannes Quasten).

REPÈRES

Les principaux Pères de l'Église

Depuis une déclaration de Boniface VIII, en 1298, l'Église catholique romaine reconnaît quatre principaux en son sein : Ambroise, Jérôme, Augustin, Grégoire le Grand.

L'Église grecque (orthodoxe) vénère trois « grands maîtres œcuméniques » : Basile le Grand, Grégoire de Nazianze, Jean Chrysostome.

• Les influences philosophiques

Les Pères de l'Église apostoliques (c'est-à-dire du temps des apôtres) et leurs successeurs assimilent trois influences majeures :

- le platonisme et ses variantes, en recourant le plus souvent à des emprunts tirés de morceaux choisis ;
- l'aristotélisme, mais par peu de lectures directes et en deux temps. Les Pères du IIe siècle s'intéressent plus aux dialogues d'Aristote (œuvres exotériques) alors que ceux du IVe siècle se concentrent sur les traités dits « scolaires » (œuvres ésotériques) ;
- le stoïcisme. « *Les stoïciens ont établi en morale des principes justes ; les poètes en ont aussi exposés, car la semence du Verbe est innée dans tout le genre humain* » (saint Justin, *IIe Apologie*, 8, 1) ; l'expression « semence innée du Verbe » est typiquement stoïcienne ; Clément d'Alexandrie emprunte d'autres termes : « notion naturelle », « sens commun », « prénotion »...

• Augustin d'Hippone (354-430)

« Revêtir le Christ. »

Le plus célèbre des Berbères

Né à Thagaste (Souk-Ahras, dans l'actuelle Algérie), Augustin est le plus célèbre des Berbères de Kabylie ; issu d'un père païen et d'une mère dévote, sa vie se divise en deux grandes parties.

Avant sa conversion, il mène une vie décousue, suit malgré tout des cours de grammaire avant d'aller étudier le droit et la rhétorique à Carthage. Sa condition ne lui permet pas d'épouser sa petite amie, dont il a un fils : Adéodat. La religion de sa mère le fait sourire, la lecture de Cicéron l'enthousiasme plus que celle de la Bible. Adepte de la philosophie de Mani (le monde gouverné par deux principes opposés : le Bien et le Mal), il devient professeur à Carthage, à Rome, puis à Milan où sa mère le rejoint. Il écoute (par curiosité) les prédications d'Ambroise, lit Plotin, et surtout les épîtres de Paul.

REPÈRES

La conversion d'Augustin

Totalement bouleversé par la lecture des épîtres de Paul, notamment par un verset de l'Épître aux Romains invitant les fidèles à renoncer aux voluptés pour « *revêtir le Christ* », il se convertit à l'été 386, lors d'un épisode célèbre raconté dans *Les Confessions.*

Après sa conversion, Ambroise le baptise durant la nuit de Pâques du 24 avril 387. De retour au pays, Augustin vend ses biens et mène une vie monastique, trois ans durant. Poussé à la prêtrise par les fidèles d'Hippone (aujourd'hui Annaba), il abandonne la contemplation pour la vie pastorale. Devenu chef incontesté de l'Église africaine, il conseille, sert, combat.

L'œuvre de saint Augustin

Un millier de sermons couronnent cette intense activité épiscopale, mais on compte aussi 113 ouvrages et 225 lettres. Augustin est un monde à lui seul : polémiste, théologien, mystique, écrivain de génie, pasteur, défenseur de l'orthodoxie et de l'Église... La lecture du catalogue de ses œuvres montre un homme préoccupé par les problèmes qui traversaient l'Église de son temps.

Comme son maître Paul, Augustin sait adapter son discours à son auditoire ; sans doute faut-il y voir l'une des clefs d'un succès jamais démenti.

Entre foi et raison

Augustin nous fait comprendre ce que signifie sa philosophie en insistant sur sa méthode de discussion avec Evodius : « *Si croire et comprendre n'étaient pas deux choses distinctes, et si nous ne devions pas d'abord croire les grandes et divines vérités que nous désirons comprendre, c'est en vain que le prophète [Isaïe] aurait dit : "Si vous ne croyez pas, vous ne comprendrez pas."*[1] » La seule véritable sagesse doit toujours commencer par la foi surnaturelle.

1 *Du libre arbitre*, II, II, 6.

FOCUS

La foi : la méthode augustinienne

La vraie méthode consiste à recevoir d'abord la vérité par la foi avant de la pénétrer par l'intelligence, c'est ainsi qu'il est ensuite possible d'aborder le mystère de la Trinité, de l'origine du mal ou le problème de l'existence de Dieu (*Du libre arbitre*).

Commencer par la foi est obéir à Dieu ; commentant le verset tiré d'Isaïe, Augustin y voit deux formes de connaissances successives : l'une « moins parfaite », la foi ; l'autre « plus parfaite », mais la science ne nous est possible que par l'enseignement du « maître intérieur », le Christ.

L'âme

Augustin distingue d'abord deux sortes d'âmes :

- l'« *anima* » ou âme en général qu'on trouve aussi chez les animaux ;
- l'« *animus* » ou âme pensante ou raisonnable qui est le propre de l'homme.

Science et sagesse

La sagesse *(sapientia)* ou connaissance intuitive du pur intelligible résulte de l'exercice de l'intellect. La raison précède l'intelligence, mais ne l'inclut pas[1].

En effet, Augustin distingue et oppose (dans *De la Trinité*) science et sagesse, l'intelligence étant « entre les deux ».

- La science est l'œuvre de la raison inférieure qui considère les choses selon un point de vue temporel et humain ; elle s'attache facilement aux créatures pour en jouir comme d'une fin, devenant source de tous les maux ; elle incite à l'orgueil – premier de tous les péchés.
- La sagesse siège dans la raison supérieure et juge de tout selon « les raisons éternelles » ou les Idées divines ; elle est le fruit de l'Illumination du Verbe de Dieu et implique une parfaite humilité, un total détachement de soi-même ainsi que du monde créé : elle exclut l'orgueil et l'avarice. La sagesse nous conduit à travers les choses temporelles vers la vie éternelle.

1 Voir R. Jolivet, *Dieu, soleil des esprits*, et notes complémentaires du tome I des *Dialogues philosophiques*, Paris, 1939, p. 464.

- L'intelligence dite « spirituelle » est plus près de la sagesse que de la science, « *son objet direct est la vérité divine* » ; elle est conçue comme le perfectionnement de la foi, « *pure acceptation* » de la vérité révélée. L'intelligence éclaire la foi ; elle est compréhension véritable, simple et pénétrante en dépit des limites qui lui sont imposées.

Dans « l'intellectus », Augustin distingue deux exercices : le premier relève du bon sens et précède la foi : l'existence de Dieu est ainsi une vérité de bon sens ; on part de Dieu pour « expliquer » les créatures ; le second, postérieur à la foi, est une recherche poussée qui aboutit à la contemplation et à la sagesse béatifiante.

FOCUS

La vérité révélée d'Augustin

Sagesse et science font découvrir le vrai sens de la foi : la première par « une vue simple » d'abord spéculative ; la seconde par un jugement de valeur directement inspiré par la charité qui nous unit à Dieu. Toute vérité (qu'elle soit théologique ou philosophique) est un don de la foi qui, en quelque sorte, « construit » toute vraie philosophie[1].

Pour participer à cette lumière, l'esprit doit acquérir une sagesse, reflet du divin que l'homme saisit au sein de son âme. Dieu est donc d'abord au dedans de nous mais, pour l'atteindre, il faut se « dépouiller du vieil homme », celui qui ne cesse de se laisser disperser par le sensible, aliéner par les biens terrestres, emprisonner par un désir que rien ne satisfait. Le temps, par la mémoire, devient ce lieu de salut parce qu'en lui l'éternité se révèle, l'absolu dévoile gratuitement sa présence. L'âme, d'abord étrangère à elle-même, peut éprouver la Beauté et la Divinité, elle se retourne, se convertit ; le cœur de l'homme est à même d'apercevoir (non sans ascèse) les vérités éternelles et les Idées.

1 Voir les notes complémentaires de F.-J. Thonnard in *Dialogues philosophiques* III, Paris, 1941, p. 475-523.

La Cité de Dieu

À ce chemin personnel s'ajoute celui de la cité humaine, cité du mal fondée sur l'amour de soi, qui n'acquiert tout son sens qu'à travers la cité de Dieu, lieu de l'éternel repos dont le Christ est le fondateur et dont l'Église est ici-bas l'incarnation. Les deux cités s'opposent, cohabitent et s'entremêlent donnant ainsi tout son sens à l'histoire, jusqu'au jour où la cité de Dieu vaincra : « *L'une, la cité céleste, voyageuse sur la terre, ne se fait point ses dieux ; mais elle-même est l'œuvre du vrai Dieu pour devenir son véritable sacrifice. Toutes les deux néanmoins sont également admises à la jouissance des biens et à l'épreuve des maux temporels ; mais leur foi, leur espérance et leur amour diffèrent jusqu'à ce que, séparées par le dernier jugement, elles arrivent chacune à sa fin qui n'aura point de fin* » (*La Cité de Dieu*, Livre XVII).

DEUXIEME PARTIE

DU MOYEN ÂGE À LA RENAISSANCE

En 1469, Jean André de Bussi prononce l'éloge du cardinal Nicolas de Cues. Il lui fait hommage, entre autres choses, d'avoir lu les « auteurs anciens » et ceux « plus récents », ainsi que tous les ouvrages du « temps intermédiaire », première apparition attestée de la notion de « Moyen Âge ». Il constate la fin d'un temps, fin qui devait se situer quelques décennies plus tôt. La période est des plus vastes, elle court de la dissolution de l'Empire d'Occident à la prise de Constantinople par les Turcs en 1453, date de la fin de la guerre de Cent Ans ; selon d'autres, le Moyen Âge s'éteindrait avec la Réforme.

La raison et la foi

• Philosophie païenne et théologie chrétienne

Le Moyen Âge s'étend du VIe au XVe siècle. Tout commence par les grandes synthèses néoplatoniciennes (orientales) des païens Plotin, Proclus, du chrétien Denys l'Aréopagite, par la grande synthèse (occidentale) d'Augustin, pour s'achever par une profonde mutation culturelle et sociale où l'Église ne joue plus le premier rôle. Le Moyen Âge philosophique est une formidable expérience intellectuelle qui tente et réussit l'introduction de la pensée rationnelle issue de la Grèce dans la nouvelle civilisation chrétienne. Les emprunts deviennent des manières de penser, pour ne pas dire des « moteurs ». Il s'agit en fait de résoudre le problème des rapports entre la raison et la foi, ce qui entraîne comme première conclusion que le christianisme existe aussi par la philosophie : la tradition profane offrant des instruments jugés aptes à donner une forme (intellectuelle, voire sociale) à la vie chrétienne.

• Deux visions rationnelles de la foi

Les deux principales directions adoptées sont celles de saint Anselme et de saint Thomas d'Aquin. Dans la première, la raison pénètre dans la substance même de la vie selon l'Évangile et dans la destinée surnaturelle de l'homme. Le domaine est celui des choses spirituelles où la raison est le meilleur intermédiaire entre la foi et la vision chrétienne du monde et de l'homme. La seconde est dominée par l'introduction de la pensée aristotélicienne, véritable continent indépendant de la foi ; la raison a les moyens de constituer par elle-même une philosophe autonome où elle se dirige spontanément vers les choses sensibles, s'élève jusqu'à l'affirmation d'une existence spirituelle. Le rapport à la foi est ici extérieur, puisque la foi dirige, conduit la raison.

CHAPITRE 1

MÉTAMORPHOSES DE LA PENSÉE CHRÉTIENNE

Boèce (480-525)

« Élevons-nous au sommet de l'Intelligence suprême ; la raison y verra ce qu'elle ne peut voir en elle, à savoir de quelle manière il y a, en cette Intelligence, une connaissance certaine et définie des choses qui n'ont pas une issue certaine, non pas une opinion, mais la simplicité d'une science suprême qui n'est enfermée dans aucune borne. »

• Une exception philosophique

Anicius Manlius Severinus Boetius est un Romain appartenant à l'illustre *gens Anicia*, une des plus importantes maisons aristocratiques de la fin de l'Antiquité. Sous le règne du roi goth Théodoric, il occupe de hautes responsabilités : consul en 510, puis maître du palais. Accusé de comploter pour la reconquête de l'Italie par Justinien et d'exercice de la magie (bien peu vraisemblable), il est arrêté sur ordre de Théodoric. Longtemps emprisonné, il est cruellement mis à mort en 524. Son œuvre est une exception à une époque où toute philosophie semble en sommeil ; elle est à l'origine d'une véritable renaissance des études philosophiques en Occident. Bien qu'il fût chrétien, il trouva dans la philosophie rationnelle la source de toute consolation.

L'œuvre de Boèce commence par Aristote et sa doctrine du monde matériel et sensible, en allant toujours du plus simple au plus compliqué ; elle se poursuit par Platon conduisant vers les hautes réalités intelligibles ; l'analyse du *Parménide* achève le parcours.

Boèce rédigeait deux sortes de commentaires, un abordable pour les débutants, un plus complexe pour les plus aguerris.

• *La Consolation de Philosophie*

Écrite du fond de sa prison en attendant une mort certaine, cette œuvre où alternent prose et poésie est considérée comme la plus importante de Boèce. Il cherche à démontrer, en faisant appel à la tradition de la sagesse antique, que le changement de fortune ne saurait atteindre la véritable félicité. Il emploie un genre littéraire connu, la diatribe gréco-romaine où la philosophie apparaît personnifiée ; elle joue le rôle de « médecin des âmes » et réprimande le prisonnier en lui rappelant l'exemple des anciens philosophes.

La Consolation de Philosophie ne présente aucune réelle concordance avec le christianisme, mais s'inspire directement des thèmes chers aux philosophes stoïciens (dans la lignée du platonisme).

FOCUS

Le Souverain Bien

Selon Boèce, aspirer au Bien est la preuve que ce bien existe, car « *tout ce que l'on appelle imparfait n'existe que par la diminution du parfait* ». Son idéal philosophique est celui du vrai bien qui rend l'homme indépendant, en lui donnant une puissance véritable, une gloire et une joie absolument vraies. Tous les êtres aspirent au Souverain Bien, à Dieu comme à l'Un et les bienheureux qui atteignent la lumière par la vertu sont appelés à devenir des dieux.

Jean Scot dit l'Érigène (IXe siècle)

« Le salut des âmes fidèles consiste uniquement à croire ce qui est dit en vérité du principe de toutes choses, et à comprendre ce qui est cru en vérité. »

• Le maître de la renaissance carolingienne

À la suite des invasions barbares successives, l'Irlande devint une terre de refuge pour nombre de savants. Nous savons peu de chose de la vie de Jean Scot né en Irlande (*Eriu*, en latin, d'où le pléonasme avec Scottia : l'Érigène) sinon qu'il serait né dans le premier quart du IXe siècle. Il vient compléter ses connaissances en littérature, philosophie et théologie sur le continent, et arrive à la cour de Charles le Chauve, vers 846, enseigne à l'école palatine où il commente Capella (et les sept arts libéraux).

• Une pensée entre foi et raison

La pensée d'Érigène s'enracine dans plusieurs influences : la pensée grecque (Platon), la théologie de Denys, les principes exégétiques (analyse de l'Écriture) d'Origène, la pensée d'Augustin. Son *De devisione natura* se présente comme un système complet où philosophie et théologie sont inséparables. Le programme de sa vie comme de son travail est placé sous l'invocation d'une phrase du prophète Isaïe (7, 9) : « *Si vous ne croyez pas, vous ne vous comprendrez pas* ». Et s'appuie sur une méthode : « *Prendre la parole divine pour point de départ du raisonnement.* » Il ajoute : « *Beaucoup ont la foi et fort peu (les sages seuls) ont la raison, mais c'est par la foi qu'on vient à la raison*[1]. »

• Un double message

La raison s'exerce toujours par rapport à un donné qui est la réalité même : « *La lumière céleste se manifeste au monde de deux façons : par l'Écriture et par la créature*[2]. » Cela signifie que tout ce que l'on rencontre est une révélation de Dieu et « *en même temps qu'un voile le cache* » ; une lecture correcte de ce double message exige que l'on comprenne, puis dépasse, le sens immédiat, destiné à nous faire passer à l'esprit de l'Écriture et à la raison de la créature. C'est ainsi que vraie philosophie et vraie religion se confondent[3]. Il faut s'efforcer de comprendre ce que l'on croit. Pour y parvenir, on peut s'aider des explications fournies par les Pères de l'Église, choisir même une explication – mais toujours en raisonnant, en s'appuyant sur l'autorité (des Écritures, des Pères, de l'Église), sachant que « *toute autorité qui n'est pas appuyée par la vraie raison apparaît infirme…* ».

---

1 *Commentaire sur Boèce*, p. 49.
2 In *Homélie sur l'Évangile de Jean*.
3 Jean Jolivet, in *Histoire de la philosophie*, « La Philosophie médiévale », Paris, 1969, p. 1252.

La création est une manifestation de Dieu, une « théophanie » ; être en ce monde, c'est être en Dieu : nous sommes en lui par « *la raison de notre essence, nous y mouvons par la raison de notre vertu, y vivons selon la raison de notre immortalité* » – tout ce qui se manifeste y participe.

Vous avez dit théophanie ?
C'est la création comprise comme une manifestation de Dieu.

La Trinité a laissé des vestiges, des traces dans la créature, dans l'âme : il est donc possible de remonter à elle en partant de la structure générale du monde dont Dieu est la cause.

- Le Père : l'être des choses nous permet de concevoir que Dieu EST, de le dire « essence ».
- Le Fils : il est sagesse divine puisque la division de la nature en espèces, en genres, nous montre qu'il est sage.
- L'Esprit (saint) : il est le mouvement universel qui témoigne que Dieu vit.

Saint Anselme (1033-1109)

« Si maintenant je ne voulais pas croire que tu es, je ne pourrais pas ne pas le comprendre. »

• La foi précède la raison

Né à Aoste, en Italie, Anselme est de noble extraction. Malgré une santé fragile, il devient un brillant étudiant qui aime voyager. En 1063, il se fixe à l'abbaye du Bec en Normandie, en devient le prieur en 1063, puis l'abbé en 1078. Nommé archevêque de Cantorbéry en 1093, il tente en vain d'apaiser la querelle des investitures qui oppose le roi d'Angleterre Henri Ier Beauclerc au pape Pascal II. Après un séjour à Lyon, il retourne à son poste et y meurt en 1109 ; il est proclamé docteur de l'Église en 1720.

La plupart des œuvres d'Anselme sont le fruit des discussions qu'il dirigeait au monastère du Bec dans le but d'instruire ses moines dans la foi ; ses écrits se fondent sur le programme d'Augustin : « *Savoir et comprendre ce que nous croyons.* »

• La méditation

La méthode employée est celle de la *disputatio* (méditation) qui retrace la démarche de quelqu'un découvrant la vérité pas à pas. Elle se donne pour un « *exemple de méditation sur la raison de la foi* » et énonce trois preuves de l'existence de Dieu en suivant une logique non pas fondée sur l'autorité de l'Écriture, mais sur « *la nécessité de la raison* » et « *l'évidence de la vérité* » ; ces trois preuves à la fois rationnelles et théologiques s'articulent en trois temps[1] :

- preuve 1 correspondant à un temps spéculatif ; l'objet de nos désirs et l'expérience des biens particuliers nous invitent à chercher un Bien par lequel soit bon tout ce qui est bon ; les choses étant inégalement bonnes, sans posséder un principe particulier de Bonté, on admet qu'elles participent toutes d'un même Bien par lequel tout le reste soit bon et qui soit bon par lui-même ; dans les mêmes conditions, il est possible de parler d'une grandeur suprême par laquelle soit bon tout ce qui l'est ;
- preuve 2 correspondant à un temps réflexif ; en partant du principe de ce qui est bon et de ce qui est grand, on peut considérer le principe de ce qui EST : soit on détient le principe unique, soit il faut reconnaître une force qui fait exister les principes par eux-mêmes et c'est le principe unique ;
- preuve 3 étant un moment pratique ; il s'agit d'une hypothèse non rationnelle puisqu'elle revient à poser que quelque chose vient de ce qui l'engendre. Les natures sont égales en dignité (du charbon à l'âne et à l'homme...), il y a gradation, mais ces degrés ne pourraient être en nombre infini sans qu'il y ait également une multitude infinie de nature, et c'est absurde. Une nature n'est donc inférieure à aucune. Si les êtres sont égaux par leur essence (qui ne peut alors être qu'unique), ils ne sont pas réellement plusieurs, mais un ; et s'ils sont égaux par quelque chose d'autre, c'est cela la nature suprême[2].

1 D'après P. Vignaux.

2 Jean Jolivet, in *Histoire de la philosophie*, « La Philosophie médiévale », Paris, 1969, p. 1284.

• La recherche d'un argument unique

Anselme reconnaît avoir longtemps cherché un argument unique et se désespérer de ne pas le trouver jusqu'au jour où… il énonce dans le *Proslogion* : « *Je ne cherche pas à comprendre pour croire ; je crois pour comprendre. Car je crois aussi que, si je ne crois pas, je ne comprendrai pas.* » Dieu est « *quelque chose de tel qu'on ne peut rien concevoir de plus grand* », l'insensé (du psaume XIII, 1) a beau dire que Dieu n'est pas, il comprend la définition qu'Anselme donne de Dieu, elle est inscrite dans son intelligence. Mais ce « *quelque chose tel qu'on ne puisse concevoir quoi que ce soit de plus grand* » n'est pas seulement dans l'intelligence. Quand on pense Dieu correctement, on ne peut penser qu'il ne soit pas.

Pierre Abélard (1079-1142)

« Nous ne promettons pas d'enseigner la vérité, à laquelle nous pensons que ni nous-même ni aucun mortel ne pouvons atteindre ; mais du moins quelque chose de vraisemblable qui s'apparente à la raison humaine et ne soit pas contraire à la foi. »

***Introduction à la théologie*, Livre II**

• Une existence mouvementée

Qui ne connaît ce nom inséparable de celui d'Héloïse ? Mais qui connaît la vie de ce grand philosophe et théologien français ? Né au Pallet, près de Nantes, en 1079, il abandonne ses privilèges à l'un de ses frères, sous prétexte de mieux servir Minerve, déesse de la raison, et surtout de la logique (la dialectique). Après avoir parcouru les provinces à la recherche d'un maître, il finit par s'établir sur la montagne Sainte-Geneviève, à Paris, où il est vite entouré par une foule d'élèves. Il part suivre les cours de théologie d'Anselme de Laon qui ne tarde pas à lui interdire d'enseigner.

Abélard entre en religion à Saint-Denis, s'établit en Champagne où près de trois mille élèves viennent suivre son enseignement. Un concile réuni à Soisson en 1121 condamne son *Traité de l'unité et de la Trinité divine*. De retour à Saint-Denis, il est persécuté par ses confrères. Il accepte de partir pour Saint-Gildas-de-Rhuys où les moines refusent ses réformes et cherchent à l'assassiner. Il fait don du Paraclet à Héloïse qui fonde un monastère à Argenteuil et en devient l'abbesse. En 1140, il est à nouveau condamné à

Sens sur l'initiative de Guillaume de Champeaux et de Bernard de Clairvaux qui réfutent son traité de théologie. Il décide d'en appeler au pape, s'arrête en chemin à Cluny où l'abbé Pierre le Vénérable le juge trop faible pour continuer sa route ; il l'envoie au monastère clunisien de Châlon-sur-Saône où il meurt en 1142. Il écrivit le récit d'une partie de sa vie justement intitulée *Histoire de mes malheurs*, première pièce d'un ensemble dont l'essentiel est constitué des lettres échangées avec Héloïse.

• La logique du langage

Abélard est sans conteste le plus grand logicien de son temps, il donne au nominalisme ses arguments les plus marquants.

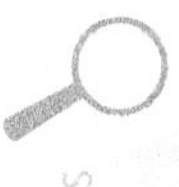

FOCUS

Nominalisme et réalisme

Le nominalisme est une attitude philosophique qui n'admet aucune substance métaphysique derrière les mots. Les essences (fond de la chose, ce qui la rend telle qu'elle est) ne sont rien de plus que des mots ou « signes » représentant des choses toujours singulières. Il n'existe que deux sources de connaissance : l'expérience et la logique.

Le nominalisme contredit le réalisme de type platonicien ou réalisme ontologique qui défend que les idées sont plus réelles que les choses sensibles (qui en sont des copies dégradées) ; le réalisme est une doctrine qui affirme l'existence de l'être indépendamment de la connaissance que la pensée peut en avoir. Le réalisme des universaux est une forme d'idéalisme qui admet, au Moyen Âge, qu'il demeure hors de l'esprit quelque chose qui correspond aux concepts universels.

La Querelle des Universaux

Les « Universaux » désignent, dans le vocabulaire de la scolastique, les termes universels de la logique, c'est-à-dire les genres et les espèces des êtres naturels définis par Aristote, et jamais les archétypes (dans le sens de modèle idéal) qui pourraient être en Dieu.

Dans cette querelle des Universaux qui oppose au Moyen Âge les partisans du réalisme à ceux du nominalisme, Abélard propose une solution « critique » : l'ensemble des caractères d'une espèce existent bien, mais comme une réalité mentale, un concept.

Dans la formation des concepts, Abélard distingue trois degrés de la connaissance, base de la formation des universaux :

- la **sensation** (ou sens) qui « touche légèrement l'objet ou la chose » ;
- l'**imagination** qui est soit une application de l'esprit à une chose perçue, soit la perception d'une chose absente et qui fixe la sensation dans l'esprit ;
- l'**intellection** (ou intelligence) qui est le fait de considérer rationnellement la nature d'une chose ou une de ses propriétés et qui est capable de s'abstraire de la chose.

• Une morale de l'intention

En logique comme en morale, Abélard place au premier plan l'intention qui anime le mot ou le fait ; le premier peut être employé dans des sens différents et, dans l'*Éthique*, Abélard affirme que le péché n'est « *qu'un consentement au mal* » et non une « *substance* ». Il cherche à construire des modèles logiques bien plus qu'à expliquer, ayant pour ambition de montrer que les doctrines rationnelles disent la même chose que les dogmes révélés.

Saint Thomas d'Aquin (vers 1224-1274)

« La prédestination est une part de la Providence. »

• Une cathédrale mentale

Thomas naquit à Roccasecca, près d'Aquino, une petite ville sur la route de Naples à Rome. Avant de devenir le plus célèbre penseur d'une Europe unifiée par le christianisme, il reçoit sa première éducation dans le monastère voisin du mont Cassin, il est ensuite envoyé à la nouvelle université de Naples où il est initié à la science arabe ainsi qu'à la raison grecque. À dix-neuf ans, il entre, malgré l'opposition de sa famille, dans l'ordre des Frères prêcheurs (dominicains) nouvellement fondé. Il passera la majeure partie de sa vie dans des universités, lieu d'effervescence culturelle, à Rome, à Cologne, à Paris, dans le but de donner à la société féodale en pleine mutation une interprétation à la fois conceptuelle et institutionnelle de l'Évangile, à la mesure des émancipations culturelles et sociales de son temps. Élève d'Albert le Grand, à Paris (1245-1248), alors le plus prestigieux centre culturel d'Europe, il suit son maître à Cologne, revient poursuivre sa carrière en France en 1252. Après sa maîtrise, il enseigne, puis est habilité à diriger une des deux écoles du collège universitaire des dominicains, le collège dit de Saint-Jacques. En 1260, il est nommé prédicateur général de son ordre puis part enseigner dans plusieurs villes d'Italie, il revient à Paris où l'appelle une très vive controverse sur la nature de l'homme et le rapport de la foi à la culture. En 1272, il répond à l'invitation de Charles d'Anjou qui restaure l'université de Naples et meurt en se rendant au IIe Concile de Lyon où il avait été convoqué comme expert.

REPÈRES

Thomas le Docteur angélique, le Docteur commun

Saint Thomas est canonisé en 1323. Pie V proclame « le Docteur angélique » docteur de l'Église en 1567 ; en 1879, Léon XIII en fait le « Docteur commun » de l'Église catholique, patron des écoles et des universités catholiques.

• La somme théologique

La préoccupation majeure de Thomas est celle de ses prédécesseurs comme de ses contemporains : répondre à la question : quels liens unissent la raison et la foi ? Il n'a pas donné d'exposé systématique de sa philosophie ; l'ordre d'exposition est celui de la *Somme théologique* où il choisit clairement de préférer Aristote à Platon dont il refuse la doctrine des Idées.

FOCUS

La redécouverte d'Aristote

Par l'intermédiaire des philosophes arabes puis de Maïmonide, les œuvres d'Aristote se propagent en Occident au XIIIe siècle, instaurant une rupture radicale avec toute la tradition philosophique qui se réclamait d'Augustin.

• L'être, l'acte, la matière

Thomas commence par emprunter à Aristote sa théorie de l'abstraction et affirme que l'idée prend sa source dans la réalité sensible où elle existe déjà en puissance grâce à l'intellect humain qui l'actualise. L'expérience sensible nous apprend qu'il existe des êtres qui existent par soi, chacun défini par l'essence (quiddité) qui le détermine à être ce qu'il est. Ces êtres sont appelés « substances », ils possèdent leurs déterminations essentielles et leurs déterminations complémentaires (ou « accident ») qui ne peuvent exister en dehors des substances ; en somme les êtres ne peuvent être que dans quelque chose.

Si on appelle « forme » ce qui nous permet d'avoir un concept de la substance, un individu donné est alors l'unité d'une forme et d'une matière. La matière est potentialité, elle est ce qui distingue les individus de même espèce, permet de rendre compte du changement ; la forme que reçoit la matière est acte. Une substance est ce qu'elle est par sa forme.

FOCUS

Le sujet : une essence plus une existence

Dans un second temps, Thomas pousse son analyse : dépasser ce qu'est l'être pour aller au fait qu'il soit. L'existence est posée au-delà et au-dessus de l'essence : « *L'esse (le fait d'être) est l'actualité de tous les actes, et à cause de cela la perfection de toute les perfections.* » Un sujet, un individu est donc une « composition » : une essence plus une existence, l'être étant « acte participé ». Mais les deux ne se confondent qu'en Dieu puisque son « essence est d'exister ». Hors ce cas, il n'y a que des substances dont la forme spécifie la matière. L'essence est comprise comme un « mode d'être ».

Ainsi, dans le domaine de la philosophie, l'esprit humain peut, avec le secours de la raison, après beaucoup de temps et malgré des erreurs, connaître l'existence de Dieu et de certains de ses attributs, la lumière intellectuelle étant commune à tous ; mais l'homme ne peut vraiment connaître certains mystères, dont l'Incarnation (Dieu fait homme) et la Trinité. Voilà pourquoi la théologie prend le relais, pour que la doctrine sacrée établisse des vérités que l'homme peut croire selon l'autorité de l'Écriture et de l'Église et qui sont les mêmes que celles que contemplent les anges et les bienheureux...

• La doctrine sacrée de la théologie

La méthode employée dans la *Somme* est classique au Moyen Âge : des questions se suivent dans un enchaînement logique. Question, mises en interrogations, problèmes ou « problématiques » sont toutes construites sur le même modèle :

- une question principale (l'existence de Dieu) ;
- elle entraîne plusieurs questions subordonnées, les articles (L'existence de Dieu est-elle évidente par elle-même ? Est-elle démontrable ?...) ;
- chacune des questions subordonnées entraîne des objections ; Thomas apporte une réponse à la question subordonnée et des solutions aux objections.

Le deuxième volume est consacré à l'étude des vertus théologales (foi, espérance, charité) et des vertus cardinales (prudence, justice, force d'âme, tempérance). Thomas consacre de longs développements à la part concrète de la morale et poursuit par une comparaison entre vie active et vie contemplative (marquée par l'intention primordiale de contempler la vérité).

REPÈRES

La théologie selon saint Thomas

Selon saint Thomas, la théologie est à la fois spéculative et pratique, nous pouvons grâce à elle parvenir au salut.

Les êtres finis dépendent de l'existant absolu qu'est Dieu, ce rapport de l'univers à Dieu implique une « participation d'être ». Mais la nature de Dieu demeure inconnue et, pour l'homme laissé à sa seule raison, il n'est possible que de discerner imparfaitement les perfections générales de la Cause première.

Roger Bacon (vers 1210-1294)

« La sagesse de la philosophie a été tout entière révélée par Dieu aux philosophes. »

• Un Jules Verne franciscain

Né dans le Dorsetshire, en Angleterre, Bacon fut l'élève, à Oxford, de Robert Grosseteste et d'Adam Marsh ; après quelques années d'études à Paris, il retourne à Oxford où il enseigne de 1251 à 1257. Ralliant l'ordre des franciscains, il revient à Paris où il se lie d'amitié avec Guy Foulques qui sera élu pape en 1265, sous le nom de Clément IV.

Un Docteur admirable

Surnommé le « Docteur admirable », Bacon écrit pour le pape Clément IV l'*Opus majus* (entre 1264 et 1267) visant à réaliser sur terre, par la force matérielle comme par le pouvoir de la persuasion, l'unité de la foi dans le christianisme.

• La recherche de la sagesse perdue

Bacon tourne le dos à Thomas d'Aquin (entre autres) et soutient que la tradition n'est pas la seule voie d'accès à la vérité. Il préfère la méthode d'Augustin pour qui les arts libéraux servent d'abord à interpréter l'Écriture ; le savoir n'est utile qu'à dégager la sagesse cachée dans la Bible. En conséquence, « *il faut forcer la sagesse des philosophes à s'asservir à la nôtre* ».

Les éléments doctrinaux développés empruntent deux lignes convergentes :
- une théorie de l'illumination, mystique où la lumière de Dieu illumine les esprits ; Bacon pense d'abord aux patriarches et à Salomon puis à Thalès de Milet et à ses successeurs. Cet âge d'or étant derrière nous, il faut travailler à redécouvrir la vérité ;
- une théorie de la science établie en fonction d'un vaste programme de réformes à la fois théologique et sociale.

Pour ce faire, les meilleurs outils dont nous disposons sont :
- les mathématiques, parce qu'elles recouvrent des expériences universelles ;
- les langues, véritables clés du savoir.

• Une science divine

La connaissance, « *repos de l'esprit dans la vue de la vérité* », se fonde d'abord sur le fait de voir, afin que ce qui a été constaté devienne un objet d'expérience.

• L'expérience comme source de vérité

> *« Par l'expérience de l'illumination intérieure, l'homme reçoit de Dieu l'intelligence, à savoir les saintes vérités de la gloire et de la grâce, et, éveillé par l'expérience sensible pour les secrets de la nature et de l'art, il trouve la raison*[1]. »

Frappé par « *l'infinité des vérités concernant Dieu et les créatures* », Bacon pense que l'homme ne peut en connaître qu'un petit nombre, le reste est affaire de croyance.

1 *Ibid.*, pp. 169-180 ; III, p. 22.

Pour établir ces vérités, il s'appuie sur une expérience double issue de deux réalités, celle de Dieu, celle des créatures :
- l'intellect est au niveau du divin, et la raison au niveau de la nature ;
- l'expérience dite « humaine et philosophique » ne suffit pas à pénétrer la science des arcanes de la nature ; l'intelligence humaine a besoin d'être aidée par la grâce de la foi autant que par l'inspiration de Dieu qui viennent illuminer notre connaissance des choses corporelles, celle des choses spirituelles, mais aussi les sciences philosophiques.

FOCUS

L'illumination selon Roger Bacon

L'illumination « spéciale », immédiate et indispensable, a été donnée à des individus déterminés comme à des philosophes païens : mais l'expérience sensible « *ne saurait nous manifester toute la vérité du monde physique parce qu'elle ne peut rien révéler de la science sacrée qui la commande, vérité d'ordre surnaturel qui ne peut être révélée à l'homme qu'intérieurement* ».

• L'utilité de la « science expérimentale »

Conjuguée à des exigences métaphysiques et à une philosophie morale devenue instrument de conversion généralisée, cette science nouvelle cherche d'abord à :
- faire voir ce que les autres traitent d'une façon spéculative, sans application directe ;
- parvenir à des résultats là où les autres sciences échouent, comme prolonger la vie humaine (ce que la médecine ne parvient pas à faire) ;
- permettre de connaître le passé, le présent et le futur (par l'astronomie expérimentale).

Le futurisme de Bacon

Bacon prévoit que la « science expérimentale » permettra de réaliser des machines capables de changer les conditions de la vie humaine : explosifs, lampes perpétuelles, voitures qui se déplacent d'elles-mêmes (en 1267 !), ponts sans piles, machines submersibles, appareils volants…

Réorganiser ainsi l'univers prouvera aux non-chrétiens la suprématie de la religion catholique ; dans le cas contraire, le fruit de l'expérience servira à construire des inventions propres à les éradiquer ! La science travaille pour le salut, y compris de la cité chrétienne terrestre. Bacon est le premier à poser le bienfait d'une science fondée sur l'expérience, au point que certains considèrent ce Jules Verne du XIIIe siècle (É. Bréhier) comme l'initiateur de l'empirisme anglais.

Duns Scot (1266-1308)

• Un monde sans relation

D'origine écossaise (comme son nom l'indique), Duns Scot eut une vie brève et cependant bien remplie. Il entra dans l'ordre des franciscains, fit ses études à Oxford où il enseigna alors qu'il n'avait que vingt-trois ans. Professeur à Paris de 1305 à 1308 puis à Cologne, il mourut prématurément dans cette dernière ville, où il est enterré.

À l'époque de Duns Scot, les spéculations des philosophes s'attirent la suspicion de l'Église. Ainsi, après la publication en 1277 de la bulle de Jean XXI, *Relatio nimis implacida*, l'évêque de Paris condamne 219 propositions averroïstes (c'est-à-dire « entachées d'aristotélisme » non orthodoxe) dont d'ailleurs dix-neuf étaient dues à Thomas d'Aquin... La pensée de Duns Scot est plus qu'alertée par ces prises de position.

• L'étant

Duns Scot développe une métaphysique des essences et réagit contre le primat de l'intellect ; il emprunte à Avicenne sa théorie de l'être, science de « l'étant » capable de remonter à l'Étant premier sans recourir à des arguments tirés d'un monde qui aurait pu ne pas être[1]. Notre métaphysique reste nécessairement imparfaite, tout comme notre théologie dont les principes et les conclusions sont toujours orientés vers une « pratique[2] ».

Si la physique établit d'abord l'existence d'une intelligence motrice suprême, la métaphysique, science de l'être et de ses propriétés, prouve qu'il s'agit de Dieu, dont une connaissance plus précise est apportée par la théologie.

1 In *Met.*, VI, 4, 2.
2 *Ord.*, prol., pars 5, qu. 1-2.

FOCUS

Les sources de la certitude selon Duns Scot

Les sources de la certitude sont à la fois dans l'âme et dans l'objet. Duns Scot en répertorie trois.

- La certitude des premiers principes : elle est énoncée par des propositions à deux termes dont l'identité ou la différence sont perçues avec évidence : « le blanc n'est pas noir ».
- La certitude par expérience : elle permet de prévoir l'avenir en référence au passé selon le principe que tout ce qui arrive par une cause qui n'est pas libre est l'effet naturel de cette cause.
- La certitude interne : elle concerne nos actes ou nos sensations et persiste même si nous nous trompons sur l'objet qui les a produits.

• La liberté et la volonté

« La fin suprême de l'homme est dans l'amour, c'est-à-dire dans la volonté, cela contre Aristote qui la voyait dans la contemplation, mais avec saint Augustin qui place les anges aimants plus près de Dieu que les anges sages[1]. »

La liberté est « la plus noble cause » parce qu'elle seule est à même de nous conduire à un Dieu qui est Amour. Qu'il s'agisse de Dieu ou de l'homme, Duns Scot refuse de sacrifier cette liberté à la moindre « nécessité ». La volonté est toujours libre, mais il faut distinguer les cas où elle est déterminée de ceux où elle ne l'est pas. Dieu est ainsi absolument déterminé à s'aimer lui-même ; en revanche, le monde qu'il a créé doit être totalement en accord avec les lois de la justice et de la sagesse divines.

La volonté domine la raison (Platon avait le point de vue opposé). Si le pouvoir suprême est dans la volonté de Dieu, c'est la volonté qui domine l'intellect, dans l'âme humaine. Ce pouvoir donne aux hommes la liberté alors même que l'intellect est toujours contraint par l'objet dont il s'occupe.

REPÈRES

Un moderne défenseur de la liberté

Duns Scot était également un farouche adversaire de l'esclavage (bien avant tout le monde !) ; il pensait que les biens non mis en valeur par leur propriétaire devaient être transférés ; il rendit hommage aux « hommes industrieux » qui, en se livrant à de grands commerces, méritent des honneurs proportionnés aux risques encourus et aux services rendus...

1 É. Bréhier, in *La Philosophie du Moyen Âge, Duns Scot*, Paris, 1937, p. 337.

Guillaume d'Occam (vers 1290-1349)

« Il est vain de faire avec plus ce qui peut être fait avec moins. »

• La vie de Guillaume d'Occam

Né en Angleterre, à Occam, petit bourg du Surrey, Guillaume entre assez jeune dans l'ordre des franciscains ; il est possible qu'en 1324 il ait enseigné à Paris et à Oxford. La même année, il est cité à comparaître pour hérésie, devant le pape Jean XXII, à Avignon. Nous n'avons trace d'aucune condamnation. Guillaume est offusqué par le train de vie pontifical et les actes d'autorité suscités par les querelles sur la pauvreté évangélique qui divisait alors les franciscains (dont une partie s'opposait violemment au pape). Peu après, Jean XXII proclame que Jésus et ses apôtres avaient possédé des biens en toute propriété. En 1328, Occam prend parti pour le ministre général de son ordre dans une discussion sur la pauvreté du Christ. Menacé d'arrestation, Guillaume s'enfuit et se place sous la protection de l'empereur d'Allemagne.

REPÈRES

L'exil

Guillaume d'Occam restera sous la protection de Louis de Bavière jusqu'à sa mort, en 1348, sans cesser de multiplier les écrits pour la défense du droit de l'empire contre les abus du pouvoir pontifical.

• La raison et la foi

Bien avant Luther, Guillaume d'Occam conçoit une relation directe entre l'homme et Dieu, sans passer par l'intermédiaire de l'Église (qui ne doit s'occuper que de la destinée surnaturelle des fidèles) ; pour lui, l'autorité souveraine n'est pas détenue par le pape, mais par le concile. Il n'est pas très étonnant qu'il ait à ce point lutté contre le pouvoir pontifical et séparé aussi radicalement la foi de la raison. Il nie que la théologie soit une science, refuse l'union du savoir et de la conviction religieuse.

• La connaissance intuitive

Cette détestation des Universaux s'opère au bénéfice de la connaissance intuitive, propre à une existence qu'il juge contingente et non plus orientée vers les essences nécessaires. Selon lui, seule la connaissance intuitive est évidente (et non certaine) ; immédiate, elle s'applique aux choses sensibles, à soi-même et à ses actes. Occam abolit les intermédiaires que les thomistes plaçaient entre l'esprit et les choses ; au même titre que le rapport direct qui unit Dieu et l'homme…

FOCUS

L'empirisme d'Occam

Pour Occam, les Universaux sont les « termes » de la proposition, des signes (ou symboles), une fonction ; la science se compose non d'idées, mais de signes. L'expérience joue ici un grand rôle et se conjugue à la connaissance intuitive au nom d'un principe : « *Les causes de même sorte ont des effets de même sorte*[1]. » L'expérience nous délivre une seule donnée : les qualités ou propriétés ; ainsi, ce que nous « connaissons » du feu, c'est la chaleur.

Étant donné l'état actuel de l'homme, Occam pense qu'aucune connaissance intuitive de Dieu n'est possible, qu'on ne peut pas davantage prouver l'existence de Dieu par une quelconque preuve, ni démontrer que Dieu a créé le ciel et la terre. Son empirisme détruit toutes les notions de l'univers d'Aristote, les arguments d'Anselme et de Thomas d'Aquin.

FOCUS

Le rasoir d'Occam

Le principe majeur de la méthode d'Occam (et le plus célèbre) est celui qui porte son nom : le rasoir d'Occam (principe déjà utilisé par Duns Scot) ; il s'agit d'un instrument de dialectique qui sert à retrancher tout concept superflu ; le principe est résumable à cette maxime (qui ne figure d'ailleurs pas dans son œuvre) : « *Les entités ne doivent pas être multipliées sans nécessité.* » Par entité, il faut comprendre les formes, les substances et autres idées dont s'occupait la métaphysique traditionnelle. Le rasoir d'Occam est également un principe d'économie (dit de « parcimonie ») qui consiste à utiliser l'hypothèse la plus simple.

1 *Sent.*, Prol. quest. 2.

Contre la réalité des relations, Occam emploie un procédé qui lui est cher : le progrès à l'infini. Si, par exemple, A est semblable à B, la relation de A à B sera semblable à celle de B à A ; cette relation est un nouvel être : C, à son tour semblable à A et à B, et ainsi à l'infini. En procédant de la sorte, Occam voulait supprimer ce qu'il nomme les « distinctions artificielles ».

• Un nouvel ordre mystique

Le Dieu tout-puissant de la dialectique d'Occam lui vient de la révélation. Puisque la théologie naturelle est inapte à atteindre (et à démontrer) l'existence de Dieu, il faut s'en remettre à ce qu'apprennent les articles de foi du Credo. Le « divorce » entre savoir et foi semble un temps consommé, mais il ouvre une large voie à la mystique qui d'ailleurs trouvera en Maître Eckart, pour ne citer que lui, un nouvel essor.

PHILOSOPHIES ARABE ET JUIVE

La philosophie arabe

• Avicenne (980-1036)

Un homme universel

Né à Afshana, près de Boukhara (dans l'actuel Ouzbékistan, alors la Perse), il est le fils d'un haut fonctionnaire du gouvernement samanide. Son autobiographie, complétée par son disciple Jûzjâni, nous apprend qu'il fut un enfant très précoce. Il reçoit une éducation encyclopédique : grammaire, géométrie, physique, médecine, théologie...

Une encyclopédie vivante

À dix-huit ans, Avicenne a pour ainsi dire fait le tour de tout ce qu'on pouvait alors savoir. Quand il accepte la charge de vizir (plus précisément de ministre) que lui propose le prince de Hamadan, il compose un commentaire des œuvres d'Aristote. Il s'impose un programme de travail écrasant : le jour est consacré aux affaires publiques, la nuit aux affaires scientifiques...

À la mort de son protecteur, il a l'imprudence d'entretenir une correspondance secrète (pas assez !) avec le prince d'Ispahan ; emprisonné, il en profite pour écrire. Réussissant à s'échapper, il devient un familier de son correspondant ; en 1034, Ispahan tombe au main de Mas'ûd, les bagages du shayk sont pillés, la ville mise à sac... disparaît l'énorme encyclopédie rédigée par Avicenne : vingt-huit mille questions en vingt volumes dont ne subsistent que des fragments. Au cours d'un voyage où il accompagne son prince, il est pris de malaise (il souffre d'une grave affection intestinale), se soigne d'une manière expéditive et meurt en musulman fidèle.

Une théorie de l'essence

En Islam, on nomme *falsifa* la philosophie inspirée des Grecs (mélange d'influences aristotéliciennes et de néoplatonisme). Avicenne développe une métaphysique des essences (ou « nature », « quiddité ») ; l'essence « *est ce qu'elle est* » de façon absolue et inconditionnelle. L'une d'elles est privilégiée : l'être qui se dédouble en « *être nécessaire* » et « *être possible* ». Chaque essence possible ne pouvant exister que si quelque chose la rend nécessaire ; ainsi, « l'exister » est un accident nécessaire en raison de sa cause. La Création est l'acte même de la pensée divine qui se pense elle-même et la connaissance que l'Être divin a de soi est dite « Première Intelligence » (ou « Première émanation », « Premier *Noûs* »). L'énergie créatrice se confond avec la pensée divine, elle assure la médiation entre l'Un et le Multiple, étant posé que « *de l'Un ne peut procéder que l'Un* ».

Une pensée mystique

Bien qu'il soit classé parmi les « philosophes de l'Islam » plutôt que parmi les spirituels, Avicenne a également fait part de son expérience mystique où il expose que tout acte de connaissance devient, en son sommet, une prière ; aspect d'une pédagogie spirituelle appelée à se répandre. Dans la trilogie des récits mystiques, le philosophe nous laisse quelques aspects de son secret spirituel compris comme un voyage dont il invente lui-même les symboles : le *Récit de Hayy ibn Yaqzan*, le *Récit de l'oiseau* et le *Récit de Salaman* sont, chacun à sa manière, une initiation au voyage mystique vers un Orient mythique.

• Averroès (1126-1198)

« La philosophie est la sœur de lait de la Révélation. »

Un penseur interculturel

Dénommé Ibn Rushd en arabe, son nom devint Averroès pour l'Occident quand ses œuvres furent traduites en latin. Né à Cordoue en 500 de l'Hégire, soit en 1126 de l'ère chrétienne, sa famille compte de célèbres juristes. En 1169, après avoir étudié le droit, la théologie, la médecine, la poésie, la philosophie grecque et l'astronomie, il est nommé qadi (juge suprême) à Séville avant d'officier en 1171 dans sa ville natale où il devient médecin à la cour des Almohades. D'abord comblé d'honneurs, il est suspecté d'hérésie par les docteurs de la loi et placé en résidence surveillée à Lucena, où il subit les incessants affronts des théologiens et du peuple. Condamné à la réclusion au Maroc, il est médecin à Marrakech où il meurt en 1198. Ses restes furent transférés à Cordoue.

Les commentaires sont traduits en latin dès le XIIIe siècle ; les derniers ouvrages influencent d'abord la pensée juive puis le monde chrétien à partir du XIVe siècle ; le monde musulman ne le reçoit véritablement qu'au XIXe siècle.

Sur les pas d'Aristote

Averroès fut aussi médecin et juriste. Outre ses *Généralités*, il écrivit la *Bidaya*, vaste ouvrage consacré à des questions de droit musulman *(fiqh)* où le religieux et le juridique ne sont pas dissociables. Son œuvre porte la marque d'un aristotélisme compris comme le germe de toute vérité définitive : « *Je crois que cet homme a été une norme dans la nature, un modèle que la nature a inventé pour faire voir jusqu'où la perfection humaine peut aller en ces matières*[1]. »

FOCUS

La preuve démonstrative

Averroès voit en son modèle l'auteur sans égal de la théorie de la preuve démonstrative, à même de fonder la connaissance sur des bases solides. En astronomie, il défend les conceptions d'Aristote contre celles de Ptolémée[2] : le monde est un tout organisé. Dieu, « premier moteur », actualise au moyen des causes les puissances dans le monde qui est éternel et conséquence de la causalité divine. Dieu n'intervient pas dans les affaires humaines. La béatitude finale de l'être humain se trouve dans l'absolue conjonction de l'intellect passif de l'homme et de l'intellect actif de Dieu. La perfection purement intellectuelle (totalement indépendante de la religion que l'homme professe) est le moyen d'atteindre la béatitude éternelle. Seul l'individu est réel, les Universaux (les Idées) n'existent pas ; l'intelligibilité consiste à contempler les causes véritables des êtres.

1 Grand Commentaire du traité De l'âme (III, 14).

2 Astronome, mathématicien et géographe grec du IIe siècle. Son système domine le Moyen Âge et la Renaissance, jusqu'à Galilée et Copernic.

La philosophie au service de la Loi divine

« Le vrai ne peut contredire le vrai. »
Traité décisif

Dans *Le Livre du discours discursif,* Averroès use d'une démonstration rationnelle dont la démarche s'articule autour de trois idées majeures.

- La Révélation impose l'usage de la raison philosophique : la philosophie est l'examen rationnel des étants, une connaissance qui permet d'atteindre celle de Dieu ; la rationalité progresse par accumulation des acquisitions de la pensée.
- Les discordances entre raison et Révélation doivent donner lieu à une interprétation réservée à l'élite (« *transfert de la signification du mot de son sens propre vers son sens tropique* » ; § 20) ; les catégories humaines deviennent « métaphores » ou « métonymies ».
- Le Coran s'adresse à tous ; il est susceptible de lectures différenciées selon la capacité de chacun à en comprendre le sens et la portée. Les interprétations vraies ne doivent pas être écrites. La santé de l'âme s'acquiert en accomplissant les actes prescrits par la Loi divine ainsi que par la science et la pratique légale qui conduisent à la béatitude.

REPÈRES

L'antifondamentalisme

Tout est dans cet écart entre l'exercice de la philosophie et la foi révélée ; chacun doit rester dans sa sphère, telle est la condition nécessaire à leur accord et au fragile équilibre. Le philosophe doit garder son autonomie, il peut – à la rigueur – citer ce passage où la parole de Dieu dit : « *L'homme n'a reçu que peu de science* », et s'en tirer à bon compte ! Quel exemple pour les fondamentalismes que celui d'Averroès, musulman fidèle, pour qui l'exercice de la raison est une obligation qu'impose la Loi révélée à quiconque espère servir honnêtement son Dieu !

La philosophie juive

• Maïmonide (1135-1204)

Un grand exécuteur testamentaire

Moïse Maïmonide est peut-être le seul philosophe juif au sens culturel du terme : sa pensée est radicalement juive par son contenu comme par son sens et a donné naissance à une théologie intégrée à la pensée religieuse et à la tradition. En effet, à la Torah (ou Pentateuque), la Loi, et au Talmud (commentaire et enseignement écrit) est adjointe la philosophie. Maïmonide propose ainsi une codification synthétique du judaïsme orthodoxe. Celui qu'on nomme par ses premières syllabes Rambam (Rabbi Mosheh ben Maymon) est donc une référence majeure pour les intellectuels juifs comme pour les simples fidèles.

Une pensée militante

Né à Cordoue en Espagne avant la conquête musulmane de l'Andalousie, Maïmonide assiste en 1148 à son annexion par les Almohades qui, avant les catholiques, entament une politique de persécution du peuple juif sommé soit de se convertir à l'islam, soit d'émigrer. Avec son père, il avait suivi des études scientifiques, étudié la Bible et le Talmud. Il publie très tôt un *Traité de logique* qui restera longtemps une référence pour les jeunes philosophes juifs.

REPÈRES

Maïmonide, le gardien de l'identité juive

Outre le « danger culturel » représenté par les philosophies arabe et grecque, l'urgence de sauvegarde identitaire du peuple juif trouve en Maïmonide son plus fidèle serviteur. Toute son œuvre vise à assurer la sauvegarde de « l'identité juive » au travers d'une nouvelle Loi.

La Loi et la philosophie

La pensée biblique et rabbinique se conjugue chez Maïmonide avec des données issues de la pensée d'Aristote qu'il « adapte » et renouvelle. Pour lui, il y a plus que la philosophie, il y a Dieu et la révélation prophétique. Dans *Le Livre de la connaissance*, Maïmonide commence par dresser un immense exposé systématique de la loi juive (biblique et talmudique) et rappelle les notions fondamentales de la métaphysique, de l'éthique et de la cosmologie que lui suggère l'appropriation philosophique de la Bible. Philosopher devient un commandement de la Torah, observer la Loi doit nécessairement emprunter la voie de la philosophie.

Le Guide des égarés

Les Écritures sont présentées dans *Le Guide* (rédigé en arabe et traduit en hébreu du vivant de l'auteur) comme une œuvre ésotérique qu'il convient d'élucider. Le livre est écrit sous la forme d'une lettre envoyée à un ami et disciple, Joseph ibn Jehuda ibn Aknim, ce qui est une transgression manifeste de l'interdit de divulguer des secrets par un enseignement écrit largement diffusé. *Le Guide* est un flambeau en même temps qu'un écrit codé qui accorde une importance extrême à chaque mot ; chaque chapitre est mis en lumière par d'autres, non sans recherche, Maïmonide retenant la valeur absolue de l'effort présente dans la Bible autant que dans la tradition éthique juive. L'homme qui sait lutter face à l'adversité, face aux tentations, comprend que l'ascèse possède une haute fonction éducative et purificatrice.

Étape après étape, le chemin se dégage vers la doctrine de l'inspiration prophétique (qui échappe à la philosophie) comprise comme un miracle greffé sur l'organisation générale du monde, explicable au regard de la direction que Dieu a donné à l'univers en le créant.

Le passage à la pensée mystique

Les prophètes ne peuvent accéder à l'inspiration qu'au terme d'une longue préparation intellectuelle et morale, excepté pour la Révélation de la Loi à Moïse, moment de pure exception qui trouble l'intelligence. Ce moment unique entre tous (*Guide*, II, 35) n'est pas saisissable par la philosophie. Par ailleurs, l'homme parfait peut se voir refuser par Dieu le don de prophétie (*Guide*, II, 36) ; cette théorie montre le passage de la pensée rationnelle à la pensée mystique. Philosophe et mystique se séparent, le premier ne connaît que l'ignorance des causes de son échec, le second ne connaît que l'ignorance des causes de sa victoire...

Il en est de même de l'être de Dieu dont on peut seulement dire ce qu'il n'est pas, sans jamais pouvoir espérer comprendre ce qu'il est. Entre Dieu et l'homme, il y a un néant, un abîme sans fond qu'il faut accepter, cela impose un désintéressement absolu, un messianisme terrestre, une lente progression vers son « *néant intérieur* » où Dieu se cache. Cette entrée au plus profond de soi-même est facilitée par la prière : elle doit être absolu silence, par l'observance de la Loi et de ses prescriptions qui sont d'abord Amour (derniers chapitres du *Guide*) : seule passerelle entre Dieu et l'homme. Ici, l'Amour devient l'unique voie de connaissance ultime et de vérité.

CHAPITRE 3

L'HUMANISME, LES SCIENCES ET LA POLITIQUE

Historiquement, l'humanisme est un mouvement d'idées européen (en Italie dès le XIVe siècle, en France à la fin du XVe siècle) qui s'oppose à la scolastique médiévale en redécouvrant les œuvres et les textes de l'Antiquité. On distingue généralement :

- l'humanisme chrétien qui tente de concilier la Bible et la littérature antique ;
- l'humanisme « paganisant » qui tire profit des modèles anciens pour mettre en cause les valeurs propres au christianisme.

REPÈRES

Une nouvelle dignité humaine

Si l'humanisme développe l'esprit critique en favorisant l'autonomie de la philosophie par rapport à la théologie, il est aussi caractérisé par une recherche de la sagesse à la mesure de l'homme : il est désormais possible de combiner le goût de l'érudition à l'amour de la vie dans le but d'exalter la dignité de l'homme comme une valeur essentielle sinon suprême.

L'homme se donne un nouveau statut, il n'est plus seulement « créature », il devient lui aussi créateur (les premières œuvres picturales signées datent du XVe siècle). Le héros – modèle de l'homme idéal – tend à remplacer le saint, le Prince se bat plus pour une nouvelle conception de l'État que pour sa seule gloire... Enfin, la culture devient un facteur d'émancipation. Là est la « renaissance », dans ce mouvement où l'esprit puise un ressourcement, une énergie nouvelle.

FOCUS

L'esprit de la renaissance

Le retour aux « choses antiques » est un nouveau départ, c'est « *l'émergence de quelque chose qui n'avait encore jamais été conçu par l'homme, l'apparition de figures qu'on n'avait jamais vues sur terre*[1] ». Ange Politien, élève de Ficin, définit la Renaissance comme une « résurrection » ; l'idée n'est pas nouvelle en soi puisque la pensée médiévale liait renaissance et régénération baptismale. Ce retour est un âge d'or, celui des sciences sœurs où tout concourt à signifier la dignité de l'homme : grammaire, poésie, peinture, musique, architecture... Pour Ficin, il s'agit d'un renouveau placé sous le signe de la théologie qui nous permet de connaître la destinée de l'âme immortelle grâce aux « raisons platoniciennes ».

Nicolas de Cues (1401-1464)

« Le désir de notre intelligence est de vivre selon l'intelligence, c'est-à-dire d'entrer de plus en plus profondément, d'une façon continue, dans la vie et dans la joie. Et comme la vie est infinie, nous serons constamment portés en elle dans le bonheur au gré de notre désir. »

***De la docte Ignorance* (III, §12)**

• La vie de Nicolas de Cues

Né à Cues, entre Trèves et Coblence, en Allemagne, Nicolas Kreps (ou Chrippfs) porte pour nous le nom de sa ville natale. Élève des frères de la Vie commune, il étudie le droit, la philosophie et les mathématiques à Heidelberg, à Padoue puis à Cologne. Docteur en 1423, il est d'abord avocat puis prêtre.

REPÈRES

Le progressisme de Nicolas de Cues

Très attentif aux progrès techniques (notamment à l'imprimerie), Cues demande aux princes de rassembler observations et expériences pour favoriser le progrès matériel et spirituel. Nicolas V, pape humaniste, l'envoie en mission en Allemagne, en Bohême et aux Pays-Bas, où il prêche la réforme des mœurs, favorise l'instruction populaire et combat la superstition.

1 E. Bloch, *La Philosophie de la Renaissance*, p. 5.

Pie II, qui partage sa vision d'une Europe chrétienne unie, lui confie l'administration des États pontificaux. Il consacre ses revenus à l'entretien gratuit des malades de l'hospice de Cues, correspond avec les moines de Tegerness à propos de théologie négative, s'intéresse à des travaux d'assèchement et d'endiguement. En 1464, il meurt à Todi, en chemin pour une croisade pour le moins mal préparée.

• La lecture de Platon

Influencé par Raymond Lulle (1235-1315) et les traditions médiévales, Nicolas est également un fin lecteur de Platon. Il admire le mythe de *Protagoras* où l'homme, né nu et sans armes, se procure par art les « moyens de mieux vivre » et le *Ménon* où le jeune esclave retrouve de lui même la solution d'un problème de géométrie. La vérité est en nous, il suffit de l'en dégager, d'y reconnaître Dieu et son Amour. Convaincu que ni le génie des inventeurs, ni les ouvrages sur « les lois de l'économie et de la politique », ni les règles de vie vertueuse ou celles « de la pacifique domination de soi » ne suffisent au bonheur humain, Nicolas propose plusieurs théories principalement formulées dans la *Concordance catholique* et surtout *De la docte ignorance.*

• La connaissance spirituelle

« Trois siècles et demi avant Kant, Nicolas eût pu écrire : "Penser c'est juger[1]." »

La connaissance a pour but de nous conduire à des lois et, de loi en loi, à des rapports qui expriment une modalité singulière qu'on peut ensuite relier à d'autres. Ce processus de connaissance par relations est une méthode d'approfondissement sans fin d'une grande modernité ; elle suppose une compréhension toujours plus pleine, sans terme, sauf pour Dieu. L'opération essentielle de l'intelligence à l'œuvre n'est plus le raisonnement mais le jugement, acte véritablement spirituel qui non seulement établit les rapports, mais encore les invente : par eux, le donné est « assimilé ».

1 A. Rey.

• Une science nouvelle

Omniprésent, Dieu est souvent défini par une formule classique où il est centre et circonférence d'un univers indéfini : « *Dieu est une sphère dont le centre est partout et la circonférence nulle part*[1] », encore tributaire d'un symbolisme emprunté aux néo-pythagoriciens comme au pseudo-Denys et à Hermès Trimégiste. Nicolas développe une théorie dite de la « *coïncidence des contraires* » où le mouvement et le repos ne sont pas envisagés comme deux natures contraires : le mouvement est une relation universelle, extérieure et accidentelle par rapport aux choses ; ce ne sont plus les formes qui le déterminent, mais le calcul des positions que Nicolas rattache directement à Dieu, seule cause efficiente de la production des choses.

Cues, qui rêvait d'unité des croyants, était convaincu que « *Dieu parle en nous* », que toutes les âmes sont également douées de raison, que la loi d'amour est la seule éthique.

REPÈRES

Un précurseur des droits de l'homme

Une phrase révélatrice de ce précurseur de génie annonce la future Déclaration des droits de l'homme : « *Puisque les hommes possèdent par nature égalité de pouvoir et de liberté, aucun d'eux, jouissant de ce pouvoir commun de façon naturelle et égale, ne saurait être investi d'une puissance vraie et ordonnée s'il n'est élu par les autres et ne reçoit leur consentement*[1]. »

Unir les rites, augmenter la concorde, tenter d'unifier la variété des civilisations, dénoncer les oracles, le culte pour les idoles... voilà l'horizon et « *faute d'y réussir, point ne cessera la persécution, car la diversité engendre l'aversion, l'inimitié, la guerre*[3] ».

---

1 Cette définition est en fait tirée du *Livre des vingt-quatre philosophes*, manuscrit pseudo-hermétique du XIIe siècle.

2 *La Concordance catholique*, II, 14.

3 *Ibidem*, XVI.

Marcile Ficin (1433-1499)

« Retire-toi des affaires ! »

• Un contempteur du péché

Marcile Diotefici, qui changera plus tard son nom en Ficin, naît à Figline, entre Florence et Arezzo. Après avoir étudié la grammaire, la théologie et la médecine, il apprend le grec en 1456. En 1462, Cosme de Médicis, prince de Florence, met à sa disposition la villa Careggi pour que Marcile en fasse une « Académie platonicienne », c'est-à-dire un « centre de traduction ». L'amitié masculine joue un grand rôle dans sa vie. Giovanni Cavalcanti fut son La Boétie, son « héros aux yeux célestes »... Prêtre puis chanoine à partir de 1487, Marcile jouit des avantages financiers liés à la fonction, mais, après le décès de Laurent le Magnifique, Savonarole accueille Charles VIII et chasse les Médicis de Florence en 1494 ; Ficin préfère se retirer prudemment à la campagne, il ne reviendra à Florence que pour y mourir.

Le génie de Ficin est d'avoir su insuffler une nouvelle vie aux concepts néoplatoniciens : la « lumière originelle » donne ainsi naissance au monde et ne cesse d'éclairer l'univers ; la vie présente est rendue plus précieuse, une lumière intérieure l'éclaire sans faillir. Nous n'aspirons cependant pas à la connaître puisque « *son reflet est plus beau que la lumière elle-même* » (E. Bloch). La beauté est donc un reflet qui, du monde, nous révèle le sacré, le mystérieux, l'inconnaissable. Elle nous apporte le témoignage de la lumière et démontre que le monde est régi par des forces merveilleuses.

FOCUS

La condition mixte de l'homme

L'homme possède une condition mixte qui lui interdit de se perdre en rêveries. Pour échapper à cette « pente », le Christ reste la référence absolue. En effet, l'homme est de ce monde et aspire à s'en évader : « *Peut-être ne sont pas vraies les choses qui maintenant apparaissent à nos yeux, peut-être, dans le moment présent, ne vivons-nous qu'un songe.* » Pour atteindre la vérité et la vraie contemplation, il faut se détourner du monde. La vérité est une révélation accordée par Dieu et non une conquête progressive.

Chaque humain doit d'abord se conformer à son « génie naturel », travailler à suivre la vocation que lui prodiguent les astres, les pierres, les images. Voir sa propre lumière permet à l'âme de retrouver sa patrie perdue et d'approcher la béatitude.

• La vraie philosophie, la vraie religion

Le désaccord entre théologie et philosophie est résolu par deux expressions complémentaires : « *pia philosophia* », « *docta religio* », il n'y a désaccord entre les deux que quand la religion est profanée par l'ignorance, quand la philosophie est profanée par l'impiété. La « vraie philosophie » (le platonisme) et la « vraie religion » (le christianisme) sont placées par Ficin dans le même rapport que l'intelligence et l'amour qui tendent également vers Dieu. La « dignité de l'homme » est fondée sur la structure du monde : l'univers est formé d'une série de substances qui s'élèvent par degrés de la multiplicité à l'unité.

Pic de la Mirandole (1463-1494)

« L'homme a été placé au milieu du monde pour qu'il puisse mieux voir ce qui s'y passe. »

• Un esprit surplombant

Giovanni Pico, comte de la Mirandole et de Concordia, naît dans le château qui porte son nom près de Modène. Il possède une précocité intellectuelle hors du commun, une mémoire légendaire : à dix ans, Sixte IV le nomme protonotaire apostolique, et il est proclamé « prince des orateurs et des poètes » ; à quatorze ans, il fréquente les cours de droit de la faculté de Bologne et devient un canoniste réputé. Cela ne le satisfait pas, il veut acquérir la « science universelle », ni plus ni moins... Sept années durant, il parcourt les plus célèbres universités de France et d'Italie, étudie les lettres à Ferrare, la philosophie à Padoue. Il mène une vie de gloire mondaine, de recherche passionnée de plaisir et de connaissance.

Invité à Florence par Laurent le Magnifique, il ne devait plus quitter la ville jusqu'à sa mort prématurée due à une fièvre maligne (à moins qu'il ne fût empoisonné par son secrétaire !). Il passe les dernières années de sa courte vie en dévotion, brûle ses poèmes de jeunesse, lègue tous ses biens aux pauvres, aspire à parcourir le monde pieds nus pour y prêcher la parole de Dieu. Savonarole fait revêtir le corps du défunt de l'habit de l'ordre des frères prêcheurs dans lequel le jeune homme voulait entrer.

• Le philosophe de la conciliation

« *Princeps concordiae* », prince de la Conciliation, tel est le titre dont le paraient ses contemporains, en jouant sur le nom d'une terre dont il était comte. L'œuvre de Pic tend en effet à « réconcilier » Platon et Aristote, la philosophie et la théologie, ces dernières ayant en commun le même objet : la vérité. Il affirme l'unité de l'être et de l'objet de la connaissance, qui – selon lui – est Dieu lui-même.

L'homme, qui est un microcosme, un monde en soi à la fois un et multiple, est composé d'éléments empruntés à ces trois ordres : le corps, l'âme et l'esprit (ce dernier unifie les deux premiers). L'homme peut atteindre la plénitude en réalisant l'harmonie entre les éléments qui le composent. D'abord théoricien de la pensée (il revendique ce statut), Pic estime que la philosophie spéculative est la théologie même. L'intellect ne peut en aucun cas exprimer le divin, mais la conscience de cette limite du pouvoir de l'homme fonde sa dignité, mot-clé de la pensée de Pic.

• La dignité

Il faut entendre « dignité » dans un sens nouveau, non plus lié à un privilège de classe, de rang social, évidemment répandu dans les sociétés dites « d'ancien régime », mais comme « valeur proprement humaine », et donc absolument universelle.

L'auteur de la charte de l'humanisme chrétien

Le discours de Pic de la Mirandole sur *La Dignité de l'homme* est véritablement la charte de l'humanisme chrétien.

L'homme se définit d'abord par sa différence avec le monde : il occupe une place à part, privilégiée, centrale (anthropocentrique) ; il est libre dans le sens où il se donne à lui-même sa propre essence, « *il est ce qu'il devient, et il devient ce qu'il fait*[1] ». En somme, il est l'unique artisan de

1 Margolin.

son destin et, s'il choisit de se soumettre humblement à la loi divine, il ose un acte foncièrement créateur : « *Les animaux tirent du giron maternel ce qu'il leur faut, les esprits supérieurs sont dès l'origine ce qu'ils seront pour l'éternité. Toi, homme, tu as une évolution, tu te développes selon ta libre volonté, tu portes en toi les germes de la vie innombrables*[1] ! » L'idée aura plus que du succès, il suffit de citer Érasme : « *L'homme ne naît pas homme, il le devient*[2] », il se « *fabrique lui-même* »... Dans ce nouvel idéal, la « réalisation » est donc substituée au « donné ». Dans ce monde autonome qu'est l'homme, tout est lié : métaphysique, psychologie, éthique, philosophie naturelle, théologie ; tout concourt à l'idéal de conciliation. Pour être vraiment libre, l'homme doit cependant tout examiner avec soin, faute de quoi son travail sera ruiné, et son interprétation de l'Histoire plus que hasardeuse.

FOCUS

Trois legs pour la pensée

1. Quand Pic pense la réalité comme un tout composé d'entités indépendantes dont chacune exprime la totalité de l'univers, son système du monde ouvre la voie à Giordano Bruno et à Leibniz, au point qu'on peut même avancer que la monadologie est tout entière chez Pic.
2. Quand il sépare la magie du surnaturel, attribuant à la première un rôle d'« opération naturelle », il pense que la science pourra tirer parti de certaines propriétés mal connues dans les phénomènes naturels et ouvre la voie à la multitude des traités de « magie naturelle » qui envahiront le XVIe siècle.
3. Quand il s'attaque aux astrologues qu'il qualifie de bavards inutiles et affirme que les destinées individuelles ou collectives comme la marche de l'univers ne dépendent d'aucune force mystérieuse, il ouvre la voie au cartésianisme.

1 In *Discours sur la dignité de l'homme.*
2 In *Traité de l'éducation des enfants* (1529).

Paracelse (1469-1541)

• Quand la médecine se fait philosophie

« La nature ne produit rien qui soit en soi-même parfait, c'est l'homme qui doit tout parachever. »

Paracelse

Théophraste Bombast von Hohenheim, plus connu sous le nom de Paracelse[1], appartient à une vieille famille noble de Souabe ; il naît à Einsiedeln, près de Zurich, et mène une vie d'études et d'errance.

• Un penseur inclassable

Paracelse fait partie des humanistes qui diffusent et vulgarisent le platonisme, le néoplatonisme, l'hermétisme et la kabbale ; cet homme inclassable qui entretenait d'étroites relations avec le peuple a joué un rôle de premier ordre tant en alchimie, en théologie qu'en histoire de la médecine, de la religion et de la philosophie, au point d'inspirer le mythe de Faust. Son œuvre considérable compte à ce jour une quinzaine de volumes et beaucoup d'inédits ; la majeure partie n'a pas été publiée de son vivant, une bonne part a été perdue. Un empiriste exalté

Paracelse est d'abord un empiriste ; son idée de génie est d'avancer qu'il existe toujours des correspondances entre le monde extérieur et le monde intérieur sans lequel on ne dispose d'aucune clé pour accéder au premier. Il définit ainsi la philosophie : « *Elle n'a qu'un seul but, la nature, la philosophie n'est que la nature invisible, la nature n'est que la philosophie rendue visible.* » En médecin, il pense que l'homme n'a pas à être trop rempli de lui-même, mais doit rétablir sa santé en se conformant à sa connaissance de la nature, il doit couronner cette connaissance en lui rendant la santé : tel est le thème central de l'autoguérison du monde, compris comme un procédé médical : « *La philosophie est la génitrice d'un bon médecin* » ; elle doit « guérir », il s'ensuit qu'un bon philosophe sera un bon médecin, et inversement.

---

1 Il choisit de s'appeler Paracelse en hommage à Celse, célèbre médecin du siècle d'Auguste ; cette manière de procéder étant alors courante.

Érasme (vers 1469-1536)

• Un esprit européen

Fils cadet illégitime d'un prêtre, ce garçon malingre et sensible se donne très tôt le nom sous lequel il sera connu : Desiderius Erasmus Roterodamus, Érasme de Rotterdam. Ordonné prêtre, il étudie avec ferveur les classiques, se « découvre » en 1499, grâce à l'invitation de lord Mountjoy qui lui « révèle » les humanistes chrétiens, l'introduit à l'université d'Oxford et à la cour. Il entame une vie de lettré dont la réputation ne cessera de croître (au point de décliner, en 1517 et en 1523, l'invitation de François Ier de s'installer en France ou de refuser le chapeau de cardinal que lui offre Paul III en 1535, sous prétexte de sauvegarder son indépendance !).

REPÈRES

Les Humanités d'Érasme

Érasme est un homme de pensée et d'action dans le sens où, pour lui, la parole et l'écriture sont les modalités d'une action qu'il veut conforme à l'Évangile. Sa culture encyclopédique est nourrie par les *literae humaniores*, ces « lettres qui vous rendent plus humains » et que, plus tard, on appellera les « Humanités ».

Érasme a sillonné l'Europe. À l'été 1504, il découvre un manuscrit de Valla qui sera à l'origine de ses travaux d'exégèse ; l'Italien suggérait de corriger la Vulgate (édition « courante » de la Bible en latin) en la collationnant au texte grec : Érasme se met à traduire le Nouveau Testament (il lui faudra douze ans) à partir d'une tradition manuscrite plus sûre et d'une base philologique. En 1516, paraît sa traduction établie à partir de la version grecque des Septantes. Il sera la cible des théologiens réactionnaires comme des nouveaux exégètes partisans d'un retour direct à l'Évangile.

FOCUS

Le génie livresque

Ses éditions, traductions et commentaires d'auteurs grecs et latins, ainsi que des Pères de l'Église, classent Érasme parmi les premiers savants de son temps ; ce travail de titan ne l'empêche nullement d'enseigner (à Cambridge) le grec et la théologie.

Il rédige en quelques jours son plus célèbre ouvrage, l'*Éloge de la folie*, au cours de son séjour chez Thomas More. De son vivant presque toutes ses œuvres ont été traduites dans toute l'Europe.

En 1534, sous l'impulsion de son compatriote Adrien d'Utrecht, devenu pape sous le nom d'Adrien VII, il publie un livre majeur : *Du libre arbitre*, où il défend la possibilité pour l'homme de collaborer avec Dieu à son propre salut sans qu'il y ait opposition entre la foi et les œuvres (les actes). Luther répond avec son *Serf arbitre* où il accuse le « roi Érasme » de laxisme, d'impiété, de scepticisme, et défend la thèse de la passivité totale de l'homme entre les mains de Dieu et de la *sola fide* (« Rien que la foi ») qu'il oppose aux œuvres. Déçu que son rêve d'unification de l'Église reste chimérique, il s'attache à rester un fidèle serviteur de l'Église catholique dont il se soucie d'approfondir les dogmes.

Il meurt chrétiennement, entouré de ses plus fidèles amis, après avoir fait des donations aux Froben (éditeurs à Bâle), aux pauvres et aux malades.

• Une pensée unitaire

Instruire les hommes à être mieux chrétiens, tel est le programme de cet esprit exceptionnel, dont l'extraordinaire audience est d'abord due à son humanité. Érasme sut maintenir autant que faire se peut la paix des cœurs et des esprits, la tolérance (comme un idéal alors bien nouveau), travaillant sans relâche à tenter de sauvegarder l'unité de l'Église, plus attaché à mettre en avant les valeurs susceptibles de maintenir l'unité qu'à conserver intacts des dogmes susceptibles de diviser. Certes, cet homme attaché aux traditions historiques et à la richesse du patrimoine antique concevait qu'on pût l'adapter aux nécessités du changement. Sa tâche ne fut guère aisée pour peu qu'on se rappelle les guerres idéologiques (civiles, religieuses, étrangères) dont il fut le témoin. Son œuvre a gardé une étonnante jeunesse. Pour s'en convaincre, il suffit de prendre pour exemple *Les Colloques*.

Les Colloques

Il s'agit d'un ensemble de dialogues, sans cesse remis en chantier, longtemps paru sans nom d'auteur et intitulé « Formules d'entretiens familiers » : « *véritable journal de bord, miroir fidèle des idées sociales, politiques, économiques, scientifiques, pédagogiques, religieuse de l'auteur*[1] ». Érasme met en scène toute une palette de nos « *frères humains* » qu'il fait dialoguer : des mercenaires, des prostituées, des moines (mendiants), un aubergiste, un abbé ignare, des femmes mariées (pas très épanouies), un boucher, des écoliers, un alchimiste, des clercs, des laïques, des canailles, d'honnêtes gens...

1 Margolin.

REPÈRES

La « comédie humaine » d'Érasme

Les Colloques donnent à notre humaniste l'occasion de délivrer quelques préceptes moraux et de mêler la pratique des vertus à la culture intellectuelle. Tous les ingrédients sont ceux employés par Platon, l'ironie (parfois sarcastique) en plus. La forme populaire lui permet de railler les vices de ses contemporains dans l'espoir de les voir s'amender ; il combat également les imperfections des institutions sociales, les abus et la routine de la vie religieuse.

L'Éloge de la Folie : une conscience ironique de soi

Peu de livres eurent autant de succès justifié. Et pourtant, il n'est pas aussi aisé de le lire, encombré qu'il est à la première lecture par une érudition qui risque de décourager. Il s'agit d'une facétie, d'une « déclamation » (un exercice déclamatoire) de la Folie ou *Moria* (en grec) – qui permet d'ailleurs un jeu de mots avec le nom du dédicataire, Thomas More *(Morus)* : l'exemple ou le fou ? Qui sait ? Derrière cette suite de paradoxes se cache une sagesse inattendue à laquelle la majorité des hommes n'ont pas accès, parce qu'ils ne savent pas qu'ils sont fous. Ce n'est d'ailleurs pas Érasme qui parle, c'est la Folie qui monte en chaire pour prêcher aux hommes. Maître de l'ironie, Érasme est un disciple éclairé de Socrate, il aime à brouiller les cartes, pour « *débusquer l'ambiguïté du sens en se servant des mêmes mots*[1] » (Margolin). Il explique ses intentions dans une célèbre lettre à Dorpius[2] : « *Moi ! Critiquer les théologiens ? Allons donc !* » Nul n'est dupe.

L'œuvre d'Érasme témoigne de ce permanent souci d'éduquer, d'éclairer, de faire comprendre que l'homme a un destin aveugle quand il oublie la Parole de Dieu, quand il perd la conscience des vraies valeurs : ses sens comme son esprit se dérèglent, deviennent fous. Il n'est pas étonnant qu'Érasme cite saint Paul : « *Je parle en fou, l'étant plus que personne*[3] », qu'il s'exclame : « *Je vais démontrer qu'à cette sagesse parfaite qu'on dit la citadelle de la félicité, il n'est d'accès que par la folie* »... Pourquoi ? Parce que la folie guérit et d'abord ceux qui se prennent décidément trop au sérieux et prétendent qu'ils savent quelque chose. Parce que le fou rappelle involontairement à chacun sa propre vérité, rappelle que la folie est plus conséquence de ses faiblesses, de ses illusions que des péchés, et

1 Margolin.
2 De mai 1515. Il est profitable de la lire en même temps que *L'Éloge*.
3 Première Épître aux Corinthiens, I, 3.

ici chacun est concerné : « *La folie érasmienne ne guette plus l'homme aux quatre coins du monde ; elle s'insinue en lui, ou plutôt elle est un rapport subtil que l'homme entretient avec lui-même* », précise Michel Foucault[1].

Thomas More (1478-1535)

• L'inventeur de l'Utopie

Né à Londres, Thomas reçoit une éducation scolastique, fait ses humanités à Oxford entre 1492 et 1494, puis commence des études de droit. Protégé par le cardinal Norton, archevêque de Canterbury, qui admire ses dons, il est nommé membre du Conseil des avocats, devient « lecteur » en 1501 puis enseigne durant trois ans à Furnivall's Inn. Membre du Parlement (en 1504, 1512 et 1515) puis du Conseil privé du roi en 1518, il est « promu » chevalier et devient chancelier du Royaume[2] (de 1529 à 1532) à la suite de la disgrâce du cardinal Wolsey, sans jamais céder à la corruption ambiante. En mai 1532, il démissionne de son poste, refuse de paraître au couronnement d'Anne Boleyn (en 1533) et surtout ne reconnaît pas Henri VIII comme chef suprême de l'Église d'Angleterre (1534), au nom de sa fidélité à Rome. Emprisonné, il est exécuté le 6 juillet 1535, meurt sereinement, conscient de sa liberté spirituelle. Il a été canonisé en 1935.

• La crise de la pensée chrétienne

« Frère jumeau » d'Érasme, Thomas More est le témoin d'une profonde crise de la pensée chrétienne prisonnière d'un dogmatisme souvent sclérosé ; le protestantisme gagne en crédit ce que Rome perd en prestige. L'émergence de Luther (en 1520) met d'ailleurs un terme à la période humaniste du grand érudit, du diplomate habile, il se consacre à défendre une Église qu'il croit menacée. Le nom de More est surtout attaché à un livre plus que célèbre (bien que peu lu) dont le titre devint un nom commun : *L'Utopie* (qui signifie littéralement « non-lieu », « sans lieu »).

1 *Histoire de la folie à l'âge classique*, ch. I.
2 Premier laïque à accéder à cette charge.

Dans cet ouvrage, il est bien difficile de séparer l'intention de l'ironie. Toutefois, il s'agit d'une méditation révolutionnaire sur les rapports entre le réel et l'idéal, la pensée et l'action, l'éthique et la politique, et surtout une analyse des mécanismes sociaux d'oppression ainsi que des moyens dont l'homme dispose pour changer le monde en le maîtrisant. *L'Utopie* est à nos yeux un mélange de progrès et de stagnations.

AVANCÉES	STAGNATIONS
Un gouvernement sage et démocratique qui hait la tyrannie	*Les Utopiens pratiquent l'esclavage*
Abolition de la propriété	*Les problèmes de surpopulation sont réglés par une politique de colonisation impérialiste*
Une religion simple et plutôt tolérante	*Ils adoptent une attitude souvent cynique par rapport à la guerre*
Une conception du bonheur et de la vertu issue de l'épicurisme et du stoïcisme	*La vie sociale est planifiée au nom de l'harmonie, le moralisme impose sa rigueur étouffante*
Mépris des richesses (ils font des pots de chambre avec l'or !)	*L'athéisme est puni de mort*
L'aide sociale est judicieusement organisée	
Le temps de travail est de six heures par jour ; les loisirs sont importants	
Ils aiment la culture ; les literati, *aristocrates du savoir, dirigent la science*	
L'île est une « grande famille » où le sens de la communauté est essentiel au bon fonctionnement de la société	

En dénonçant violemment la propriété, les monopoles, le manque d'humanité et l'égoïsme foncier des riches et des puissants, la tendance des princes à la tyrannie, la responsabilité des institutions dans les vies humaines, More est un précurseur non seulement de Rousseau mais encore d'un certain socialisme qui, pour être utopique, n'en est pas moins riche d'espérance. Les utopies, jusqu'à présent toutes totalitaires, régénèrent cependant ce droit de rêver sans lequel tout est gris.

Machiavel (1469-1527)

• L'initiateur de la science politique moderne

Niccolo Machiavelli naît à Florence dans une famille de la petite noblesse ; son père appartient à la corporation des notaires. Après avoir étudié le droit, il écrit des nouvelles, de mauvaises poésies, lit le latin et mal le grec. Son italien est en revanche d'une incroyable incisivité, à la fois dense et bondissant. Étranger à la méthode scolastique, il lui préfère les vertus de l'exemple (plus il est frappant, mieux c'est).

L'Italie est dans le temps de Machiavel un vaste théâtre de conflits entre cités et principautés : Charles VIII envahit la péninsule pour assurer ses droits sur Milan, Louis XII revendique le Milanais, le pape Jules II s'allie aux Français contre les Vénitiens... Soderini, gonfalonier de Florence, est renversé, Machiavel perd son poste ; compromis dans un complot, il est arrêté puis exilé. Contraint à des loisirs forcés, il écrit *Les Principautés* (cinq ans après sa mort, les premiers éditeurs décideront d'intituler le livre : *Le Prince*). Le cardinal Jules (encore un Médicis) lui confie la rédaction d'un *Mémoire* sur le gouvernement de Florence. Il ne réussit qu'à obtenir de pauvres missions, une « bourse » pour écrire ses *Histoires florentines*. Hippolyte de Médicis (encore !), premier duc de Toscane, fait appel à ses services pour renforcer les murailles de Pavie ; mais Florence se soulève contre les Médicis chassés pour trois ans. Machiavel dont plus personne ne veut meurt le mois suivant dans une extrême pauvreté.

• Une haute pensée de la stratégie

> *« La fortune a voulu que, ne sachant raisonner ni sur l'art de la soie ou de la laine, ni sur les profits et les pertes, j'en vins à comprendre qu'il me revenait de raisonner sur l'État. »*
>
> **Machiavel, lettre du 9 avril 1513 à Vettori**

Chez Machiavel, tout part d'une constatation : les jeux du pouvoir sont foncièrement cruels, refuser de regarder cette réalité en face, c'est se perdre et ruiner l'État ; le Prince doit donc être réaliste et devenir aussi méchant que ses adversaires : question de survie ! La nouveauté, c'est le naturalisme qui a le mérite de mettre en avant l'autonomie du politique dégagée de toute implication théologique.

Le Prince ou la passion de l'État

Machiavel consacre vingt-six chapitres à la manière d'acquérir le pouvoir et de le conserver. De manière générale, accorder la liberté à la plèbe est une mauvaise idée, il est préférable d'établir des « lois scientifiques » selon lesquelles les communautés politiques sont gouvernées ; les valeurs strictement politiques doivent être placées au-dessus des exigences de la conscience individuelle. Éthique et politique constituent deux plans totalement distincts ; la politique ignore la morale et exige une conduite rationnelle. Si l'on veut rester prince, il faut être égoïste, complètement indifférent au bien comme au mal, ne pas tenir parole, aimer la force.

FOCUS

Une vision pessimiste de l'homme

Machiavel développe sa théorie du réalisme politique à partir d'une conception pessimiste de l'homme, qu'il juge bestial : « *Tous les écrivains qui se sont occupés de politique s'accordent à dire que quiconque veut fonder un État et lui donner des lois doit supposer d'avance que les hommes sont méchants.* » Dans les *Discours*, il avançait l'idée que si « *la disposition [des hommes] reste cachée pour un temps, [c'est qu'il leur manque] l'occasion de se montrer* » tels qu'ils sont, c'est-à-dire « *ingrats, inconstants, dissimulés, lâches devant le danger et âpres au gain* » (*Le Prince*), disposition qui ne tarde jamais à apparaître…

• L'État, le Prince, le peuple

L'État, puissance souveraine, est une réalité étrangère au sacré.

FOCUS

L'État selon Machiavel

Machiavel est l'inventeur du terme d'État dans sa signification moderne : « institution du pouvoir souverain ».

Le politique et le pouvoir sont des institutions purement humaines qui possèdent des spécificités propres. « *Le monde se soutient dans le même état* », le mal foncier et le bien – très relatif – s'y équilibrent comme ils peuvent, et cela dure depuis toujours et n'est pas près de changer. Seule peut-être la république romaine a incarné à ses yeux cette période vertueuse que les guerres civiles allaient détruire.

L'homme fort neutralise les caprices de la fortune par une « *virtù* », proche de la sagesse, de la prudence et de la force. Ce concept désigne l'énergie déployée dans la conception, la rapidité dans l'exécution, la résolution sans faille, l'exercice de la ruse ; une espèce de malin génie politique.

FOCUS

La « *virtù* » : le malin génie politique de Machiavel

La « *virtù* », c'est l'art de choisir les moyens en fonction de la fortune afin de dominer les circonstances. La fortune est inséparable de « l'occasion » (moment favorable), son antagonisme, et signifie, métaphoriquement, un appel, un secours ou une punition de Dieu ; elle est cette réalité en place qui vient sans qu'on la cherche et disparaît comme elle est venue.

Le Prince doit d'abord être un honnête homme. La crainte ne suffit pas, il faut également que le peuple soit fervent et enthousiaste, animé par une vraie piété, faute de quoi l'hypocrisie du Prince ne serait plus efficace. Sans religion, un peuple n'est ni uni ni bon – Machiavel loue saint François d'Assise dont les vertus empêchèrent les Italiens de perdre leur foi dans le Christ. Dans le cas malheureux où le peuple ne craindrait pas Dieu, le Prince devra se faire craindre comme s'il était Dieu, attitude qui l'oblige à un extrême degré de terreur calculée[1]. Deux autres éléments concourent à lutter contre la bestialité : les lois et le langage. Si le Prince agit par « machiavélisme », c'est une servitude du devoir d'État plus qu'un privilège. Il doit, coûte que coûte, gouverner : « Dieu ne veut pas tout faire, de peur de nous priver de notre libre arbitre, et de la part de gloire qui est nôtre. »

1 In *Discours*.

Montaigne (1533-1592)

« Je propose une vie basse et sans lustre, c'est tout un. On attache aussi bien toute philosophie morale à une vie populaire et privée qu'à une vie de plus riche étoffe ; chaque homme porte la forme entière de l'humaine condition[1]. »

• Le moi est une « arrière-boutique »

Né en février 1533 au château de Montaigne, près de Bordeaux, Michel Eyquem appartient à une riche famille de négociants bordelais anoblie en 1519. Son père, Pierre, est un humaniste qui donne à son fils une éducation de premier ordre : réveillé en musique, Montaigne apprend le latin comme une langue vivante ; il étudie la philosophie à Bordeaux, le droit à Toulouse, devient magistrat, puis à vingt et un ans conseiller à la Cour des Aides de Périgueux. En 1557, il est conseiller au Parlement de Bordeaux. L'année suivante, il noue une amitié devenue légendaire avec son collègue Étienne de la Boétie, qui mourra prématurément en 1563, à trente-trois ans. En 1565, il se marie avec Françoise de la Chassaigne qui lui donnera six filles (une seule survivra).

REPÈRES

Montaigne en sa librairie

En 1570, Montaigne vend sa charge et vient publier à Paris les poésies latines et les traductions de La Boétie ; un an plus tard, il se retire dans sa tour et sa fameuse « librairie » (sa bibliothèque).

Il est fait chevalier de l'ordre de Saint-Michel et est nommé gentilhomme ordinaire de la chambre du roi par Charles IX. En 1572, il l'est des rares à s'indigner de la Saint-Barthélemy et commence la rédaction des *Essais en pleine guerre civile.*

---

1 *Les Essais*, livre III, ch. II.

• L'inventeur d'un genre littéraire

> *« Je veus qu'on m'y voie en ma façon simple, naturelle et ordinaire, sans contantion et artifice : car c'est moi que je peins. […] Je suis moy-mesme la matière de mon livre… »*
>
> **Montaigne, « Au lecteur », Essais**[1]

Montaigne est resté catholique, sa philosophie est celle d'un sceptique, d'un stoïcien qu'un épicurisme chrétien vient corriger. Pareil mélange pourrait paraître hasardeux, pour ne pas dire incohérent, il ne l'est pas dans la mesure où Montaigne se montre tel qu'il est, tel qu'il se découvre et se pense. Cette autoanalyse, cet art de se livrer sans mentir, brosse le portrait d'un homme qui se joue de ses apparentes contradictions.

• Les *Essais*

Les *Essais* sont d'abord une œuvre totalement hors normes, où l'auteur expose un art de vivre devenu sagesse.

FOCUS

La forme littéraire de l'essai

Dans le temps de Montaigne, « essayer » signifie « expérimenter » la vie et ses « expériences ». Autrement dit, il s'agit d'ébaucher les grands traits qui composent le moi, notamment grâce à un sens aigu de l'observation : « *Toute cette fricassée que je barbouille ici n'est qu'un registre des essais de ma vie*[2]. »

Montaigne a bien sûr tiré profit de ses nombreuses lectures dont on peut établir trois sources majeures.

- D'Épicure et de Lucrèce, il tire une morale fondée sur le bonheur serein, l'idée de la tranquillité de l'âme comme but de la vie, loin de l'agitation humaine et des angoisses ; Montaigne définit la volupté comme finale de toute action, il déplore la pudibonderie : l'acte sexuel et le plaisir sont naturels, justes et nécessaires : « *L'amour se fonde au seul plaisir.* »

---

1 L'orthographe de l'époque a été conservée.

2 *Essais*, ch. XIII.

- Son stoïcisme est, pour une bonne part, hérité de l'Antiquité (de Zénon de Citium et surtout de Sénèque) : souffrir le moins possible face à l'idée de la mort. Cela suppose un « travail d'indifférence » à l'endroit de ce qui affecte la sensibilité et un « travail du jugement » ; là encore, le bonheur est le but à atteindre.
- Le sage Montaigne est marqué par le scepticisme (« ancien » par Pyrrhon, « empirique » avec Sextus Empiricus) ; le jugement « *va coulant et roulant sans cesse* », de sorte qu'il incline à la tolérance et donc à la lutte contre toute forme de dogmatisme et à la critique.

Les *Essais* sont le témoin de l'évolution intérieure de leur auteur, attestée par les éditions successives : plus il avance en âge et plus Montaigne cherche à peindre son Moi comme forme exemplaire de l'universelle condition : se peindre « *au vif* » et sous *sa « forme naïfve »*, se connaître pour accéder à la sagesse, tel est le but espéré.

Plan commenté

Les *Essais* comportent trois livres formés de cent sept chapitres[1] où il est difficile de trouver un ordre précis. En revanche, le chapitre XII du livre III : l'« Apologie de Raymond Sebond », est le point culminant de la totalité de l'œuvre ; plus qu'un plaidoyer pour le théologien catalan (dont il traduit la *Théologie naturelle*), il s'agit d'une analyse de la vanité et de l'infirmité de la raison humaine.

Le livre I traite notamment de la mort, de l'éducation (de type « libéralisme éclectique », XXVI), de l'amitié (XXVIII)... Au chapitre III, Montaigne montre que l'homme privé de sagesse est un insensé qui se comporte comme tel, il se projette sans cesse vers un futur qui lui échappe sans jamais jouir du présent.

FOCUS

Les sentences fameuses de Montaigne

« Philosopher, c'est apprendre à mourir. »

« Parce que c'était moi, parce que c'était lui » (déclaration faite à La Boétie).

1 Livre I : 57 chapitres ; livre II : 37 chapitres ; livre III : 13 chapitres.

Le chapitre XX est consacré à une méditation stoïcienne sur la mort, car comment vivre puisque « *le but de notre carrière, c'est la mort ?* ». Les douceurs de l'amitié aident à supporter cette échéance inexorable, Montaigne honorant La Boétie en insérant dans son texte vingt-neuf sonnets, hélas perdus, de son ami. Deux analyses particulièrement profondes appartiennent à ce livre : la relativité des jugements : « *Des cannibales* » (XXXI) et « *De la vanité des Paroles* » (LI) où il expose que toute rhétorique est vaine : « *Un outil inventé pour manier et agiter une tourbe.* »

Le livre II s'attache dès le début à souligner « *l'inconstance de nos actions* » qui se « *contredisent si communément [...] qu'il semble impossible qu'elles soient parties de mesme boutique* » ; dans le chapitre V, « *De la conscience* », Montaigne se révolte contre la torture judiciaire, alors universellement admise. Le chapitre VI expose les rencontres avec la mort, notamment l'évanouissement qui lui ressemble de bien des manières ; « *à la vérité, pour s'apprivoiser à la mort, je trouve qu'il n'y a que de s'en avoisiner* ». Le chapitre X, « *Des livres* », est un éloge de la lecture, plaisir qui permet de se mieux connaître. La célèbre « *Apologie de Raymond Sebond* » (XII) est un important bilan spirituel et humain (il s'agit du plus long chapitre) : éloge du scepticisme à travers l'humiliation de « l'orgueilleuse raison » impuissante à prouver quoi que ce soit ; l'homme est incapable d'atteindre la vérité, le fond des choses est inconnaissable et incite à l'agnosticisme.

Vous avez dit agnosticisme ?

Position sceptique qui considère que la raison humaine est incapable de savoir si Dieu existe ou s'il n'existe pas.

Ne rien affirmer, comme le firent les pyrrhoniens est un avantage sur toutes les autres philosophies. Dans le même esprit, le chapitre XVII, « *De la présomption* », insiste sur la trop bonne opinion que nous concevons de notre valeur et donne à l'auteur l'occasion de se peindre lui-même : « *Outre le deffaut de la mémoire, j'en ay d'autres qui aydent beaucoup à mon ignorance*[1]. »

1 Il est aisé de rapprocher cette phrase d'une maxime de La Rochefoucault : « Tout le monde se plaint de sa mémoire et personne ne se plaint de son jugement. »

Le livre III comporte des chapitres sensiblement plus longs que ceux des deux précédents livres ; l'auteur s'interroge notamment sur la morale et sur la politique. « De l'utile et de l'honnête » (I) s'apparente à Machiavel (non cité) : morale et politique sont-elles compatibles ? Être politiquement efficace ne signifie nullement être honnête. Dans « Les trois commerces » (III), Montaigne décrit sa bibliothèque.

« Des coches » (VI) s'interroge sur les conquêtes coloniales en plein essor ; Montaigne en condamne la barbarie, en particulier celle des conquérants espagnols. « De la vanité » (IX) est consacré au voyage, vanité parmi d'autres, comme la vie. Cependant, ils peuvent être profitables, dans la mesure où l'âme remarque et s'étonne de choses nouvelles. « De l'expérience » (XIII) termine les Essais et s'attache aux vertus de l'expérience vécue. Bien faire ce que l'on fait, vivre le moment, être capable de discerner les temps heureux car « *c'est une absolue perfection, et comme divine, se sçavoir jouyr loialement de son estre. [...] Les plus belles vies sont, à mon gré, celles qui se rangent au modelle commun et humain, avec ordre, mais sans miracle et sans extravagance* ».

Giordano Bruno (1548-1600)

« Ce sont toujours les plus intelligents qui sont les plus couillonnés ! »

• Une victime propitiatoire

Né à Nola, Bruno entre dans l'ordre des dominicains de Naples en 1565, ordre qui, depuis le XVe siècle, fournit les juges de l'Inquisition... Prêtre en 1572, il est docteur en théologie trois ans plus tard. Vite accusé de soutenir des opinions suspectes, il est contraint dès 1576 de mener une vie d'errance : à Genève d'abord, puis, après avoir un temps enseigné la philosophie à Toulouse, il fuit les guerres de religion et gagne Paris, où Henri III crée pour lui une chaire spéciale, Oxford, Wittenberg, Prague. Il a la mauvaise idée de revenir en Italie et, en 1592, se fait arrêter à Venise par l'Inquisition (sur dénonciation) ; après d'interminables procédures (sept ans !) assorties de tortures, il entend son arrêt de mort et lance : « *Vous avez plus peur en rendant votre jugement que moi en en prenant connaissance !* »

L'excommunication de Bruno

Bruno ne sort de prison que pour monter sur le bûcher, à Rome, sur le Campo de' Fiori, le 8 février 1600... Une âme plus « généreuse » que les autres lui accroche des sacs de poudre autour du cou, pour hâter sa fin ; Bruno détourne la tête quand on lui présente le crucifix... Il eut le triste privilège d'être excommunié par les trois confessions chrétiennes : catholique, luthérienne, calviniste...

L'œuvre

• Les limites de la connaissance

La connaissance est limitée et ne couvre qu'un pan de ce que nous voyons directement ; nos sens, notre perception ne peuvent nous renseigner sur les choses cachées à notre vue, le monde est plus que ce qu'on voit : « *Croire qu'il y a seulement les planètes dont l'existence nous est connue à ce jour n'est pas plus raisonnable que de s'imaginer que le ciel n'est peuplé d'autres oiseaux que ceux qui passent devant notre petite fenêtre.* »

FOCUS

La représentation atomiste de Bruno

Pour Bruno, les atomes sont des « *globes imperceptibles* » : trois d'entre eux constituent le triangle minimal, quatre, le carré minimal, huit, le cube minimal.

Bien que l'univers soit en quelque sorte borné par des minima effectifs, Bruno ne lui reconnaît aucune restriction de grandeur. L'univers est infini mais se dédouble : le monde est infini mais « non totalement » alors que Dieu l'est. Tout ce qui reste en puissance dans l'imagination ou dans l'intellect s'exprime en acte dans cet ensemble innombrable sans dimension, ni mesure, le « cosmos », qui constitue les « mondes » à travers lequel Dieu est « *totalement présent*[1] ».

1 Voir M. de Gandillac, *op. cit.*, p. 332. Bruno, *Infinito*, I.

• La nature divine

La nature, bien plus que l'esprit qui la mesure, est la seule et unique « puissance divine » ; une seule Forme universelle omniprésente est inséparable de la « *vie qui vivifie toute chose* », de cette âme unique qui meut les abeilles, les araignées, les corps célestes[1]. Le panthéisme de Bruno introduit la conception d'un Dieu universel agissant avec ardeur comme « *natura naturans* », c'est-à-dire quand la nature agit comme nature : la nature créatrice forme le monde qui est son propre sujet.

Attiré par les théories de Copernic, tout en maintenant la transcendance divine et le dogme de la création *ex nihilo*, Bruno dissocie la théologie de la science « *qui ne peut parler sur l'Être même, mais seulement sur les traces de l'Être dans la nature [...] remontant vers les causes et principes immanents à l'univers même*[2] ».

1 *Summa*, *Opera*, I, 4.
2 D'après P. Trotignon.

CHAPITRE 4

LES RÉFORMATEURS

« La foi est la garantie des biens que l'on espère, la preuve des réalités qu'on ne voit pas. »

Épître aux Hébreux 1, 11

La Réforme est une réponse, moins à une question qu'à un malaise. Le XVIe siècle est profondément religieux ; l'attente et l'exigence spirituelles sont donc intenses. Le modèle que l'Église catholique impose est celui de la domination universelle fondée sur une hiérarchie ecclésiastique pyramidale dont le pape est le sommet. Cette construction féodale se fissure par le haut.

Le terrain propice à la naissance de la Réforme est préparé par :

- les abus du pouvoir pontifical, les pratiques vénales d'une bonne part du clergé ;
- une très forte sensibilité religieuse éprouvée par les malheurs du temps, dans un permanent climat de peur et hantée par l'horreur de la mort ;
- un anticléricalisme de plus en plus violent ;
- l'évolution des mentalités vers l'idée de « sacerdoce universel », où chaque croyant est prêtre ;
- le développement considérable de l'imprimerie comme outil de diffusion et de propagande.

La papauté étant pour le moins discréditée, l'initiative de Martin Luther sera couronnée de succès parce qu'il eut l'intuition de profiter de cette déliquescence et des tensions politiques extrêmes qu'exaspèrent les princes de ce monde. Plus que de « mal vivre », le premier reproche qu'adresse l'esprit de la Réforme à l'autorité de l'Église est, selon Lucien Fèvre, de « mal croire ».

Martin Luther (1483-1546)

• Le pouvoir de l'Écriture

Né en 1483 à Eisleben, dans une famille de petits-bourgeois d'origine paysanne, Martin Luther entre au couvent des augustins d'Erfurt. Ordonné prêtre en 1507, il enseigne l'éthique d'Aristote[1] au couvent de Wittenberg, fait un voyage à Rome dont il retire une profonde aversion pour l'entourage pontifical. Il traverse une longue période de questionnement sur le sens de l'existence, lit les Pères de l'Église et trouve finalement réponse à son angoisse dans un passage de l'Épître de Paul aux Romains : « *Car en lui [en l'Évangile] la justice de Dieu se révèle de la foi à la foi, comme il est écrit :* Le juste vivra de la foi » (1, 17). Cette justification par la foi deviendra la clé de voûte de la doctrine luthérienne.

FOCUS

Les thèses de Luther sur « la vertu des indulgences »

Le 31 octobre 1517, Luther publie quatre-vingt-quinze thèses en latin sur « la vertu des indulgences » qu'il envoie à l'archevêque de Mayence. Ces thèses connaissent un succès retentissant à travers tout l'Empire.

Contraint de s'expliquer, notamment lors des disputes de Heidelberg et Leipzig, Luther précise sa pensée avec fermeté. Sommé de se présenter à Rome, il refuse, soutenu par Frédéric le Sage, Électeur de Saxe. Il accepte de comparaître devant le cardinal de Vio, en octobre 1518. Après quatre jours d'âpres discussions, il affirme que l'infaillibilité de l'Écriture ne saurait être inférieure au pape, bien au contraire. Il rédige et diffuse un appel : *Du pape mal informé au pape mieux informé* et songe à demander au souverain pontife la réunion d'un concile général. Il soutient n'être soumis qu'à une seule autorité légitime : l'Écriture.

1 À qui il reproche violemment d'avoir lié la vertu de justice à la pratique « habituelle » des œuvres justes ; Luther le qualifie « *de plus détestable ennemi de la grâce* ». Vers 1520, il rejette purement et simplement la *Physique*, le *De anima* et l'*Éthique*, expression de la « *malice de ce maudit païen* »...

• Un pionnier instrumentalisé

Il refuse de soutenir le soulèvement de la petite noblesse en 1522, ainsi que le programme des paysans d'Allemagne du Sud (réduction des impôts, abolition du servage...), estimant que la Bible ne peut résoudre les problèmes d'ordre politique ou économique. Il écrit *Contre les hordes criminelles et paillardes de paysans* qui l'éloigne des couches rurales (pour lui, le peuple est littéralement « démoniaque ») et accroît son prestige auprès des princes. Le « pionnier » ne devine pas qu'il devient un pion sur l'échiquier des Puissants.

En 1525, il publie *Du serf arbitre* (réponse au livre *Du libre arbitre* d'Érasme) où il affirme l'extrême gravité du péché et la totale impuissance de la volonté humaine[1]. La même année, il jette les bases d'une organisation de son Église, met au point une « messe allemande » en langue vulgaire où il conserve le caractère traditionnel de la liturgie en la subordonnant au sermon, pivot d'un culte où les cantiques jouent un grand rôle émotionnel. Il épouse une none, Katharina von Bora, dont il aura six enfants ; la famille Luther devient le modèle de la vraie famille chrétienne.

Pour lutter contre l'hétérogénéité des doctrines, Luther institue une discipline ecclésiastique qu'il confie au prince, garant de la mission divine qui lui a été confiée (« césaropapisme »). Le luthérianisme s'implante au Danemark (grâce à la prédication de Tausen), en Norvège, en Islande (par la force), en Suède (grâce aux frères Petersen), dans les pays baltes en en Finlande. L'expansion vers la France et les Pays-Bas est freinée par les progrès du calvinisme.

En 1529, lors de la seconde diète de Spire, Charles Quint revient sur sa décision de laisser aux princes toute liberté en matière de religion. Cinq d'entre eux et quatorze villes libres protestent contre cette décision. Le nom de « Protestant » est né de cet épisode.

Vous avez dit protestant ?

Les luthériens n'associaient nullement cette désignation à un sens négatif, ils lisaient en elle son étymologie : *pro-testari*, soit « qui rend témoignage », sous-entendu sans faille à la vérité évangélique.

1 « *Pour comprendre la Parole de Dieu, il faut avoir l'Esprit de Dieu* », affirme Luther contre Érasme pour qui, notamment, la raison et la révélation sont des guides conjoints vers le bien.

• La pensée de Luther

La réduction des sacrements

Luther expose avec rigueur le processus de perversion qui transforma les sacrements en instruments d'aliénation. Il pense qu'il ne devrait en exister que deux : le baptême et la Cène (dernier repas du Christ le Jeudi saint) où il nie la transsubstantiation : changement opéré par la consécration eucharistique (par la puissance de Dieu, la substance que sont le pain et le vin devient réellement substance du corps et du sang du Christ).

La Réforme

La Réforme n'est d'abord qu'une critique souvent virulente de l'appareil et des pratiques romaines, sans aucune volonté de scission. Luther voulait réformer l'Église de l'intérieur, il n'avait ni le tempérament d'un fondateur de secte, ni la volonté d'organiser des communautés. Les violentes réactions du pouvoir pontifical, la protection de l'Électeur de Saxe, l'amitié de l'helléniste Melanchthon infléchirent son destin[1]. La prédication de Luther est à la fois simple, pratique, foncièrement biblique et répond aux attentes d'un peuple étranger à la mentalité latine. Par ailleurs, l'imprimerie va considérablement servir la diffusion des idées nouvelles : à partir de 1517, les écrits de Luther « inondent » l'Allemagne jusqu'à atteindre 990 éditions en 1524. Le réformateur convainc à la fois une bonne part du clergé (séculier ou régulier), mais aussi la noblesse, les artistes (Cranach, Dürer), les humanistes, les « couches moyennes » (bourgeois des corporations), le monde rural sensible à ce « pur Évangile ».

Selon Luther, « l'Église est captive » de :
- la distinction qu'elle oppose entre laïques et clercs ;
- monopoliser l'interprétation des Écritures en l'assujettissant au magistère ;
- ne réserver qu'au pape la convocation d'un concile.

Il oppose à ces « trois murailles » trois principes évangéliques libérateurs :
- le sacerdoce universel, c'est-à-dire le fait que tous les baptisés sont prêtres de Dieu pour le monde ;
- l'intelligibilité de l'Écriture pour tout lecteur croyant au Christ ;
- la responsabilité de chaque fidèle dans le gouvernement de l'Église.

1 Ce dernier publie en 1521 les *Loci theologici* qui exposent systématiquement la pensée évangélique.

L'homme n'accomplit de lui-même aucun acte vertueux (cette conception est proche de celle d'Augustin) ; par ailleurs, en raison des promesses contenues dans les Écritures (liées à la médiation du Christ sauveur), ne sont sauvés par pure grâce que les vrais croyants.

Calvin (1509-1564)

• La cité-Église calvinienne

Jean Cauvin naît en 1509 à Noyon ; il latinise son nom en *Calvinus* dont la forme francisée deviendra Calvin. Après avoir suivi des études de droit, de lettres et de théologie, le jeune humaniste ascétique se convertit à la Réforme en 1533, au cours d'un séjour en Charente. Calvin se réfugie à Bâle puis à Genève en 1536 où le prédicateur Guillaume Farel le retient. Calvin veut transformer Genève en cité-Église. Pour ce faire, il élabore *Quatre Articles et une Instruction et confession de foi,* afin de doter l'Église nouvelle d'une solide armature doctrinale et disciplinaire qui, appliquée avec intransigeance, lui vaut l'exil. Après trois années passées à Strasbourg, Genève le rappelle.

Toujours animé par l'ardente volonté de réformer l'homme et la cité, Calvin impose un rigorisme, un moralisme austère (moins soucieux de l'amour chrétien que de « l'honneur de Dieu ») qui réglemente la vie privée : peu de bals, aucune gourmandise, pas de faste dans l'habillement, pas d'outrage à la décence, pas de jurons, de chansons frivoles, pas de poètes mondains, bref un comportement visant à se dégager des liens de la chair, des convoitises moroses, des prières bavardes.

• Une nouvelle Jérusalem en Europe

Malgré ces violences, Genève acquiert la réputation d'une « nouvelle Jérusalem » sinon d'une Rome protestante. Les bourgeois rêvent de s'y installer, les étudiants accourent à l'Académie (fondée en 1559) ; Calvin exerce sur l'Europe une autorité à la fois spirituelle, morale et politique.

Calvin est persuadé qu'il défend la « vraie foi de l'Église catholique », une foi retrouvée, purifiée, reformulée. Une fois encore, l'intention n'est pas de diviser la famille chrétienne, mais de l'unir autour d'un commun message de libération.

Pour Calvin, Dieu est avant tout puissance souveraine et volonté libre ; la gloire du salut ne peut être attribuée qu'à Dieu seul ; l'homme ne peut douter qu'il est élu car la naissance de sa foi comme de sa vocation, les possibles progrès qu'il est capable d'accomplir pour se sanctifier, sont exclusivement l'œuvre de Dieu ; l'homme ne peut raisonnablement et sensiblement vivre que dans une humble obéissance pleine de reconnaissance ; dans la Cène, le Christ est présent et glorifié au milieu des hommes, créatures clés de l'univers ; enfin, la gloire de Dieu nous libère de toute aliénation, dans un dessein universel.

Le protestantisme de Luther et Calvin

• Les grandes idées

De manière générale, le protestantisme s'enracine dans quelques constantes, l'esprit de la Réforme est guidé par deux principes directeurs :

- la justification par la grâce et par le moyen de la foi ;
- l'autorité souveraine de l'Écriture pour ce qui concerne la foi.

Ainsi, seule la foi justifie : le croyant n'est pas sauvé par ses œuvres, mais par la décision de Dieu de lui pardonner par Jésus-Christ, et de lui accorder le salut. La référence à l'Écriture est la seule vraie source de vérité et d'autorité. La foi est toujours formulée « selon les Écritures ». Cela suppose : un texte accessible à tous, un solide enseignement biblique, une très large diffusion et une pédagogie active.

Le « libre examen » personnel est l'affirmation que l'Église est vivante en chacun de ses membres, sans monopole, sans hiérarchie, sans magistère.

TROISIÈME PARTIE

LES TEMPS MODERNES

Une révolution de la pensée

• L'évolution du savoir

L'âge dit « classique » est celui des grandes ruptures, des grandes mutations : l'image traditionnelle du monde vole en éclats, la science et la raison scientifique sonnent le glas d'une représentation qualitative et hétérogène du monde qu'il est, pense-t-on, possible de mathématiser, de réduire en équation, en relations mathématiques. Telle est la pensée de Galilée, initiateur d'une véritable révolution scientifique, sans négliger de citer les grands noms liés à la conquête scientifique, Leibniz et Newton « co-découvreurs » du calcul infinitésimal.

• La souveraineté de la raison

Une nouvelle conception de la raison s'impose grâce à Descartes, elle sera désormais scientifique et philosophique ; le philosophe est souvent un savant (Descartes crée la géométrie analytique, établit les lois de la réfraction) qui s'appuie sur une méthode afin de rendre évidentes des règles. Spinoza, Leibniz et Malebranche se réclament de la méthode cartésienne qu'ils prolongent, critiquent. La modernité philosophique est représentée par trois philosophes : Francis Bacon, Descartes, Hobbes. Ce dernier, avec Locke, Berkeley et Hume, est l'un des quatre philosophes anglais classiques.

• Entre rationalisme et empirisme

Le sujet humain est désormais définit par sa raison et par sa sensibilité, ces deux pôles donnant naissance au rationalisme et à l'empirisme (représenté par Locke, Berkeley, puis Hume et Condillac) qui explorent aussi bien la nature que les sciences ou la politique, en particulier la notion d'État, souvent au détriment de la théologie partiellement remisée si ce n'est par Pascal, savant converti, et par Leibniz, prophète de l'œcuménisme. Le XVIIe siècle fut cependant celui des mystiques et des grands saints... Peu de périodes furent aussi fécondes en systèmes dignes d'émanciper l'homme.

CHAPITRE 1

LA RAISON ET LES SCIENCES

Francis Bacon (1561-1626)

« Sois l'artisan de ton bonheur et non son prétendant importun ! »

• Une pensée de l'induction

Né à Londres, Francis Bacon entre à Cambridge en 1573 puis au collège de droit de Gray's Inn deux ans plus tard. Entre 1576 et 1679, il voyage en France, puis après avoir entamé une carrière d'homme de loi, il entre à la chambre des Communes en 1584, c'est à cette époque qu'il conçoit une philosophie du savoir où la logique aristotélicienne serait remplacée par l'induction.

• L'observation et la maîtrise de la nature

Philosophe de la connaissance scientifique, Francis Bacon la pense compatible avec la religion : « *Si quelques gouttes de philosophie ont pu conduire à l'athéisme, la philosophie ramène à la religion celui qui s'y abreuve à longs traits.* » En revanche, il laisse de côté les mathématiques[1], principal outil d'interprétation pour Galilée ou Descartes. L'intérêt de la science est d'abord d'étendre au maximum la puissance de l'homme sur la nature ; pour ce faire, il est nécessaire de développer la science appliquée aux techniques et de connaître parfaitement les lois qui régissent l'univers car « *on ne triomphe de la nature qu'en lui obéissant* ».

1 Raison pour laquelle il récuse le système copernicien.

• Une nouvelle science expérimentale

Bacon commence par rejeter l'autorité des Anciens, il écarte ainsi la méthode déductive pour la remplacer par une « interprétation de la nature » où l'expérience apporte des connaissances nouvelles. La transmission historique sur quoi se fonde le principe d'autorité peut faire survivre les doctrines les moins solides, les moins étayées. C'est la thèse qu'il défend dans son *Novum Organum* : « *La grande majorité de ceux qui se sont entendus sur la philosophie d'Aristote s'en sont faits les esclaves, par préjugé et sous l'autorité d'autrui ; marque d'une attitude docile et grégaire, plutôt que de consentement* » (I, § 77).

Pour Bacon, la vérité ne peut surgir que de l'union (presque de la confrontation) de la raison et de l'expérience, par vérification et aussi par le contre-exemple. Cette science s'étendra à tous les domaines de la société comme aux sciences physiques ; la connaissance possède un rôle social éminent. Bacon se référera à Machiavel à qui la science est redevable d'avoir décrit l'homme tel qu'il est ; son intérêt pour le réel se manifeste encore dans ses écrits sur l'histoire où il montre qu'elle doit être une reconstruction des lois et des pratiques, selon les périodes[1].

• Les divisions de la science

Bacon commence par dresser un état des connaissances pour déterminer les parties « déficientes » à compléter ; cette réorganisation suppose un programme de recherche, un « avancement » historique de la science. Il isole trois facultés de l'esprit auxquelles correspondent les subdivisions de la science[2] :

- l'histoire, science de la mémoire ;
- la poésie (et les mythes), science de l'imagination ;
- la connaissance, science de la raison.

À partir du nombre restreint de faits observés, on peut conclure à une proposition générale : constater que la pluie tombe, mais aussi une bille, une plume permet de conclure que tous les corps tombent, etc. L'interprétation causale, faite à partir de la comparaison des tables, nécessite une expérience cruciale.

---

1 *De Augmentis*, Livre II, ch. V, VI, 97.

2 Ce classement en trois parties sera notamment repris par Diderot et d'Alembert pour classer en rubriques les articles de l'Encyclopédie.

FOCUS

L'expérience cruciale

Dans la terminologie de Francis Bacon, il s'agit d'une opération décisive qui permet de choisir entre deux hypothèses.

On aboutit – par exemple en physique – à la mise en place d'une structure obéissant à un processus mécanique, sans que la finalité (sa « bête noire ») n'intervienne d'aucune manière.

Vous avez dit finalité ?

La finalité est le fait de tendre vers un but et d'aménager les moyens pour l'atteindre. Aristote distinguait la finalité physique (le vivant agit en vue de quelque chose), la finalité « technique » (qui détermine le geste du sculpteur en fonction de la statue qu'il crée) et la finalité pratique ou morale (la fin de la morale, par exemple, c'est le bonheur). Bacon remplace le finalisme par une physique purement causale.

• *La Nouvelle Atlantide*

L'empirisme de Bacon a pour but de mener le monde à la connaissance et à l'utilité, raison pour laquelle il met la technique humaine au service d'une utopie ; seule la technique peut alléger le fardeau humain et fonder le bonheur sur la terre. Il expose sa théorie dans un traité aux allures de roman de science-fiction : *La Nouvelle Atlantide*[1], île heureuse s'il en est, dotée d'une organisation de la recherche. Il s'agit d'une république de savants organisée selon les principes de la connaissance nouvelle et donc de la « trouvaille géniale », de l'invention qui améliore l'homme et son quotidien. « *Fabriquer de nouvelles espèces ; guérir les maladies réputées incurables ; rendre les esprits joyeux et les mettre dans une bonne disposition ; fabriquer de nouveaux fils pour l'habillement, de nouveaux matériaux ; produire des aliments nouveaux à partir de substances qui ne sont pas actuellement utilisées*[2] »...

1 Il se réfère explicitement au mythe de Platon dans le *Critias*.

2 Extrait de la liste « Les Merveilles naturelles, surtout celles qui servent à l'homme » in *La Nouvelle Atlantide*, Paris, 1983, pp. 86-87.

FOCUS

Un catalogue des découvertes à venir

Le plus étonnant, c'est qu'il nous est possible de donner des illustrations contemporaines de ces « *évolutions espérées* » : les OGM, les vaccins, les antidépresseurs, le Nylon, le PVC, le lait de soja... Parmi les techniques nouvelles, le télescope, une anticipation de l'hélicoptère, un centre d'élevage scientifique d'animaux, une section de biochimie qui examine la qualité de la viande, un moteur à explosion, le microphone, le téléphone, l'avion...

D'Alembert dira que *La Nouvelle Atlantide* est « *le catalogue immense de ce qui reste à découvrir* ». Bacon ne put écrire l'utopie sociale qui devait suivre son utopie scientique... Ce n'est pas parce qu'on voit les choses telles qu'elles sont qu'on n'a pas envie de les changer.

Thomas Hobbes (1588-1679)

• La raison du plus fort est nécessairement la meilleure

Après de bonnes études à Oxford, ce fils de clergyman devient précepteur du fils de W. Cavendish, membre d'une puissante famille du comté de Devonshire, à laquelle il restera attaché toute sa longue vie consacrée à l'étude, à la méditation et à trois voyages en France et en Italie (1610, 1629-1630, 1634-1636). Entre 1621 et 1626, il est secrétaire de Francis Bacon. Tous deux considèrent la nature comme un domaine à découvrir, à maîtriser et à utiliser ; ils croient aux progrès de la science et séparent Raison et Révélation... Hobbes rencontre Galilée à Florence, Gassendi, le père Mersenne (véritable « secrétaire » de l'Europe savante et scientifique) et nombre de beaux esprits à Paris où il demeure entre 1640 et 1651, par crainte d'être suspecté pour ses opinions royalistes par une Angleterre qui fait la douloureuse expérience de la république de Cromwell (1649-1658). Hobbes retourne en Angleterre lors de la restauration de Charles II en 1660, passant le reste de son existence à entretenir diverses polémiques avec des théologiens et des savants de son temps.

• Un philosophe empiriste

La pensée de Hobbes est schématiquement constituée de trois composantes[1], le tout reposant sur une base empiriste : « *La sensation est le principe de la connaissance des principes eux-mêmes, et la science est tout entière dérivée d'elle* ».

- Toute pensée est une production (qui correspond à la production manufacturière) ; le modèle est la production mathématique construite à partir de la règle et du compas.
- La mathématique est une composante fondamentale de la pensée, une science représentée par le calcul (appliqué aux marchandises et aux corps en général).
- Toute connaissance étant production, la pensée est gouvernée par le rationalisme ; source de la production mathématique, la raison sert à expliquer le mouvement des corps : géométriques, physiques, psychologiques (par les émotions) ; le citoyen est le corps individuel de la société.

Chez Hobbes, la matière n'est rien sinon un mot : celui par lequel on désigne les corps, considérés dans leur extension ou leur grandeur, dans leur capacité à recevoir une forme.

Hobbes est nominaliste, il considère que la connaissance rationnelle réside dans l'art d'utiliser et de combiner les signes du langage, mais sans aucune référence à une essence que l'on prétendrait pouvoir saisir. Le langage a été « inventé » afin d'obtenir la connaissance et, grâce à elle, la maîtrise de la nature. Le raisonnement dépend des noms, les noms de l'imagination, l'imagination du mouvement des organes corporels. Quant à l'État, il a été inventé afin d'obtenir cette paix sans laquelle les sciences et les arts seraient impossibles.

1 Selon E. Bloch.

• L'homme et la société

« L'homme est un loup pour l'homme. »
Plaute

Hobbes pense qu'il est possible de construire une science de la morale et de la politique en s'appuyant sur l'expérience raisonnée des mouvements et des corps ; « *ce qu'a fait Euclide pour la géométrie et Galilée pour la physique, il s'estime en mesure de le faire pour la politique* »[1]. Hobbes a exposé les principes de son anthropologie dans le *Léviathan*[2].

Vous avez dit anthropologie ?
Par ce terme appelé à un grand avenir, on désigne l'ensemble des sciences qui étudient l'homme.

Hobbes y établit la « science politique » en postulant que :

- chacun est mû par des instincts irrésistibles, un instinct vital de durer (instinct de conservation au service d'un intérêt immédiat, pour survivre), incompatible avec l'idée de liberté. L'état de nature est un système d'équilibre entre individus coexistant à partir de l'égalité primordiale ; cet état est instable, misérable, sans aucune sécurité : le désir et la crainte, la défiance rationnelle à l'égard de chacun (qui a un droit légal sur toute chose, y compris le corps de l'autre) est en fait un état de guerre qui pousse à une vie solitaire, bestiale et brève ;
- cette lutte sans merci de chacun contre chacun rend nécessaire l'établissement de la « république », seul organisme, seul « corps », pouvant garantir la sécurité des personnes ;

Vous avez dit république ?
Elle doit être entendue ici au sens de « chose publique » : celle d'une vie sociale organisée dont l'État est garant.

- le droit se confond avec la faculté qu'a chaque individu de lutter pour sa survie. À la lumière de la raison, il comprend l'utilité des actes bienveillants et l'inconvénient des actes hostiles, il en résulte que chacun doit,

1 D'après R. Polin.

2 À l'origine, le Léviathan est un serpent mythique qui vit dans les océans et incarne les forces maléfiques ; dans le Livre de Job (3, 8 ; 40, 25) la description qui en est faite s'inspire partiellement de celle du crocodile ; il est aussi cité dans Isaïe (27, 1), dans les Psaumes (74, 14 ; 104, 26).

par nécessité, sacrifier sa liberté naturelle pour que cesse « *la guerre de tous contre tous* », « *les passions règnent, la guerre est éternelle*[1] » ;

- la société humaine va naître d'un contrat qui ne peut être modifié : les individus abandonnent leurs droits naturels dans l'intérêt de la paix. Hobbes considère que la démocratie favorise la démagogie et que les représentants du peuple ne sont ni assez instruits ni assez compétents pour s'occuper efficacement des affaires publiques ;
- seul un souverain est capable de maintenir le respect du pacte et la cohésion sociale, son intérêt se confond avec l'intérêt général : « *Le roi est ce que je nomme le peuple* » ; en héritant des droits, le souverain hérite des pouvoirs de tous ; juge suprême, il peut légiférer et punir dans les limites de sa force, en principe absolue. Le citoyen menacé dans sa vie par le fonctionnement de cet État fort a le droit de lutter, de se défendre et de résister par tous les moyens – on ne manqua pas d'accuser Hobbes de légitimer la révolte et, à l'opposé, de légitimer la tyrannie, comme le fit violemment Rousseau. Chez Hobbes, le droit de l'homme est inaliénable et imprescriptible (première expression d'une telle doctrine) bien que sa conception du despotisme relève d'une vision pessimiste de la nature humaine.

• La suprématie du politique

La suprématie du politique sur le religieux est ici aux antipodes de la théorie de l'absolutisme de droit divin prôné par Bossuet. Ce sont les lois civiles qui donnent un contenu social aux préceptes du christianisme et il appartient au souverain de s'en préoccuper jusqu'à imposer à l'ensemble de ses sujets un culte et une croyance unique, un conformisme garant de la tolérance. La religion anglicane qui cherchait une justification philosophique et politique pouvant contrer Rome trouve en Hobbes un penseur à la mesure de ses espérances.

FOCUS

Une promotion de l'État de droit

Avec Machiavel, Hobbes inaugure un nouveau mode de penser la politique, avec le pacte social qui fonde l'État de droit, aujourd'hui sans cesse invoqué.

1 *De cive*, IIe partie.

Descartes (1596-1650)

• Je ne peux douter que je pense

La vie de Descartes n'a pas de mal à être mieux remplie que celle de Hobbes ! Dès 1691, Baillet nous donne une *Vie de Monsieur Descartes* qui nous renseigne abondamment sur le plus célèbre des philosophes français qui naît en Touraine à La Haye (aujourd'hui La Haye-Descartes), le 31 mars 1596. Il appartient à une famille de noblesse de robe récente et signe « chevalier des Cartes ». Sa mère meurt peu de temps après l'avoir mis au monde, son père le confie à une nourrice avant de le placer, à huit ans, dans le célèbre collège des jésuites de La Flèche où il bénéficie d'un traitement de faveur étant donné sa santé fragile. En 1611, il apprend la découverte des satellites de Jupiter par Galilée, grâce à la lunette astronomique inventée trois ans auparavant. Bien qu'il apprécie ses maîtres, il critiquera le programme des études dans le *Discours de la Méthode*, affirmant qu'elles ornent davantage l'esprit plus qu'elles ne le forment. En 1616, il est reçu bachelier et licencié en droit à Poitiers. Deux ans plus tard, il s'engage sous les ordres de Maurice de Nassau et part en Hollande pour y faire son instruction militaire. Avide de contempler le spectacle du monde, il est enchanté de s'initier au métier des armes. Il s'engage dans l'armée du duc de Bavière.

FOCUS

Le « poêle » de Descartes

Le 10 novembre 1619, près d'Ulm, dans son « poêle » (sa chambre), Descartes a la révélation de sa méthode (« *une science admirable* »), en pleine nuit, dans une sorte d'illumination quasi mystique. La relation qu'il fit de ses « songes » montre que, dans le troisième, il voit un dictionnaire sur une table ainsi qu'une anthologie de poésie, en l'ouvrant, il tombe sur un vers latin disant : « *Quel chemin suivrai-je dans la vie ?* »...

Commence une période de voyages en Allemagne, en Hollande, en Suisse, en Italie. De retour en France en 1627-1628, il assiste à une conférence de Chandoux et prend part à la discussion en compagnie du cardinal de Bérulle qui lui fait obligation de se consacrer à la réforme de la philosophie. Descartes a besoin de solitude et se réfugie en Hollande qui deviendra son lieu de méditation et de retraite jusqu'en 1649, date de son départ pour la Suède. Il change fréquemment de résidence et compose, vers 1628, les *Règles pour la direction de l'esprit* et son *Traité du monde* qu'il ne publie pas en raison de la condamnation de Galilée en juin 1633. Il fait baptiser sa fille Francine (elle mourra en 1640), née de son union avec Hélène, sa servante ; Baillet écrit que ce décès laissa à Descartes « *le plus grand regret qu'il eût jamais senti de toute sa vie* ».

• Une écriture du bon sens

En 1637, paraissent trois essais scientifiques puis le *Discours de la Méthode* écrit non en latin comme c'était l'usage, mais en français pour que tous les êtres doués de raison puissent le lire. En 1641, il publie les *Méditations sur la philosophie première, ou Méditations métaphysiques*, traduites en français par le duc de Luynes. À partir de 1643, il entretient une correspondance avec la princesse Élisabeth de Bohême à qui il dédie les *Principes de philosophie*. Les *Passions de l'âme* seront le fruit de ces échanges épistolaires ; il correspond également avec la reine Christine de Suède. En septembre 1647, il rencontre Pascal à Paris et reçoit une pension de 3 000 livres du roi de France (il ne touchera que le brevet !). Aux premiers troubles de la Fronde, il repart en Hollande puis, en septembre 1649, répond à l'invitation de la reine Christine qui veut s'initier à la philosophie. Elle décide que les cours se donneront à cinq heures du matin ; en octobre, Descartes arrive à Stockholm, en novembre paraît le *Traité des Passions* ; en décembre, le philosophe compose les vers d'un ballet en l'honneur de la paix. Il fait un froid glacial et Descartes prend mal, il meurt en février 1650, des suites d'une pneumonie.

• L'œuvre

ŒUVRES IMPORTANTES	DATES
Règles pour la direction de l'esprit (Regulae addirectionemn ingenii), publié après sa mort, en 1684 et 1701	1628
Discours de la méthode pour bien conduire sa raison et chercher la vérité dans les sciences (écrit en français pour être même compris des femmes !) ; les trois essais : *La Dioptrique, Les Météores, La Géométrie* ; tous publiés le 8 juin	1637
Méditations métaphysiques (Meditationes de prima philosophica)	1641
Principes de la Philosophie, écrit en latin (traduit par l'abbé Picot en 1647), ouvrage composé pour l'enseignement et destiné aux écoles	1644
Les Passions de l'âme, dernier ouvrage paru de son vivant	1649
Une très abondante correspondance avec la princesse Élisabeth, au père Mersenne, à Huygens, à Chanut, etc.	

• À cartésien, cartésien et demi

Pour les Français, être « cartésien », c'est être rationnel presque à l'excès, clair, méthodique en diable ; ils confondent allègrement la pensée de Descartes avec le cartésianisme qu'ils réduisent, bien à tort, à un rationalisme étroit alors que la complexité de cette philosophie ne se prête à aucune mutilation.

• *Règles pour la direction de l'esprit*

Ces règles sont à entendre dans le sens du mot latin *regulae* : instrument pour tracer des lignes droites, elles prescrivent le chemin à suivre pour que l'esprit puisse porter « *des jugements solides et vrais sur tout ce qui se présente à lui*[1] ».

Cet ouvrage se divise en deux parties (il devait en comporter trois) et repose sur l'idée maîtresse que la méthode joue un rôle clé dans la production de connaissance, parce qu'elle limite les risques d'errance dans la recherche en cours : le *Discours de la méthode* et *Les Méditations métaphysiques.*

• Le *Discours de la méthode*

Il forme la préface aux trois essais scientifiques parus à Leyde en 1637 (*La Géométrie, La Dioptrique, Les Météores*). Le dessein est double :
- examiner le problème de la connaissance ;
- unifier le savoir de l'homme.

L'« Avertissement au lecteur » découpe le *Discours* en six parties dont :
- **Un bilan autobiographique** (véritable itinéraire intellectuel) accompagné d'un jugement sur les sciences et les disciplines étudiées à l'époque : Descartes part du bon sens, « *la chose du monde la mieux partagée* » (ne serait-ce pas ironique ?) ; en faisant ainsi appel et confiance à la raison, le philosophe remarque cependant que tous n'usent pas correctement de ce « don ».
- **Les principales règles de la méthode :** Descartes ne veut retenir de l'ancien enseignement que ce qui concerne l'analyse géométrique et l'algèbre ; tout le reste, il faut le rebâtir sur de nouvelles bases, grâce à une méthode unique composée de quatre préceptes :

1 In *Œuvres*, édition Bridou, Paris, 1963, Règle I. p. 37.

- règle d'évidence, « *le premier (précepte) était de ne recevoir jamais aucune chose pour vraie, que je ne la connusse évidemment être telle* » ;
- règle d'analyse, il faut décomposer le problème, « *le second, de diviser chacune des difficultés que j'examinerais, en autant de parcelles qu'il se pourrait et qu'il serait requis pour les mieux résoudre* » ;
- règle de la synthèse, il faut aller du simple au complexe en suivant l'ordre éventuellement supposé par l'esprit (l'activité intellectuelle l'emporte sur les choses), « *la troisième de conduire par ordre mes pensées, en commençant par les objets les plus simples et les plus aisés à connaître, pour monter peu à peu, comme par degrés, jusqu'à la connaissance des plus composés ; et supposant même de l'ordre entre ceux qui ne se précèdent point naturellement les uns les autres* » ;
- règle d'énumération, il faut chercher tous les éléments pour résoudre un problème, « *faire partout des dénombrements si entiers, et des revues si générales, que je fusse assuré de ne rien omettre* ».

• **Les règles de la morale provisoire :** pour trouver des certitudes, il faut douter. Mais la vie quotidienne demande des règles avant même que soit acquise la moindre certitude définitive. Ces règles pratiques sont provisoires, en attente de l'édification d'une morale rationnelle. Descartes en énonce trois :
  - obéir aux lois et coutumes de son pays, garder la religion de son enfance, suivre les opinions les plus modérées, les plus éloignées de l'excès ; il s'agit d'un conformisme tranquille ;
  - rester ferme et résolu en ses actions, suivre les opinions les plus douteuses (au sens premier) une fois qu'elles sont acceptées, avec autant de constance que si elles étaient parfaitement assurées ;
  - changer ses désirs (ce qui dépend de nous) plutôt que l'ordre du monde (qui ne dépend pas de nous) ; maxime d'origine stoïcienne.

• *Les Méditations métaphysiques*

Première méditation : « *Des choses que l'on peut révoquer en doute* »

Par le doute méthodique et volontaire, Descartes se débarrasse des anciennes opinions pour parvenir au vrai. La sphère du sensible est révoquée par l'intervention de l'argument du rêve ; les opinions fondées sur les sensations sont à évacuer.

Deuxième méditation : « *De la nature de l'esprit humain ; et qu'il est plus aisé à connaître que le corps* »

Tout d'abord, au sein du doute, une certitude se manifeste, inébranlable : celle de la pensée : « *Il [le Malin génie] ne saurait jamais faire que je ne sois rien, tant que je penserai être quelque chose [...] Je suis, j'existe est nécessairement vrai.* » Le *cogito* est une évidence métaphysique. En second lieu, Descartes sait non seulement qu'il existe, mais qu'il est « *une chose qui pense [...] c'est-à-dire une chose qui doute, qui conçoit, qui affirme, qui nie, qui veut, qui ne veut pas, qui imagine aussi, et qui sent* ». Cette « chose » est esprit, entendement, raison, conscience.

Troisième méditation : « *De Dieu, qu'il existe*[1] »

Elle commence par un rappel : il ne suffit nullement d'avoir une « idée vraie » pour prouver qu'une chose existe. Pour sortir de cette « impasse », Descartes doit démontrer l'existence d'un Dieu parfait, non trompeur, qui permette de garantir la véracité des choses.

- **1re preuve :** l'idée d'infini, présente en moi, suppose un Être infini. Or, je suis une substance finie. Donc l'idée d'infini implique une réalité qui possède autant de perfection que son idée – et elle ne peut tirer son origine de moi qui suis imparfait, donc Dieu, être infini, est, dans mon esprit, origine de l'idée d'infini.
- **2e preuve :** Dieu est ici posé comme cause de moi-même, de mon être. Mon moi fini possède l'idée d'infini. Quelle est sa cause ? Si j'avais le pouvoir de me créer, je me serais (évidemment) donné toutes les perfections dont j'ai l'idée. Donc, Dieu infini est l'auteur de mon existence et de mon être.

En conclusion : la tromperie dépendant nécessairement de quelque défaut, Dieu parfait ne saurait être trompeur, il est donc véracе.

Quatrième méditation : « *Du vrai et du faux* »

Les idées claires et distinctes sont nécessairement vraies. Puisque Dieu ne me trompe pas comment l'erreur est-elle possible ? Dieu n'est responsable de rien. Mon entendement propose des idées sans les affirmer. L'erreur naît quand ma volonté acquiesce à une idée confuse de l'entendement. En conséquence, je suis responsable de mes erreurs puisque j'affirme une idée non réellement claire et distincte.

---

1 L'idée de Dieu, comme les idées mathématiques (également l'étendue, la substance, la durée...), fait partie des idées innées, c'est-à-dire non produites en moi par l'entremise des sens ; elles sont nées avec moi, font partie du trésor de mon esprit.

Cinquième méditation : « *De l'essence des choses matérielles ; et derechef de Dieu, qu'il existe* »

Elle concerne l'idée d'étendue et ses modes. Les essences rationnelles (étendue, figures...) sont connues par des « idées claires et distinctes », et donc sont vraies. Descartes propose alors une nouvelle démonstration de l'existence de Dieu où il traite l'idée de Dieu : l'essence de Dieu contient toutes les perfections. Or, l'existence est une perfection. Donc, Dieu existe.

Sixième méditation : « *De l'existence des choses matérielles, et de la réelle distinction entre l'âme et le corps de l'homme* »

En bonne logique, le dernier doute à supprimer est maintenant l'existence des choses matérielles. Descartes en appelle à l'imagination, puissance de se représenter les choses de manière sensible. Pour que notre inclination (notre penchant) à croire que les idées sensibles nous viennent des choses corporelles soit fausse, il faudrait que Dieu ne soit pas vérace, or il n'est pas trompeur. Cependant, les idées sensibles, « confuses », ne permettent pas d'accéder à des connaissances objectives.

Dans un second temps, dans cette sixième méditation, Descartes aborde la question de l'âme et du corps : l'âme et le corps sont distincts mais en union étroite ; la preuve en est donnée par le sentiment de la douleur, la faim, la soif, qui m'enseignent cette unité indissociable et mystérieuse.

Pascal (1623-1662)

« L'homme n'est qu'un roseau, le plus faible de la nature, mais c'est un roseau pensant. »

• Un « effrayant génie »

Blaise Pascal naît à Clermont-Ferrand ; son père, Étienne, président de la Cour des aides, est un homme féru de sciences. À trois ans, Pascal perd sa mère. Sa sœur Gilberte se charge de son éducation. La famille s'installe à Paris en 1632. Blaise montre des signes précoces de ce que Chateaubriand appellera son « effrayant génie » : à onze ans, il rédige un traité sur la propagation des sons et, un an plus tard, retrouve seul les trente-deux propositions d'Euclide.

Pascal connaît une période dite « mondaine » entre 1647 et 1651 : il est présenté à la Cour, se lie avec des grands comme le duc de Roannez, fréquente des libertins notoires comme le chevalier de Méré, ce qui ne l'empêche nullement de poursuivre une intense activité scientifique malgré une santé pour le moins fragile. En 1652, sa sœur Jacqueline entre au couvent de Port-Royal et prend l'habit. Le 23 novembre 1654, Pascal est littéralement frappé par la grâce, le *Mémorial*, découvert après sa mort dans la doublure de son pourpoint, relate cet événement capital : « *Certitude, certitude, sentiment, joie, paix [...] Oubli du monde et de tout hormis Dieu [...] Renonciation totale et douce.* » Désormais, le savant devient un chrétien militant. En 1655, il pratique un ascétisme rigoureux lors d'une retraite à Port-Royal, puis se place au service du jansénisme.

FOCUS

Le jansénisme

Doctrine de Jansénius, évêque d'Ypres (Belgique), auteur de l'*Augustinus* (1640), sur la grâce et la prédestination, elle prétend que la grâce n'est pas accordée à tous les hommes et que même les justes peuvent se la voir refuser. *Les Provinciales* sont un grand moment de la querelle qui oppose les jansénistes aux jésuites.

De 1658 à 1662, Pascal travaille à une apologie de la religion chrétienne : il veut démontrer que la promesse faite par les philosophes de connaître l'homme en vue de fonder sur cette connaissance un art de vivre ne peut être tenue. L'ensemble des brouillons formeront, à titre posthume, les *Pensées* que Pascal ne peut mener à leur terme puisqu'il meurt, à l'âge de trente-neuf ans, des suites d'un cancer gastrique.

• Les découvertes de Pascal

Pascal fut d'abord connu comme un savant, sa réputation était prodigieuse à travers l'Europe bien qu'il n'ait publié que deux cents pages de son vivant. Il est d'abord le fondateur du calcul des probabilités, l'initiateur du contrôle des questions scientifiques par l'expérience (qui présidera à l'avènement de la « méthode positive » et expérimentale) ; les expériences qu'il mène sur le vide (19 septembre 1648) confirment l'existence du vide en même temps que la pesanteur de l'air. Il est le premier à utiliser la méthode de démonstration dite « par récurrence » (ou « induction mathématique ») qui jouera un rôle majeur dans la mathématique moderne..., le premier à formuler les principes du calcul mécanique.

• Les *Pensées* d'un étrange philosophe

Peu de livres ont autant marqué les esprits non seulement à cause de la grandeur de son style, mais encore à cause de la profondeur avec laquelle Pascal sonde les sujets abordés.

Le pari de la foi

Pascal s'attaque à l'indifférence religieuse : il s'en prend aux libertins (nous dirions « libres-penseurs »), aux athées, aux chrétiens en apparence : tous doivent être tirés de leur repos, de leur confort, de leur mensonge. Il ne veut ni montrer ni prouver, mais obliger l'homme à se regarder tel qu'il est, à reconnaître ses contradictions, sa misère, ses échecs symptomatiques et son mal-être. La question du salut est capitale, sinon tragique. C'est dans ce contexte que le pari prend tout son sens. Qu'on le veuille ou non, exister, c'est parier pour ou contre Dieu ; l'enjeu est simple : soit Dieu existe et je peux espérer jouir d'un bonheur infini, soit il n'est pas et je risque seulement de perdre des biens sans importance. Le « rien à perdre » se heurte au « tout à gagner ». Tout au service de son apologie, Pascal s'emploie à convaincre – maître mot de sa démarche. Il s'agit d'emporter l'adhésion de l'esprit grâce à une démonstration essentiellement rationnelle.

La thématique des *Pensées*

Esprit de géométrie, esprit de finesse

Selon Pascal, ce sont les deux chemins que les hommes empruntent pour accéder à la vérité.

- L'esprit de géométrie est la faculté de saisir les grands principes et d'en extraire par déduction des conséquences rigoureuses. Par le raisonnement discursif, déductif et démonstratif, les hommes peuvent pénétrer le vrai.
- L'esprit de finesse s'ajoute au premier et peut s'associer à la logique du raisonnement mathématique. Il s'agit de discerner par intuition, d'un seul regard, la complexité des choses et de repérer immédiatement les problèmes en trouvant pour chacun une solution adaptée, avec une sûreté de jugement qui relève de l'instinct. L'homme du monde est, par expérience, le plus pénétré d'esprit de finesse.

Les trois ordres

Selon Pascal, trois sources sont à l'origine de notre système de valeurs :

- la chair, qui renvoie aux plaisirs sensibles, aux activités mondaines (vie sociale, intérêts...) ;

- l'esprit, qui renvoie au travail intellectuel, à ce que les philosophes appellent la pensée ;
- le cœur, qui renvoie à l'affectivité (connaissance immédiate) et à l'intuition ; cette connaissance nous permet de saisir les premiers principes (les axiomes, Dieu) ; le cœur est la faculté du particulier et de l'individuel.

Un abîme infini sépare ces ordres : un abîme entre la chair et l'esprit, entre l'esprit et le cœur. Pascal appelle « tyrannie » le désir (ou la tentative) de soumettre un de ces ordres à un autre jugé primordial.

L'homme

Pascal insiste sur :

- sa condition misérable (« *Misère de l'homme sans Dieu* ») ; elle est d'abord due à sa situation : il est « coincé » entre deux infinis, celui des espaces qui nous angoissent, celui donc de la grandeur et celui de la petitesse. Mais pour écrasé qu'il est, l'homme connaît sa faiblesse alors que l'univers ignore tout de son infinie grandeur ;
- la vanité foncière de la condition humaine qui renvoie à la vacuité (au vide), à l'inconsistance. Toute la vie sociale et psychologique repose sur cette vanité foncière, l'homme est mensonge, le paraître le fascine plus que l'être. « *Le vilain fond de l'homme* » est semblable à un « *cloaque* », « *un abîme d'orgueil, de curiosité, de concupiscence*[1] ». De plus, les connaissances de l'homme sont aussi fragiles qu'incertaines, il est voué à des « puissances trompeuses » :
  - l'imagination ;
  - la coutume (cette seconde nature), elle fait toute équité ;
  - l'amour-propre (n'aimer que soi) ; il faut « se haïr ».

Ce à quoi il faut ajouter deux constantes :

- la mort qui borne l'horizon de notre condition ;
- l'ennui (dans son sens fort « s'abîmer en soi », véritable torture) qui nous taraude et dévoile notre néant (Pensée 142).

1 Voir les fragments 457, 244, 751 de l'édition Sellier.

Pour tenter d'échapper au spectacle de cette misère, l'homme se voue au divertissement (Pensée 139), dans l'espoir de se détourner de l'horreur de sa condition : il chasse, s'adonne au jeu, au pouvoir, au travail pour masquer sa misère. Il s'agit d'expédients dont l'effet est toujours passager : « *un roi sans divertissement est un roi plein de misère* », mais sans ce palliatif, son angoisse lui rend la vie insupportable. La plupart des hommes en effet préfèrent s'agiter, courir après des chimères.

Jésus-Christ est ici le seul médiateur entre Dieu et les hommes, il est le Rédempteur de tous[1] – comme l'attestent, non seulement l'Écriture, mais les prophéties, les miracles, l'histoire. La conversion que Pascal espère du libertin suppose une adhésion du cœur, la raison s'appuiera sur cette spontanéité, cette connaissance qui permet d'accéder au vrai, parce que Dieu est « sensible au cœur ».

Leibniz (1646-1716)

• L'optimisme d'un homme universel

Gottfried Wilhelm Leibniz naît à Leipzig, il y acquiert une solide culture d'honnête homme (philosophes anciens, scolastique, travaux de Bacon, Kepler, Galilée, système de Descartes...). Reçu bachelier ès arts en 1663, il se perfectionne dans les mathématiques à Iéna. En 1666, il fait son droit, se voit offrir une chaire qu'il refuse. Il entre dans la confrérie secrète des Rose-Croix puis devient conseiller à la cour suprême de l'électorat de Mayence. Il s'intéresse autant à la sécurité de l'Allemagne qu'à la théologie et aux sciences. En 1672, il est chargé d'une mission diplomatique à Paris où il demeure quatre années. Il y rencontre Arnauld, s'initie aux mathématiques des modernes avec Huygens, étudie Pascal, invente (lui aussi) une machine à calculer et une montre à ressorts.

Il écrit des ouvrages marqués par un constant souci d'apologétique et de métaphysique. Il laisse une œuvre considérable partiellement éditée : vingt mille lettres (à plus de six cents correspondants), des centaines d'essais.

1 Voir les Pensées 527, 528, 547, 781 de l'édition Brunschvicg.

• Tout est vie

L'entreprise philosophique de Leibniz se développe à partir d'une double influence/réaction : à Descartes et à Aristote. Du premier, il garde une conception mécaniste du monde, mais refuse de le considérer comme une machine et de réduire l'univers à l'étendue géométrique (Descartes est « *dans l'antichambre de la vérité* »). Leibniz pense que l'étendue ne peut être une substance pour la raison qu'elle est passive et divisible à l'infini ; contrairement à la conception cartésienne de la physique qui affirme que la quantité de matière est constante, Leibniz pense que ce qui se conserve, c'est la force : tout est vie, âme, pensée, désir – y compris les substances matérielles[1] qui, pour cette raison, se rapprochent de l'esprit ; le monde a une finalité – notion par laquelle il rejoint Aristote. En somme, pour Leibniz, la force vive est constante, c'est le produit de la masse par le carré de la vitesse. La force ne se dissipe pas.

• Tout est lié

Le système de Leibniz est un tout organisé, composé de propositions et de thèses, chaque élément est lié aux autres et au tout. Pour cela, il intègre des matériaux venant de presque partout, il les confronte, les transforme, comme pour « rendre raison » du monde, des choses, de Dieu lui-même. La démarche employée possède ses propres règles de construction : méthode, définition de la vérité, moyens pour y parvenir.

FOCUS

La théodicée de Leibniz

La théodicée est une partie de sa métaphysique qui, à partir du principe de la bonté de Dieu, disculpe celui-ci du mal qui règne en ce monde et qui doit être interprétée en posant la nécessité de la liberté de l'homme.

1 *« Je soutiens que naturellement une substance ne saurait être sans action, et qu'il n'y a même jamais de corps sans mouvement » Nouveaux Essais.*

REPÈRES

Les petites perceptions ou l'exploration de l'inconscient

L'aperception est « en dessous » de la conscience ; quand la perception est trop confuse pour qu'on en ait conscience, elle est dite « sans réflexion ». Il donne pour exemple un promeneur au bord de la mer : mille petits bruits inconscients, mille perceptions forment ma perception claire. Cette trame psychique inconsciente est aussi un attribut de la monade : il y a de l'inconscient. Leibniz ira jusqu'à dire que « *la musique est du calcul inconscient* ».

• La preuve de l'existence de Dieu

L'harmonie originelle

La démarche de Leibniz a ceci de passionnant qu'elle est d'une part régressive en prouvant l'existence de Dieu par la mise en série infinie des phénomènes pour lesquels il est « nécessaire » qu'une loi les régisse et d'autre part progressive quand il explique le mécanisme de la création en insistant sur le passage du tout à la partie. Dieu souverain est d'abord arithméticien, géomètre et logicien. Voilà pourquoi « *on comprend de la manière la plus évidente que, parmi l'infinité des combinaisons et des séries possibles, celle qui existe est celle par laquelle le maximum d'essences ou de possibilités est amené à exister*[1] ». Or, « *Dieu a choisi celui des mondes possibles qui est le plus parfait, c'est-à-dire celui qui est en même temps le plus simple en hypothèses et le plus riche en phénomènes comme pourrait être une ligne de géométrie dont la construction serait aisée et les propriétés et effets fort admirables et d'une grande étendue*[2] ». La création est donc une prévision mathématique et le monde tel qu'il est la « meilleure combinatoire possible ». L'ordonnancement du monde est le produit d'une harmonie préétablie.

Le problème du mal

Comme le faux et l'exception, le mal est d'abord confusion. Il suffit que la perception soit distincte pour comprendre qu'il est en effet « relatif au reste ». Il est lié au problème de la vérité.

1 In *De la production originelle des choses.*
2 In *Discours de métaphysique.*

Pour « relativiser » le mal, Leibniz recourt à des arguments d'origine stoïcienne.

- Ce qui est perçu ou compris comme un mal d'un certain point de vue ne l'est pas sous un autre : perdre la guerre, un pays ravagé connaît un renouveau de son économie : il faut tout reconstruire…
- Un mal peut entraîner un bien : faire un régime sévère, se priver pour perdre un peu de sa surcharge pondérale…
- On voit plus immédiatement le mal que le bien, d'où l'illusion que le mal a tout envahi : les épidémies, les « mauvaises nouvelles » répandues par les médias…
- Le mal est nécessaire pour mettre un bien en évidence : une dissonance dans une partition renforce l'harmonie générale.

Voilà pourquoi Dieu n'est ni responsable ni coupable, et lui imputer le mal est un mal : « *Dieu est aussi peu la cause du péché que le courant de la rivière est la cause du retardement du bateau.* »

Dans la cité de Dieu, le bien et le mal seront sanctionnés : les bons accéderont au pur amour que Dieu est et dispense. Ce monde moral est nécessairement en harmonie totale avec le monde naturel : les choses elles-mêmes conduisent toujours l'esprit vers la grâce.

Spinoza (1632-1677)

« Jusqu'où doit s'étendre, dans l'État, cette liberté laissé à l'individu de penser et de dire ce qu'il pense ? »

• Dieu ou la Nature, c'est du pareil au même

Baruch de Spinoza naît à Amsterdam dans une famille juive d'origine portugaise ; il reçoit une éducation hébraïque complète (il apprend l'hébreu, commente le Talmud), puis assiste au cours de Van der Ende, ancien jésuite libre-penseur. Spinoza s'éloigne de tout dogme, fréquente les milieux protestants et juifs libéraux puis rompt avec l'orthodoxie juive en 1656. La lecture de Galilée et de Descartes lui fait découvrir la primauté de la raison.

REPÈRES

L'excommunication de Spinoza

Spinoza est excommunié par les juifs, le 27 juillet 1656, puis par les chrétiens en raison de ses prises de position rationalistes ; le conseil des rabbins l'accuse d'« actions monstrueuses », d'« effroyables hérésies », il est interdit de le lire, de lui parler, de l'approcher à moins de deux cents mètres ! Un fanatique tente même de le tuer, il gardera son manteau percé toute sa vie…

• Une philosophie de la félicité

« Spinoza est un point crucial dans la philosophie moderne. L'alternative est : Spinoza ou pas de philosophie. »

Hegel

Spinoza a été maudit, redouté, suspecté, sa philosophie ne cessa de scandaliser alors que son dessein n'avait rien de subversif. Ne définit-il pas la philosophie comme la conscience de soi, du monde et de Dieu, conscience rationnelle et intuitive d'une si profonde intensité qu'elle conduit à une béatitude qui n'est pas la récompense de la vertu, mais la vertu même[1] ? Pour Spinoza, la philosophie est une entreprise de libération nouvelle et radicale qui suppose une méthode s'appuyant sur un entendement purifié, une raison critiquée libérée de ses phantasmes, de ses illusions, une éthique, une philosophie de la joie et de la liberté. Béatitude et liberté sont d'ailleurs identiques[2]. Son idéal ? Un homme libre dans une cité libre, dans une démocratie – régime le plus naturel, le plus rationnel, en un mot, le meilleur. La liberté ? Elle est véritable quand l'homme acquiert une connaissance adéquate de lui-même et de ses affections. Quant à la religion, elle doit impérativement être séparée de la raison, et l'État demeurer laïque. Vivre selon la vraie connaissance et la raison est capable de nous sauver et de nous apporter la béatitude, faut-il encore parvenir à s'intégrer dans la totalité, dans le Dieu qui est Nature, « *Deus sive natura* ».

1 *Éthique*, V, 42, sc.
2 *Ibidem* V, 36, sc.

• Traité théologico-politique

Le titre ne doit pas rebuter : le livre est aussi révolutionnaire que moderne et il faudrait s'inquiéter de ne plus le voir étudié. Il s'organise autour de trois directions majeures :

- une méthode rationnelle d'analyse des textes sacrés ou non qui fait de Spinoza le véritable fondateur de l'exégèse moderne ;
- la soumission des autorités religieuses aux autorités civiles, condition de la fondation d'un État susceptible d'assurer la liberté et la sécurité des hommes-citoyens ;
- la séparation radicale de la religion et de la théologie d'avec la philosophie.

FOCUS

Les fondements de l'État moderne

Ces thèses firent plus que scandale en posant les fondements de l'État moderne : démocratique, laïque, séparé de la religion, quelle qu'elle soit.

L'intention est clairement définie dès la préface : « *J'ai acquis l'entière conviction que l'Écriture laisse la raison absolument libre et n'a rien de commun avec la philosophie, mais que l'une et l'autre se maintiennent grâce à une force propre à chacune.* » Spinoza s'attaque non à la religion, mais à la superstition qui consiste à forger une idée fausse de Dieu, idée née de la crainte des hommes. Le régime monarchique place son intérêt à « *colorer du nom de religion, la crainte qui doit les maîtriser, afin [que les hommes] combattent pour leur servitude, comme s'il s'agissait de leur salut* ».

La critique permet d'introduire la distinction entre philosophie et théologie, foi et raison, après avoir exposé que la foi est une obéissance pieuse. Spinoza défend d'abord la liberté de penser et de philosopher, but principal du livre (XIII à XV). Ces libertés fondamentales sont liées au plus naturel des régimes : l'État démocratique. Spinoza part du droit naturel de l'individu. Selon lui, le droit naturel se définit par le désir et par la puissance.

En exerçant le Droit naturel tel quel, celui qui aura la plus grande puissance s'emparera du droit de tous les autres et la conservera par la crainte. Pour échapper à cette dérive : « *Il faut que l'individu transfère à la société toute la puissance qui lui appartient, de façon qu'elle soit seule à avoir sur toutes choses un droit souverain de Nature. La droit d'une société de cette sorte est appelé Démocratie et la Démocratie se définit ainsi : l'union des hommes en un tout qui a un droit souverain collectif sur tout ce qui est en son pouvoir*[1]. »

FOCUS

Un modèle de démocratie

Le but de toute démocratie est de soustraire les hommes à la domination de l'Appétit et de les maintenir autant que faire se peut dans les limites de la Raison. Spinoza définit alors la justice : à chacun son dû selon le droit civil (selon la liberté que l'individu a de se conserver dans son état). Seul un État rationnel permet d'être libre et d'obéir à un État fondé sur la Raison.

En prenant exemple sur l'État des Hébreux, Spinoza montre que le culte religieux doit se régler sur la paix de l'État et donc sur le souverain. Quoi qu'il en soit, les autorités civiles doivent avoir le pas sur les autorités religieuses. Pour que la démocratie ne sombre pas dans la tyrannie, il conseille un équilibre de puissance et de pouvoir (XVIII à XIX). La fin de tout État démocratique est de préserver la liberté individuelle et la sécurité des personnes (XX).

• L'Éthique

> *« Nous ne désirons pas une chose parce qu'elle est bonne, mais au contraire, c'est parce que nous la désirons que nous la disons bonne. »*

Une morale géométrique

Rédigé entre 1661 et 1675, cet ouvrage majeur est construit comme un système mathématique, *ordine geometrico*, c'est-à-dire calqué sur les *Éléments d'Euclide* dans sa disposition et sa subdivision : définitions (et éventuellement explications), axiomes, postulats, propositions démontrées parfois suivies de corollaires et de scolies. Les cinq parties qui le composent s'ordonnent autour d'idées maîtresses : un rationalisme extrême dans la méthode, un rejet du Dieu transcendant créateur du monde, un déni de

1 Spinoza pense que le souverain peut être soit le rassemblement de tous les hommes, soit un groupe restreint d'hommes, admettant ainsi un État aristocratique.

toute liberté humaine, l'homme n'étant qu'une partie parmi d'autres de ce grand tout qu'est la Nature, lieu d'une implacable nécessité ; l'homme peut seulement espérer atteindre la béatitude par le seul usage de sa raison, à condition que la Nature lui ait accordé les capacités d'y parvenir, il est – en ce sens – une partie de l'entendement de Dieu. Ce n'est pas parce qu'il ne possède aucun libre arbitre que sa vraie liberté n'est pas pour autant possible : elle réside dans la connaissance adéquate, dans la fusion qu'il peut opérer avec la totalité. Ainsi, il lui faut accepter rationnellement la nécessité de la Nature, aimer intellectuellement ce Dieu qui se confond avec la Nature, substance éternelle, infinie d'où tout procède nécessairement.

John Locke (1632-1704)

• L'expérience inonde la page blanche de l'esprit

John Locke naît dans une famille aisée du Somerset, près de Bristol, en Angleterre. Sa jeunesse est marquée par la révolution et l'établissement de la république de Cromwell. Il étudie les mathématiques, sans exceller, l'astronomie et la médecine. Bien qu'il n'ait pas son diplôme, il est engagé comme médecin et secrétaire d'Anthony Cooper, premier comte de Shaftesbury.

Dès 1671, Locke ébauche un livre appelé à devenir la base de l'enseignement philosophique au Trinity Collège de Dublin : l'*Essai sur l'entendement humain,* constamment réédité depuis 1690. Il séjourne en France entre 1675 et 1679, découvre la *Logique* de Port-Royal et les théories de Gassendi, professeur de mathématiques au Collège de France, auteur d'études sur la hauteur et la vitesse de propagation des sons ; adversaire d'Aristote et de Descartes, partisan du matérialisme atomiste, du sensualisme et de la morale d'Épicure.

L'influence de Locke a été considérable, notamment sur la philosophie du XVIIIe siècle, des Lumières, comme de l'analyse idéologique de Hume et Condillac (empirisme logique, combinatoire des idées). Il a fortement marqué l'*Aufklärung* (1700-1780, mouvement philosophique particulièrement actif en Prusse) ainsi que toute la philosophie anglo-américaine.

• L'empirisme[1]

Avant d'édifier tout savoir, il convient de répondre à la question de la nature et des limites de l'entendement humain. Locke ne parle pas que d'idées mais de principes innés (le principe d'identité, par exemple) et élargit l'analyse à l'idée de Dieu. Son argument est le suivant : que les hommes s'accordent sur ces principes ne saurait constituer une preuve rationnelle ; de plus, si certains principes logiques étaient innés (« *on ne peut pas avoir en même temps A et non-A d'une même chose* ») comment expliquer que les enfants, les débiles, les illettrés n'en fassent nullement usage ? « *Qu'est-ce donc que ces vérités qui sont dans l'esprit sans être jamais perçues ?* » Rien ne remplace l'expérience concrète. Ainsi, l'évidence, les « idées prétendument claires », les principes pratiques sont « appris » : « *Rien n'est dans l'entendement qui n'ait d'abord été dans le sens.* » Et le fruit de nos expériences ne cesse de remplir la page blanche de l'esprit.

• La théorie des idées

Locke distingue les idées[2] simples et les idées complexes ; les premières sont des représentations élémentaires et indécomposables, il en existe trois types.

- Les idées simples « de sensation » : le chaud, le froid, le sucré, l'étendue, la forme, le mouvement... elles proviennent directement de notre expérience sensible ; « *impression faite sur nos sens par les objets extérieurs* », la sensation est « *la perception des actions de notre âme sur les idées qu'elle a reçues des sens* » (penser, croire, douter...).
- Les idées simples « de réflexion » : « *réflexion de l'esprit sur ses propres opérations à partir des idées de sensation* » : elles sont issues de nos facultés internes (mémoire, attention, volonté).
- Les idées simples « de sensation » et « de réflexion » : idée d'existence, de durée, de nombre... ; elles requièrent l'expérience sensible et le travail de nos facultés internes.

Les idées complexes sont des combinaisons d'idées simples.

1 In *Essai sur l'entendement humain*, dans *les Lettres sur la tolérance*...

2 Une idée, c'est « *tout ce qui est objet de l'entendement quand l'homme pense* ».

• L'importance du langage

Cette théorie s'accompagne d'une réflexion sur le langage et la science des mots « *marques sensibles des idées* » par lesquels les hommes peuvent communiquer. Le langage doit être étudié et analysé parce que « *la plus grande part des controverses qui embarrassent l'humanité dépend de l'usage douteux et incertain des mots et du caractère indéterminé des idées qu'ils désignent* ».

Cette démarche visant à considérer le langage comme un objet digne de réflexion sera saluée par la philosophie analytique anglo-saxonne qui verra en Locke son fondateur. Le langage est, pour les empiristes, un outil concret, effectif, de la pensée, propre à exprimer la critique.

• Une théorie politique[1]

Le droit à l'état de nature

Avant même toute réunion des hommes en société politique, l'état de nature est caractérisé par une parfaite liberté et un droit naturel qui interdit de porter atteinte à la liberté de l'autre. L'état de nature, précaire et instable, est :

- un état de paix ;
- un état de protection mutuelle ;
- de liberté (non de licence !) et d'égalité où règne la loi naturelle qui se réfère à la raison.

L'homme a des « droits objectifs » : le droit de disposer de son corps, d'occuper un territoire, mais l'ignorance des sanctions réelles qui empêche toute régulation conduit les hommes à fonder la société politique, le corps politique.

Le pacte social

Les hommes se réunissent sur la base d'un pacte social, s'organisent en société politique pour assurer la préservation des droits naturels.

Le pacte, résultant d'un libre consentement, tend :
- à la sécurité ;
- au bien-être de chacun ;

1 In *Deux Traités du gouvernement civil.*

- au respect des libertés individuelles ;
- au respect de la propriété (dans le sens large : sa vie, son corps, sa santé...) ; une étroite relation est établie entre la propriété et le travail : ils se légitiment mutuellement.

L'organisation politique

Pour préserver efficacement la liberté, Locke préconise la distinction des pouvoirs.

- Pouvoir législatif : c'est le pouvoir suprême de la société. Il appartient à la société politique tout entière ou à ses représentants ; il ne peut être cédé ; il est souverain et comprend le pouvoir judiciaire. Le souverain est engagé vis-à-vis du peuple, transgresser la promesse donnée et violer le droit naturel des individus légitime leur révolte.
- Pouvoir exécutif : il exécute les lois décidées par le pouvoir législatif auquel il est subordonné ; il peut disposer d'un pouvoir discrétionnaire d'interprétation des lois.
- Pouvoir fédératif : il est chargé des affaires étrangères.

Les pouvoirs ne sont pas séparés mais distincts (Montesquieu reprendra l'idée), les actes doivent se coordonner. Les siècles à venir privilégieront la séparation, idéal des sociétés démocratiques dont Locke est un théoricien de premier ordre, tout comme il est le théoricien de l'État libéral.

Enfin, la morale découle de la loi divine communiquée à l'homme par la « lumière naturelle » (ou la Révélation) et de la loi civile, issue des institutions de l'État, en tenant compte des normes variables selon lesquelles les coutumes sociales se forgent.

George Berkeley (1685-1753)

« Exister, c'est être perçu. »

• La matière n'est qu'un mot

George Berkeley est d'abord un empiriste ; la publication de son *Essai pour une nouvelle théorie de la vision* est une critique de l'optique géométrique, mais plus encore la tentative de fonder une métaphysique pour le moins originale, établie sur l'hétérogénéité des données issues des sens et qui faisait de la nature un langage en étroite relation avec la stabilité toute relative des données tactiles. Son dessein se précise avec le *Traité des principes de la connaissance humaine* ; il veut démontrer que la « substance matérielle » n'existe pas. On se moque de lui. Il tente de se faire mieux comprendre en rédigeant le chef-d'œuvre que constituent les *Trois Dialogues*, destiné à un large public : nouvel échec. Il change alors son fusil d'épaule, abandonne pour un temps les thèses immatérialistes et part en guerre contre la libre-pensée. La publication du *De motu*, rédigé en France, pour des lecteurs français, est une critique ouverte de l'espace, du temps et du mouvement absolus de Newton. L'immatérialisme de Berkeley est inséparable de son apologétique, de sa conception et de sa défense de Dieu.

• La vérité de la perception

Berkeley critique avec virulence l'idée d'une matière objective et substantielle parce que, selon lui, cela conduit inévitablement à l'athéisme. Cette critique se fonde sur une théorie de la vision : lorsque nous ouvrons les yeux, ce n'est pas le monde extérieur que nous percevons puisque nous ne pouvons immédiatement percevoir ni les grandeurs, ni les distances, ni les mouvements, nous « traduisons » un signe, la distance, la grandeur provenant de la liaison des sensations visuelles avec les sensations kinesthésiques.

Vous avez dit kinesthésique ?

Ce terme qualifie la sensation interne du mouvement des parties du corps, assurée par le sens musculaire et les excitations du labyrinthe de l'oreille interne.

Les sens ne nous placent jamais en face d'abstractions (d'idées). L'idée abstraite d'« homme » renvoie à un homme particulier et donc le mot « homme » ne recouvre aucune essence abstraite, il est un signe, une image concrète qui me permet d'aller à d'autres images. Toute abstraction est donc illusoire. Être, c'est :

- soit « être perçu » (l'être des choses) ;
- soit percevoir (l'être de l'esprit) ; l'idée de matière est à éliminer – les choses n'ont d'existence que par et dans la perception, le réel n'est pas une « chose », mais l'idée perçue dans la perception même.

La matière est un mot, les qualités que nous lui attribuons viennent de nous : « *L'étendue est une sensation ; donc elle n'est pas hors de l'esprit*[1]. » Et le monde est un ensemble de signes que Dieu envoie aux hommes, son esprit agissant sur notre perception.

---

1 *Notes philosophiques*, carnet B, n° 18.

Malebranche (1638-1715)

« La religion, c'est la vraie philosophie. »

• Voir en Dieu

Nicolas Malebranche naît à Paris, dans une famille de parlementaires. De constitution fragile, il fait ses études à la maison. À seize ans, il part faire sa philosophie au collège de la Marche ; reçu maître ès arts deux ans plus tard, il se destine déjà à l'état ecclésiastique, suit les cours de théologie à la Sorbonne (il les trouve insipides). Il est ordonné prêtre en 1664, dans la congrégation de l'Oratoire.

FOCUS

Un lecteur extatique de Descartes

La même année 1664, un libraire de la rue Saint-Jacques présente à Malebranche le *Traité de l'homme* de Descartes qui venait de paraître : « *Il fut frappé comme d'une lumière qui en sortit toute nouvelle à ses yeux. Il entrevit une science dont il n'avait point d'idée et sentit qu'elle lui convenait. [...] Il lui prenait des battements de cœur qui l'obligeaient quelquefois d'interrompre sa lecture* » (Fontenelle). Sa vocation intellectuelle est tracée, tout droit sortie de cette « extase ».

Pour mieux comprendre Descartes, Malebranche s'attache aux mathématiques, s'informe de la physique, de l'astronomie, de l'histoire naturelle, quatre ans durant ! Son dessein se précise et occupera le reste de sa vie : instaurer une philosophie chrétienne où religion, intelligence, foi, métaphysique et apologétique coïncident... Membre de l'Académie des sciences, il ne quitte guère sa maison de l'Oratoire et meurt en 1715.

• L'intelligence de la foi

Contrairement à Descartes qui estimait que la théologie devait être laissée aux gens d'Église, Malebranche estime que l'homme a directement accès à la raison divine et qu'il peut philosopher sur les mystères (sinon les expliquer) en restant soumis à l'autorité de l'Église et même que la métaphysique peut établir les principaux fondements de la religion comme de la morale, sans cesser de trouver l'intelligence des affirmations de la foi. Le point de départ de sa philosophie n'est pas le *cogito*, mais la lumière divine elle-même et cette lumière, c'est le Verbe de Dieu auquel nous sommes si étroitement unis qu'en être séparés nous détruirait.

Philosophie et théologie sont à égalité : toutes deux visent Dieu par des moyens différents ; en procédant de la sorte, Malebranche soutient l'unicité de la vérité et affirme la supériorité de la certitude intellectuelle sur la foi.

• Les idées divines

Les sensations étant des modifications de notre âme, elles ne nous renseignent en rien sur ce qui est extérieur à nous, elles ne nous permettent nullement de connaître dans le sens de « sortir de soi ». Seules les idées nous le permettent parce qu'elles sont justement des modalités de l'esprit qui les aperçoit en dehors de lui. L'âme est inférieure aux idées qui viennent l'éclairer, elle ne saurait être sa propre lumière car cette lumière vient de Dieu. Percevoir, penser, c'est voir en Dieu, et le lien qui unit l'esprit à Dieu est à la fois plus solide, plus simple, plus nécessaire que celui qui unit l'esprit et le corps.

• L'occasionalisme

Posons qu'une cause produit un effet et que l'occasion est ce qui permet à cette cause de produire cet effet. Pour Malebranche, Dieu seul est cause et toutes les causes apparentes que nous croyons bien immodestement découvrir ne sont en fait que les occasions de son action.

Une occasion n'est pas une cause

Le coup de pied du footballeur est l'occasion du mouvement du ballon (du but, disent certains !) et non sa cause (les amateurs comprendront).

L'esprit exige de la cause véritable qu'une liaison nécessaire apparaisse entre la cause et son effet. La nécessité se manifeste dans la nature sous forme de lois immuables, simples, de type mathématique, elles expriment le plan de Dieu et le savant peut les connaître. Les causes naturelles sont des causes occasionnelles qui n'agissent « *que par la force et l'efficace de la volonté de Dieu* ». Les rapports entre l'âme et le corps sont par là même résolus : « *Les hommes veulent remuer le bras, et il n'y a que Dieu qui le puisse et qui sache le remuer.* » Dieu agissant toujours par des lois générales et jamais par des volontés particulières, les lois en place sont mécaniques, elles révèlent avant tout que Dieu a créé le monde pour sa gloire et non par amour. Le déterminisme universel où les volontés divines se confondent avec les lois du monde nous en donne une idée à la fois juste et conforme.

Dieu exécute donc son ouvrage :
- selon des lois immuables ;
- selon le rapport immuable qu'il institue entre les causes occasionnelles et tel effet.

• L'ordre de Dieu

Dieu préfère la forme de son action à la perfection de l'ouvrage : l'ordre et sa hiérarchie sont formés par un ensemble de rapport de perfection. Tout est donc « en ordre » et « *celui qui estime plus son cheval que son cocher, ou qui croit qu'une pierre en elle-même est plus estimable qu'une mouche... ne voit point ce que peut-être il pense voir*[1] ». La théorie de l'ordre permet d'expliquer la façon dont Dieu a créé le monde et dont il le gouverne et de comprendre en quoi consiste notre volonté ; notre âme étant, par son impulsion, dirigée vers lui.

Selon cet ordre, le choc des corps est aveugle et nécessaire et engendre les désordres du monde physique ; l'attention de l'homme est faillible et demande à être sans cesse soutenue, corrigée ; elle engendre le désordre du monde moral, le péché, l'erreur. Ne voulant que la perfection de l'ouvrage, Dieu ne veut pas le mal, il le « permet » : c'est l'homme qui en est seul responsable. Le mouvement de la volonté doit être éclairé par la « libre attention » et déterminé par « le libre consentement » de la liberté qui choisit d'adhérer au vrai bien ; c'est par ce consentement que l'homme s'élève jusqu'à la connaissance rationnelle de Dieu.

• Les influences

La conception mécaniste de Malebranche lui paraît favoriser la vie spirituelle aussi bien que l'élévation vers Dieu, seul maître des pouvoirs et des forces présentes en ce monde. En voulant ainsi nous ramener à Dieu en nous faisant notamment comprendre que c'est en son Verbe que nous

1 *Œuvres*, XI, 21.

voyons tout, Malebranche ne mesurait nullement les conséquences de cette inspiration : la physique (la plus parfaite des connaissances) et le mécanisme président aussi à la conduite de Dieu, les mouvements de pensée tendront à remplacer Dieu par la Nature, ce sera le cas des déistes ainsi que de nombreux athées.

CHAPITRE 2

PHILOSOPHIES DE L'HISTOIRE ET DES LOIS

Vico (1668-1744)

« Dans les corsi et ricorsi de l'histoire... »

• L'histoire est philosophique

Fils d'un pauvre libraire napolitain, Giambattista Vico suit des études plutôt décousues au point qu'il se vantera d'être un autodidacte. Vers vingt ans, il réside longuement à la campagne, au service d'une famille noble et en profite pour lire et méditer ; il retourne à Naples en 1695 pour ne plus quitter sa ville natale. Il obtient en 1699 une chaire de rhétorique à l'université, poste qu'il occupe jusqu'à sa retraite. Il est l'auteur d'une autobiographie, chef-d'œuvre de la littérature italienne dont la beauté contraste avec l'apparente platitude d'une vie consacrée à l'étude. Vico y relate ses recherches, les voyages de la pensée d'un grand précurseur, aussi bien de la philosophie de l'histoire que de la quasi-totalité des courants de pensées de son siècle.

Vico a fait de l'histoire le sujet central de ses recherches, de ses préoccupations, de ses spéculations.

REPÈRES

Le premier philosophe de l'histoire

Vico est le premier philosophe de l'histoire, du moins dans le sens que nous donnons aujourd'hui à ces mots qui apparaissent pour la première fois sous la plume de Voltaire.

L'histoire n'est plus seulement une bizarrerie, un tissu de faits, d'anecdotes pour « antiquaires » (tout ce qui est « ancien »), mais le produit de l'action des hommes : « *On doit par conséquent pouvoir en trouver les principes dans les modifications de notre esprit humain lui-même.* » Voilà définie la « science nouvelle » qui mettra en avant l'idée d'une nature humaine d'abord en devenir.

• La science nouvelle

Pour Vico, la raison est l'aboutissement d'une évolution dont les premières étapes sont dépendantes de l'imagination et de la sensibilité, tout comme la civilisation prend toujours sa source dans la barbarie. Convaincu qu'il est plus aisé de connaître les actions des hommes que celles de Dieu, Vico construit sa réflexion contre Descartes qui pensait l'inverse et n'avait réservé aucune place à l'histoire dans son système.

Pour comprendre, il faut recourir au langage poétique plus à même d'exprimer les racines de la société civile, raison pour laquelle la philosophie et la philologie (science de la langue) s'éclairent mutuellement. Les langues sont semblables à de grands témoins, chaque mot, chaque expression atteste un monde historique. Vico pense que la sagesse « vulgaire » (dans le sens de populaire) et la sagesse des législateurs s'inscrivent dans une même continuité, de même pour celle des savants et des philosophes : elles organisent la vie sociale à l'aube de l'humanité ; il sera donc un érudit, un bibliothécaire hors normes, le « conservateur » actif du trésor de l'humanité.

• Le devenir historique

Vico estime qu'on ne passe pas sans raison de l'état de brute à celui d'homme civilisé, les poètes l'ont dit (il suffit de lire Homère), la vie politique, qui repose sur des mythes, des croyances, des représentations, le vérifie. Pour dégager le devenir historique propre à chaque nation, Vico emploie la méthode comparative pour isoler l'identité des peuples : ses manières de sentir, de réagir, de penser, et cherche les points communs, les jonctions. Les sociétés évoluent comme les hommes, en suivant un schéma ternaire non définitif, non unique, non « clos », cycle qui correspond aux trois facultés que sont la sensibilité, l'imagination, la raison (Vico reprend cette division à Bacon) :

- **l'âge des dieux,** marqué par les mythes : les premiers pouvoirs sont « théocratiques » (d'essence divine) ;

- **l'âge des héros,** marqué par les poèmes épiques : ces pouvoirs sont aristocratiques (dans le sens de « gouvernement des plus forts ») ;
- **l'âge des hommes,** marqué par le droit et la philosophie : les troisièmes pouvoirs sont « humains » (dans le sens où ils garantissent l'égalité des droits).

Chaque nation doit passer par cette évolution, sans être sûre pour autant de ne jamais retomber dans la barbarie primitive, ce qui supposerait de devoir refaire la totalité du parcours.

Chaque état ou étape développe un type spécifique de civilisation, surtout dans les domaines juridique et politique. Tout cela ressemble sur bien des points aux thèmes développés dans *Le Seigneur des anneaux* de Tolkien !

• La « providence » de Vico

Cette philosophie de l'histoire s'effectue en dehors de toute réflexion *a priori* et dégage le sens du devenir de l'évolution cyclique du temps qui recommence avec chaque nation. Une « histoire idéale éternelle » se définit par rapprochement du « cours » – *corso* – limité et défini des choses humaines et de l'histoire réelle des nations. Ce cours cède ensuite le pas à un *ricorso* – un re-cours – identique au premier dans son contenu et sa forme ; Vico nomme cette nécessité « Providence ». L'évolution des sociétés est donc le résultat d'une lente et patiente maturation qu'il s'agit d'observer de près pour en dégager les lois. La sociologie moderne qu'Auguste Comte établira et définira est, en quelque sorte, née avec Vico.

Montesquieu (1689-1755)

« Mon âme se prend à tout. »

• Penser l'État moderne

Louis-Charles de Secondat, baron de la Brède et de Montesquieu, naît au château de la Brède près de Bordeaux. En 1700, son père le place pour cinq ans chez les Oratoriens de Juilly, puis Louis-Charles étudie son droit à Bordeaux et à Paris ; en 1708, il accède au barreau. En 1714, il est reçu conseiller au Parlement de Bordeaux et, un an plus tard, épouse une riche calviniste, Jeanne Lartigue. En 1716, il hérite de son oncle la charge de président à mortier au même parlement ; il prononce son premier discours lors de sa réception à l'Académie des sciences de Bordeaux où il présente divers mémoires de morale, physiques et sciences naturelles[1]. La publication en 1721 des *Lettres persanes* le rend immédiatement célèbre, il est reçu dans les salons parisiens, notamment celui de Mme de Lambert et de la marquise du Deffand. Malgré l'opposition du cardinal Fleury, il est reçu à l'Académie française en 1728, puis voyage en Autriche, Hongrie, Italie, Allemagne et Hollande, jusqu'en 1729.

D'Angleterre où Montesquieu séjourne jusqu'en 1731, il écrit, enthousiasmé par la Constitution anglaise : « *À Londres, liberté, égalité.* »

Il est élu membre de la Royal Society et introduit à la loge maçonnique de Westminster. En 1747, il est élu à l'Académie royale de Prusse et reçu par le roi Stanislas Leczinski ; l'année suivante *L'Esprit des lois* paraît anonymement à Genève, le succès est considérable, jansénistes et jésuites attaquent violemment le livre – Montesquieu riposte avec la *Défense de l'Esprit des lois.* Il meurt à Paris, presque aveugle, en chrétien disent les uns, en philosophe assure Voltaire...

• L'œuvre

ŒUVRES IMPORTANTES	DATES
Lettres persanes, sans nom d'auteur	1721
Considération sur les causes de la grandeur et de la décadence des Romains, l'édition revue en 1748	1734
L'Esprit des lois	1748
Défense de l'Esprit des lois, sans nom d'auteur	1749-1750
Essai sur le goût (article pour l'Encyclopédie)	1753

• Un éclectisme éclairé

Esprit éclectique, Montesquieu se passionne pour tant de choses qu'il paraît difficile de cerner ses centres d'intérêt. Cependant, les *Lettres persanes* nous livrent quelques clés sur cet honnête homme. L'apparente légèreté du genre épistolaire lui permet, par la bouche d'Usbek, de critiquer non seulement les mœurs françaises et européennes (christianisme et monarchie), mais encore l'Asie et l'Islam (les intrigues du harem, la polygamie...).

1 Dont un *Discours sur les causes de l'écho,* d'autres sur l'usage des glandes rénales, la cause de la pesanteur des corps...

Tout le monde en prend pour son grade. Ces attaques lui valurent nombre d'ennemis… et nombre d'imitateurs, dont Voltaire. Cette œuvre riante et pleine de gaieté est foncièrement sociologique, elle nourrit un esprit de tolérance qui ne cesse d'avoir maille à partir avec des religions peu enclines à comprendre la mentalité de ceux qui ne partagent pas les « mêmes valeurs ». Nous avons encore besoin des Lumières !

• *L'Esprit des lois*

Mis à l'Index en 1751, *L'Esprit des lois*[1] exercera une influence majeure, aussi bien sur les idéaux de la Révolution française (Marat en tête !) que sur l'époque contemporaine.

FOCUS

Le théoricien de l'État libéral

Nous devons tellement à Montesquieu que nous finissons par ne plus prêter attention à la séparation des pouvoirs législatif, exécutif et judiciaire, aux peines en principe proportionnées aux délits, au libéralisme économique aujourd'hui galvaudé sinon maudit… Montesquieu est le théoricien de l'État libéral, il a lu Locke et, après lui, fonde le libéralisme : doctrine politique qui protège la liberté des citoyens et la propriété en limitant les pouvoirs de l'État.

« *Je ne traite point des lois, mais de l'esprit des lois ; et que cet esprit consiste dans les divers rapports que les lois peuvent avoir avec les diverses choses ; j'ai dû moins suivre l'ordre naturel des lois, que celui de ces rapports et de ces choses.* » Par ces mots, Montesquieu signifie qu'il cherche à saisir l'essence des lois, les raisons qui nous permettent d'en comprendre le sens dans le monde. Cette acception large englobe la loi métaphysique, la loi politique et la loi juridique ; l'ensemble est établi sur une base cosmique qui fonde la loi positive et juridique. Pour atteindre la loi de toutes les lois, Montesquieu distingue :

- les lois de la nature ;
- les lois positives, les premières précédant les secondes.

1 XXXI livres groupés en six parties.

La loi est d'abord « *un rapport nécessaire dérivant de la nature des choses* ».
Les lois de la nature humaine sont :
- la recherche de la paix ;
- la satisfaction des besoins (se nourrir...) ;
- l'attirance des sexes ;
- le désir de vivre en société : il crée un état de guerre que les lois doivent arrêter.

Montesquieu introduit alors :
- le droit des personnes, des gens : il régit le rapport entre les peuples ;
- le droit politique : il concerne les gouvernants et les gouvernés ;
- le droit civil : il traite des rapports entre citoyens.

Il peut alors établir que « *la loi, en général, est la raison humaine, en tant qu'elle gouverne tous les peuples de la Terre ; et les lois politiques et civiles de chaque nation ne doivent être que les cas particuliers où s'applique cette raison humaine*[1] ».

Sur ce socle, il précise que les lois sont relatives :
- aux principes de gouvernement ;
- aux conditions physiques du pays (géographie, climat) ;
- à la religion ;
- au degré de liberté ; sans oublier qu' « *elles sont propres au peuple pour lequel elles sont faites* » et que, dans la plupart des cas, elles ne peuvent convenir à un autre.

Les hommes étant déterminés par la nature du gouvernement politique, Montesquieu expose les trois espèces de gouvernement[2] détaillés dans le tableau ci-contre.

1 Livre I de *L'Esprit des lois*.
2 *Ibidem* Livres III à VIII.

ESPÈCES DE GOUVERNEMENT	EXERCICE DU GOUVERNEMENT	PRINCIPES DYNAMIQUES	LES LOIS	CORRUPTION
République	Le peuple est souverain : 1. constitué en corps : démocratie, le peuple fait les lois 2. souveraineté partielle : aristocratie, elle est meilleure quand elle se rapproche de la démocratie	Vertu politique : l'amour de la patrie, c'est l'amour de l'égalité La modération, fondée sur la vertu, est l'âme du gouvernement	Elles favorisent la vertu, doivent établir l'égalité et entretenir la frugalité La modération doit tendre à rétablir une égalité que l'aristocratie détruit spontanément	L'esprit d'inégalité Pouvoir arbitraire des nobles
Despotisme	Un seul homme exerce le pouvoir ; la loi fondamentale est d'établir un « vizir » qui prend toute l'administration en charge	Crainte : sans elle tout est perdu	Peu de lois : la conservation de l'État se confond avec celle du prince	Vice intérieur
Monarchie	Un seul homme possède le pouvoir mais il est soumis aux lois. La monarchie exige des pouvoirs intermédiaires, surtout la noblesse	Honneur Demande préférences et distinctions	Elles favorisent la noblesse et les corps intermédiaires	Quand le roi s'en prend aux corps intermédiaires

Cela étant posé, Montesquieu étudie la sécurité des États, la force défensive et la force offensive ; puis souligne que les lois déterminent la liberté politique du citoyen : être libre, ce n'est pas faire ce que l'on veut, mais ce que les lois permettent[1]. L'exemple de réussite est la Constitution d'Angleterre.

1 Livre XI.

FOCUS

La liberté politique

La liberté politique est identifiée par Montesquieu à la sécurité du citoyen, elle est garantie par la séparation des pouvoirs (aucun ne doit dominer) et le système représentatif : ces deux composantes doivent travailler pour l'intérêt public.

Les quatre derniers livres de *L'Esprit des lois* examinent :

- les rapports des lois avec le climat, le sol et l'esprit général d'une nation (les pays du Nord seraient plus indépendants que ceux du Sud) ; l'esclavage est combattu, qu'il soit civil ou domestique (les femmes des pays chauds sont plus esclaves que celles des climats froids moins portés à la polygamie)... ;
- les rapports des lois au commerce, à la monnaie et à la démographie ; « *l'effet du commerce est de porter à la paix* » ; sont abordés le mariage, les familles, les enfants abandonnés, les lois nécessaires à la propagation de l'espèce humaine ; le travail y est exalté comme la source véritable de toutes richesses ;
- les rapports des lois et de la religion : le gouvernement modéré conviendrait mieux à la religion chrétienne, le gouvernement despotique mieux à la religion « mahométane » ; la religion catholique serait mieux adaptée à la monarchie et la religion protestante mieux adaptée à la république ;
- les lois dans leurs variations à travers le temps : la transformation des lois s'opère selon les mécanismes étudiés. La meilleure manière d'en composer de nouvelles requiert un esprit de modération, de tolérance, d'absence de contradiction...

La Constitution américaine est directement inspirée de *L'Esprit des lois*, quant à l'esprit de la Révolution française, de Robespierre à Saint-Just, il s'est nourri de cet idéal qui est encore le nôtre.

THÉORIE ET PHILOSOPHIE DE L'ESPRIT

Condillac (1714-1780)

« Dans l'ordre naturel tout vient des sensations. »

• Le sensualisme d'un abbé

Étienne Bonnot de Condillac naît à Grenoble dans une famille de la noblesse de robe ; comme son frère, il est destiné à l'état ecclésiastique. D'un naturel discret, il se garde de s'engager publiquement avec Diderot, Rousseau, Fontenelle qu'il fréquente assidûment. Sa vie publique est des plus simples : il sera précepteur de l'infant de Parme qui est aussi sensible à ses idées pédagogiques qu'un poteau l'est à l'opéra. Élu à l'Académie française en 1768, il se retire à l'abbaye de Flux, près de Beaugency, et y meurt.

• Une reformulation de la pensée de Locke

Condillac ne médite pas seulement sur l'œuvre Locke, il en modifie la pensée. Comme son inspirateur, il distingue les pensées issues de nos sensations et celles qui résultent d'une élaboration. Il refuse par ailleurs de hiérarchiser les sens, l'ouïe et la vue étant depuis les Grecs considérés comme supérieurs à l'odorat, au goût, au toucher. Il estime que n'importe quel sens est susceptible d'engendrer l'ensemble de la vie mentale humaine.

Le rôle déterminant du langage

Son originalité est d'assigner au langage un rôle déterminant dans la formation des idées de réflexion. En examinant toutes les formes de pensée, il établit leur lien avec le langage ; l'homme, contrairement aux animaux, est non seulement capable d'abstractions et de combinaison d'idées, mais encore les signes du langage fondent sa pensée abstraite et sa pensée réflexive (sur elle-même).

FOCUS

Une conception novatrice

Pour Condillac, le langage est une invention purement humaine, qui n'est pas plus un don de Dieu que de la nature : les signes de la langue sont pour lui « institution » et non « de nature », et donc leur rapport avec la pensée est arbitraire. De plus, si l'acte de parole est une initiative personnelle, les règles de fonctionnement de la langue sont totalement indépendantes des individus.

La conception du langage de Condillac influencera considérablement Ferdinand de Saussure, initiateur de la linguistique moderne et du structuralisme.

Par ailleurs, le fait de reconnaître deux sources à la connaissance – l'expérience et les signes conventionnels – donnera naissance à une école philosophique, l'empirisme logique.

La sensation, source de la connaissance

La seule source naturelle de nos connaissances et de nos facultés réside dans la sensation dont Condillac fait dériver les fonctions de l'entendement et de la volonté. La sensation doit sa « vivacité » à l'attention de laquelle dérive la totalité des fonctions intellectuelles, telles que la mémoire, la comparaison, le jugement, la réflexion. Le désir est à l'origine de la transformation des sentiments dont le terme est la volonté : le moi n'est pas une substance pensante mais une suite de sensations et de transformations que le langage exprime.

Pour appuyer sa thèse, Condillac imagine une statue et suppose qu'elle n'entre en contact avec le monde extérieur que par un sens : l'odorat (le plus bas de tous les sens).

- Si une odeur persistante de rose venait à chatouiller les narines ouvertes de notre statue, celle-ci serait entièrement odeur de rose et sa conscience serait tout entière occupée par cette sensation. Oui mais... puisque notre statue ne possède qu'un sens, ce dernier induit une activité mentale particulière : **l'attention**. On peut dire qu'il y a d'un côté le parfum de la rose et, de l'autre, un état mental qui le répète, le double.

- Supposons que ce parfum soit remplacé par un autre, de lys ou de lavande, la sensation nouvelle qui surgit s'accompagnera d'une autre faculté : **la mémoire**.
- Si la statue se concentre attentivement sur les deux parfums, elle effectue une autre opération mentale : **la comparaison**.
- En établissement les différences et les ressemblances, elle effectue **un jugement**.
- Si le jugement et la comparaison sont répétés, ils donnent naissance à **la réflexion**.
- Si une odeur pour le moins désagréable se manifestait, notre statue recourrait à **l'imagination** (née par contraste).

L'ensemble de ces facultés forment l'entendement.

- Quand il se combine avec l'entendement, le sentiment d'agréable et de désagréable lié à la sensation donne naissance à **la volonté**.
- Si le souvenir d'une odeur agréable intervient lorsque la statue est désagréablement affectée, ce souvenir est alors **un besoin** et la tendance qui en dérive est **un désir**. Si le désir domine le besoin, il s'agit **d'une passion** (haine, amour, espérance, crainte).

REPÈRES

Le bon vouloir de Condillac

Lorsque notre statue atteint l'objet de son désir et que l'expérience du désir satisfait entraîne l'habitude de juger et qu'aucun obstacle ne vient troubler ce désir, celui-ci s'ouvre sur **le vouloir** : c'est le désir allié à l'idée que l'objet désiré est bien en notre pouvoir.

David Hume (1711-1776)

« Les esprits de tous les hommes sont semblables par leurs sentiments et leurs opérations ; aucun d'eux ne peut ressentir une affection dont tous les autres seraient incapables. »

• Entre empirisme et scepticisme

Né à Édimbourg, David Hume perd son père à l'âge de trois ans, son oncle pasteur l'élève puis l'envoie à onze ans au collège de sa ville natale. Il s'occupe ensuite de droit et de commerce bien qu'il préfère la littérature et la philosophie. Il demeure trois ans en France de 1734 à 1737. La publication en 1739 de son *Traité sur la nature humaine* n'ayant rencontré qu'un médiocre succès, il décide (toujours avide de gloire littéraire) d'écrire des ouvrages plus courts. En 1741, ses *Essais moraux et politiques* lui assurent une confortable notoriété. Il devient secrétaire du général de Saint-Clair en 1746 et l'accompagne à Vienne et à Turin où il écrit abondamment. Bien qu'il rencontre d'autres succès, sa candidature à la chaire de philosophie morale de Glasgow est par deux fois rejetée ; il décide de devenir bibliothécaire de l'ordre des avocats d'Édimbourg, avant d'être celui de lord Hartford, ambassadeur d'Angleterre en France. Il vit à Paris entre 1673 et 1766, fréquente les salons de la marquise du Deffand, de Mme Geoffrin, de Julie de Lespinasse et de la comtesse de Boufflers ; il fréquente Diderot, d'Alembert, Buffon, le baron d'Holbach, Helvétius. Il ramène Rousseau en Angleterre, mais ne tarde pas à se fâcher avec lui. Nommé sous-secrétaire d'État à Londres en 1767, il retourne vivre en Écosse deux ans plus tard, il y retrouve sa vie studieuse et meurt en août 1776.

• L'œuvre

ŒUVRES IMPORTANTES	DATES
Traité de la nature humaine, rédigé en 1734	1739
Essais moraux et politiques	1741
Essai philosophique sur l'entendement humain (ou Enquête sur l'entendement)	1748
Enquête sur les principes de la morale	1751
Discours politiques	1752
Dissertations : sur les passions, sur la tragédie, sur le critère du goût, Histoire naturelle de la religion	1757
La Vie de David Hume écrite par lui-même ; Dialogues sur la religion naturelle, posthume	1779

• Une pensée de la nature humaine

Locke, dont il reprend le rejet des idées abstraites, Newton et Berkeley, dont il reprend le nominalisme, sont les maîtres de Hume qui exprime l'essentiel de sa pensée dans deux ouvrages majeurs : le *Traité de la nature humaine*, sous-titré *Essai pour introduire à la méthode expérimentale dans les sujets moraux*, qui ne rencontra qu'un faible auditoire, et fut vulgarisé et augmenté dans l'*Enquête sur l'entendement humain*, divisée en douze sections.

La philosophie de Hume s'appuie d'abord sur l'idée qu'il existe bien une « nature humaine » qu'il est possible d'étudier. Il pose ensuite que la seule base sur laquelle pourra s'édifier la connaissance de cette science neuve est constituée par l'expérience et l'observation[1]. Il applique en cela la méthode expérimentale de Newton à la science de l'homme.

• La théorie de l'esprit

Dans l'esprit humain, Hume distingue :

- **les impressions,** c'est-à-dire l'effet que font les choses sur l'être humain (sont englobées les sensations, les passions, les émotions) ;
- **les idées,** divisées en simples et en complexes : elles sont les reflets ou les copies des impressions. En conséquence, les idées ne sont pas l'expression des choses.

Selon Hume : « *Toutes nos idées simples à leur première apparition dérivent des impressions simples qui leur correspondent et qu'elles représentent exactement*[2]. » Du même coup, il rejette les idées innées, affirmant que deux mécanismes fondamentaux président au maniement des idées :

- la mémoire ;
- l'imagination : par celle-ci se produit l'association d'idées, véritable nerf de l'activité spirituelle : les idées s'assemblent par ressemblance, elles s'attirent les unes les autres.

L'ensemble fonctionne par liaison et combinaison d'images, par association, dont il existe trois lois :

- la causalité (cause et effet) : penser à une blessure nous fait évoquer la douleur qui lui est attachée ;
- la contiguïté dans l'espace et le temps : visiter une chambre nous amène à voir les autres chambres de la maison ;
- la ressemblance : un portrait nous fait naturellement penser à l'original[3].

Le moi n'est qu'une collection de perceptions mobiles qui se succèdent sans arrêt ; l'habitude guide nos opérations spirituelles, elle est un principe vital essentiel. La relation de cause à effet est fondée sur elle, ainsi que sur la répétition de l'expérience.

1 Introduction au *Traité de la nature humaine.*

2 *Traité de la nature humaine,* livre I.

3 IIIe section de l'*Enquête.*

« *Nous sommes déterminés non par la raison, mais par l'accoutumance ou par un principe d'association*[1] » : la nécessité réside dans l'esprit et non dans les objets ; la causalité et le moi sont des entités illusoires.

FOCUS

Un relativisme scientifique

Pour Hume, les degrés de croyance sont proportionnels à la probabilité (au calcul des chances), la croyance est donc plus ou moins ferme. Cette analyse conduit à un scepticisme « mitigé et modéré[2] » où la raison humaine est considérée comme un instinct intelligible incapable de conduire à une connaissance sûre : « *Il y a un degré de doute, de prudence et de modestie qui, dans les enquêtes et les décisions de tout genre, doit toujours accompagner l'homme qui raisonne correctement*[3]. » Les sciences ne sont pas fondées comme elles le sont chez Descartes par la « véracité divine », elles sont simplement « universellement admises ».

• La morale ou l'étude des passions

Au sein de ce scepticisme, la morale est liée à notre saisie des valeurs qui dérive simplement d'impressions sensibles particulières : « *Une action, un sentiment ou un caractère est vertueux ou vicieux ; pourquoi ? Parce que sa vue cause un plaisir ou un malaise d'un genre particulier*[4]. » Hume souligne l'influence, à ses yeux favorable, de la vie en commun, puisque la société supplée les faiblesses naturelles de l'homme et lui apporte force, capacité, sécurité. L'autorité politique naît de l'utilité sociale.

Dans son analyse des passions, Hume distingue :

- les passions directes : elles naissent immédiatement du bien et du mal ;
- les passions indirectes : elles procèdent par conjonction d'autres qualités.

La plus remarquable des qualités est la sympathie qui, avec la « bienveillance », permet à l'individu de comprendre autrui, mais aussi de fonder une morale où ce qui est bon pour soi l'est aussi pour les autres.

---

1 IIIe partie du *Traité de la nature humaine.*
2 XIIe section de l'*Enquête.*
3 In *Enquête sur l'entendement humain.*
4 Livre III du *Traité de la nature humaine.*

Quand il aborde les problèmes de métaphysique essentiels à la morale, Hume traite de la volonté, de la nécessité, et surtout de la liberté qui renvoie à la nécessité qui régit les motifs et les actions de l'esprit humain. La liberté est d'abord cet effort déployé pour s'opposer à la contrainte.

• La réalité du sentiment

Le bien et le mal n'ont aucune origine rationnelle, mais s'inscrivent directement dans la réalité d'un sentiment. Quand il est agréable, c'est une vertu ; quand il est désagréable, c'est un vice. Pour seules sources des distinctions d'ordre moral qui « *dépendent entièrement de certains sentiments particuliers de douleur ou de déplaisir* », Hume exalte la sympathie, analyse le plaisir, la bienveillance... et surtout la vertu de justice parce qu'elle vise le bien de l'humanité.

Nos sentiments conditionnent aussi notre amour-propre ou l'amour que l'on porte à ses parents pour la simple raison que toute la science de l'homme, comme la morale, repose sur une conception de la nature universelle de l'homme.

• La fin de la métaphysique

La pensée de Hume annonce la fin de la métaphysique comme spéculation sur l'Être et sur l'absolu ; sa notion de causalité ramenée à l'habitude « *mettra en mouvement* » l'esprit de Kant qui lui rendra un hommage appuyé pour l'avoir réveillé de son « sommeil dogmatique ». En effet, le sujet n'est plus considéré comme une substance, mais comme l'auteur de la connaissance.

QUATRIÈME PARTIE

LE XVIIIe SIÈCLE, L'ENCYCLOPÉDIE, LES LUMIÈRES

Le triomphe de la Raison

• La foi dans le progrès

Kant en a mieux que personne donné une célèbre définition en décembre 1784 : « *Qu'est-ce que les Lumières*[1] *? La sortie de l'homme de sa Minorité, dont il est lui-même responsable. Minorité, c'est-à-dire incapacité de se servir de son entendement sans la direction d'autrui [...]* Sapere aude *! Aie le courage de te servir de ton propre entendement . Voilà la devise des Lumières.* » Ce mouvement européen est d'abord le triomphe de la raison, que ce soit dans le domaine scientifique, technique ou philosophique. Mais d'une raison consciente de ses limites, ajoutera Kant. En Angleterre, Hume, Locke ; en France, Montesquieu, les Encyclopédistes ; il devient *Aufklärung* en Allemagne avec Wolff, Lessing, Kant – dans une certaine mesure. La foi est dans le progrès, qui, grâce aux sciences, aux arts et techniques, est à même d'apporter enfin le bonheur à l'humanité.

Une nouvelle manière de penser le monde

À l'opposé du siècle précédent, les philosophes rejettent l'esprit de système, les vastes constructions mentales, la métaphysique comprise comme une œuvre de l'imagination, ce « *roman de l'âme* » pour reprendre Voltaire. Tous

1 En allemand : *die Aufklärung*, l'éclairage.

préfèrent la vie, la nature qui finit par qualifier une nouvelle manière de penser le droit, la religion, la loi, les sentiments ; cette philosophie prend la place de Dieu et de la Providence même si Dieu est toujours considéré comme son créateur. Le rationalisme aura pour dessein d'intégrer l'homme à cette nature, donnant ainsi naissance à l'anthropologie physique et morale. Dans le même esprit, de nouveaux édifices sociaux sont fondés sur l'idée de contrat, en dégageant les principes naturels du droit. La confiance sans borne accodée à la Raison souveraine et à la science génère un souci constant de vulgarisation, de réhabilitation des métiers, dont l'*Encyclopédie* de Diderot et d'Alembert est le plus bel exemple.

Les temps changent et l'homme s'émancipe : c'est l'âge où l'on pense le monde comme un grand vivant, les êtres solidaires formant une chaîne (comme le pense le philosophe anglais Shaftesbury) ; l'âge du matérialisme athée qui voit l'homme comme une machine à jouir (La Mettrie), l'âge où l'on « invente » l'esthétique dans son sens moderne, où le sentiment fonde la morale (Rousseau), où l'histoire commence à prendre du sens...

CHAPITRE 1

LES MATÉRIALISTES FRANÇAIS

La Mettrie (1709-1751)

« L'âme n'est qu'un vain terme dont on n'a point d'idée. »

• L'homme est une machine à jouir

Julien Offray de La Mettrie est né à Saint-Malo en Bretagne, dans une famille de commerçants. Après des études chez les jésuites, il s'éloigne de la religion et décide d'étudier la médecine à Paris et à Reims. Il est reçu docteur en 1733, avant de suivre les cours de Boerhaave, à Leyde. Établi à Paris en 1742, il participe deux ans plus tard au siège de Fribourg en qualité de médecin des gardes-françaises, il contracte une « fièvre jaune » qui le conduit à penser que l'âme est dépendante du corps. Il expose ses premières thèses matérialistes en publiant une *Histoire naturelle de l'âme*, ouvrage dont la condamnation en 1746 l'incite à s'exiler à Leyde où il publie anonymement son *Homme-machine*. L'ouvrage provoquant un énorme scandale, il est contraint de quitter les Pays Bas et se réfugie chez Frédéric II à Berlin. De 1748 à sa mort, il demeure en Prusse où paraissent ses derniers ouvrages dans lesquels il expose son système social et moral.

• L'homme, animal biologique

La Mettrie a été aussi détesté qu'incompris ; la majorité des philosophes français le désavouèrent. Tous lui reprochent de réduire l'homme à un strict empilement d'atomes ; le matérialisme philosophique est ici radical. En effet, La Mettrie « adapte » la théorie cartésienne de l'animal-machine à l'homme et rejette violemment le dualisme (âme/corps) qu'il juge inutile et intelligible au profit du monisme : il n'y a qu'un seul principe d'action, que la Nature, que l'univers matériel qui soient réels, pas de causalité naturelle et donc pas de finalité, pas de Dieu transcendant, pas de Providence. La Nature obéit à une *« législation interne, dont la régulation suffit pour justifier l'ensemble des faits et des comportements observables*[1] ».

REPÈRES

L'homme est un animal !

Selon la logique qu'adopte La Mettrie, la psychologie comme la physiologie humaines sont de simples conséquences de l'organisation du corps, l'enseignement des sens est supérieur à tout, l'homme est un animal, au sens biologique du terme.

• Un athéisme radical

La Mettrie franchit une étape supplémentaire en un siècle ; il affirme non seulement que « *le corps humain est une machine qui monte elle-même ses ressorts, vivante image du mouvement perpétuel*[2] », mais encore que « *les divers états de l'âme sont toujours corrélatifs à ceux du corps*[3] ». Les conséquences idéologiques sont d'abord antimorales puis antireligieuses ; La Mettrie s'attaquera violemment à toute forme de « superstition » au nom d'un athéisme radical conforme à la Loi naturelle pour la simple raison que l'homme n'a pas d'âme, mais une « *organisation qui suffit à tout* ». On ne dispose que de deux choses : « *une multitude d'observations incontestables* » et une volonté de voir et de savoir.

• La mécanique du plaisir

Ce matérialisme serein n'a d'autre but que la quête du bonheur sans aucun souci d'ordre moral ; cette conception « libertine » est doublée d'intuitions géniales sur l'évolution des espèces, l'unité du psychosomatique (corps et esprit), l'importance de l'expérience, la génétique : « *Jouissons du peu de moments qui nous restent ; buvons, chantons, aimons qui nous aime ; que*

1 G. Gusdorf.

2 *L'Homme-machine*, p. 100.

3 *Ibidem*, p. 104.

les jeux et les ris suivent nos pas ; que toutes les voluptés viennent tour à tour, tantôt amuser, tantôt enchanter nos âmes ; et quelque courte que soit la vie, nous aurons vécu[1]. »

D'Holbach (1723-1789)

• L'homme est de la matière qui pense

Paul Henri, baron d'Holbach, naît à Edeshiem, dans le Palatinat, près de la frontière française. Bien qu'il soit d'origine allemande, il est connu comme philosophe français. Après des études à Leyde en Hollande, il s'installe à Paris après la paix d'Aix-la-Chapelle ; il épouse sa cousine, Basile d'Aine puis sa belle-sœur à la mort de celle-ci. À la tête d'une fortune confortable que viennent gonfler des héritages familiaux, il se consacre d'abord à la chimie et à la minéralogie et traduit en français d'importants ouvrages sur le sujet, en latin ou en allemand. Il collabore à l'*Encyclopédie* pour laquelle il écrit plusieurs centaines d'articles scientifiques.

Hostile au modèle politique anglais, il prend parti pour les *Insurgents* d'Amérique ; l'essentiel de sa pensée est contenu dans son *Système de la nature* où il développe une philosophie politique nouvelle qu'il ne cesse de compléter par des essais de morale et de politique.

• La pensée matérialisée

La matière et la pensée sont une seule et même réalité, l'une et l'autre sont soumises à des lois mécanistes dont l'extrême rigueur conduit inévitablement au fatalisme.

Vous avez dit mécaniste ?

Théorie affirmant qu'une classe de phénomènes peut être ramenée à un fonctionnement mécanique ; telle cause produisant tel effet. En biologie, par exemple, le vivant est « réduit » à une série de causes/effets strictement physico-chimiques.

Ainsi, l'homme moral n'est rien de plus que l'homme physique ; il est même possible de dire que l'homme est de la matière qui pense. Le moteur de toute action humaine réside dans l'amour-propre, véritable équivalent moral de la force qui agit sur tous les êtres, qu'ils soient animés ou inanimés.

1 *Ibidem*, préface, p. 14.

Cependant, l'homme suit les lois de la nature, il ne les subit jamais, son désir est la condition de son bonheur même si la nécessité gouverne puisque tout est lié dans l'univers ; raison pour laquelle le philosophe voulait construire une explication globale de l'univers en écrivant une encyclopédie où seraient analysés les deux principes qui régissent le monde : la matière et le mouvement.

• Un humaniste athée

D'Holbach transpose cette conception dans la sphère sociale en s'appuyant sur la physique de l'effort : le pacte social est fondé sur le bonheur et le bien-être pour le plus grand nombre. Le philosophe croit en l'homme, en sa volonté comme à la puissance de son désir ; les marxismes se reconnaîtront dans cet optimisme qui rejette toute forme de religion et prône une société d'athées qui agit au lieu d'imaginer.

L'ENCYCLOPÉDIE : VIVE LE PROGRÈS !

Diderot (1713-1784)

• Un touche-à-tout

Denis Diderot naît à Langres. Élève des jésuites (on le destine à la prêtrise), il est maître ès arts en 1732, apprend l'anglais, mène une vie de bohème.

• Une pensée encyclopédique

Diderot est un philosophe dans le sens qu'on lui donne au XVIIIe siècle : un « honnête » homme qui se pique de tout. Il déteste l'esprit de système, n'accepte que ce que l'expérience garantit, admire Newton, la psychologie de Locke, Buffon. Pour lui, l'expérience conduit à la nature qui nous incite non à construire un système, mais à dresser l'inventaire de nos connaissances afin d'en tirer le meilleur parti. Et donc le philosophe doit d'abord s'inspirer des sciences, définir des théories comprises comme une « recherche de principes ». Il s'agit bien d'une métaphysique, mais sans transcendance, sans Dieu, sans âme, conduite à partir de l'objet et non du sujet.

• Une philosophie de la nature

Selon Diderot, le monde est un tout ; il professe un monisme matérialiste où la matière se distribue en molécules. L'unité de la matière repose sur une continuité qui relie les plus simples modes d'existences aux plus complexes. Le mouvement est essentiel et il n'y a de repos nulle part.

L'instinct n'est rien d'autre qu'une *« infinité de petites expériences qui se répètent, passent en habitudes, elles aussi soumises aux particularités de l'organisation*[1] ».

• Un consensus moral

L'ignorance est le pire des maux, elle pervertit tout et d'abord les règles naturelles de la société. Elle est la cause du fanatisme, forme d'esclavage de la pensée, de l'inégalité, des injustices sociales, de l'absurdité d'un enseignement sans rapport avec les exigences d'un monde moderne. La société comme la nature est un tout et les tendances des individus doivent s'harmoniser et se subordonner à l'intérêt général, c'est le *consensus omnium,* contrat souverain qui prône un libéralisme éclairé. La morale dépend du monde, de l'organisation dans lesquels on vit ; elle n'est pas rigide, mais mauvaise quand elle est ascétique. Le bonheur des hommes dépend de la confiance qu'ils portent en la nature qui est bonne, de la confiance en leur instinct.

L'égoïsme est compris comme un principe de conservation, la cruauté exprime une « valeur » capitale : l'énergie, principe d'expansion. Le bon comme le mauvais se définissent par ce qui est ou non utile à l'individu et à l'espèce, la société les change en « bien » et en « mal » et définit l'idéal d'une morale universelle.

Il n'y a ni vice ni vertu. Il n'y a que des actions nuisibles. L'inscription des actions réputées bonnes ou mauvaises dans un code de valeur est le fait de l'homme et ne concerne que lui. C'est à lui qu'il revient, par l'entremise du législateur, de déployer les moyens nécessaires pour empêcher le mal et susciter le bien[2].

La liberté se résume à savoir découvrir et bien utiliser les lois de la nature, de « notre nature », afin de défendre le progrès moral, par une science avérée et une politique de l'intérêt général.

---

1 Y. Belaval.

2 Voir J. Chouillet, *Diderot poète de l'énergie*, Paris, 1984, pp. 111-112.

• L'Encyclopédie

Sous la direction conjuguée de Diderot et d'Alembert, entre 1751 et 1772, cette somme est un exemple sans précédent de collaborations d'intellectuels visant à élaborer une œuvre commune dont l'intérêt documentaire est sans cesse prolongé par un intérêt philosophique.

FOCUS

Les métiers de la vie en société

L'esprit à la fois réaliste et pratique de l'ouvrage accorde une place importante à la description des métiers et aux arts mécaniques afin de souligner la dignité des artisans et leur utilité sociale. Il s'agit de montrer la capacité de l'homme à tranformer l'univers à condition qu'il se libère des préjugés, des superstitions en contrôlant religion, politique et morale par la raison toute-puissante, ennemi des pensées dogmatiques et systématiques.

Les articles, conçus comme une « chaîne » unissant les connaissances, sont classés d'après la tripartition des facultées établie par Bacon :

- la mémoire pour l'histoire ;
- la raison pour la philosophie et les sciences ;
- l'imagination pour la poésie et les arts.

Malgré leur nombre et leurs divergences, les collaborateurs dégagent une « idéologie moyenne » dont les caractères principaux sont :

- le refus du principe d'autorité en matière scientifique et des systèmes philosophiques trop éloignés de la nature des choses ;
- la confiance dans les vertus du rationalisme et de l'empirisme ;
- la promotion de l'esprit critique ;
- la croyance dans les progrès de l'esprit humain ;
- la transmission d'une mémoire vive de l'humanité consciente d'être l'héritière de la civilisation universelle ;
- la méfiance à l'égard des dogmes, du christianisme et de toute religion…

Interdite dès 1752 puis en 1759, l'œuvre s'élabore dans l'ombre, devient un véritable acte de résistance intellectuelle dont Diderot fut le maître artisan. L'influence sur les idéaux de la Révolution sera considérable.

CHAPITRE 3

JEAN-JACQUES ROUSSEAU (1712-1778)

« L'homme est né libre, et partout il est dans les fers. »

Le vagabond des Lumières

La vie de Rousseau peut être divisée en quatre grandes parties[1].

• L'indétermination

Enfance genevoise (1712-1728) : naissance à Genève le 28 juin, son père est artisan horloger, sa mère meurt le 7 juillet.

Adolescence savoyarde (1728-1731) : il fugue de Genève le 14 mars et, une semaine plus tard, rencontre Mme de Warens à Annecy. Né dans le calvinisme, il se fait baptiser et devient catholique (jusqu'en 1754, date à laquelle il revient au calvinisme).

• L'ambition

Musique, pédagogie, diplomatie (1732-1744) : maître de musique à Chambéry, Rousseau devient l'amant de Mme de Warens ; il s'installe aux Charmettes où il lit, latinise, commence à écrire. En 1740, il est précepteur à Lyon, arrive à Paris l'année suivante, s'occupe de chimie, lit une communication à l'Académie des sciences sur une nouvelle méthode de notation musicale. Entre 1743 et 1744, il joue un intermède diplomatique

1 In G. May, *Rousseau par lui-même*, Paris, 1974, pp. 183-185.

à Venise avant de retourner à Paris. Il entame une liaison avec Thérèse Levasseur, ancienne servante d'auberge, cinq enfants naîtront qui seront tous abandonnés.

• La prédication

Six années parisiennes (1751-1756) : après la représentation du *Devin du village* à Fontainebleau en octobre 1752 devant le roi, il écrit une *lettre sur la musique,* retourne à Genève en 1754 et rompt avec Mme de Warens ; il compose son *Discours sur l'inégalité.*

Six années montmorencéennes (1756-1762) : il s'installe à l'Ermitage chez Mme d'Épinay.

• L'expiation

Huit années d'errance (1762-1770) : à Yverdon puis à Môtiers près de Neuchâtel, il travaille à son œuvre.

Huit années casanières (1770-1778) : il s'installe à Paris, vit de peu, pauvrement, en solitaire. Il accepte l'hospitalité du marquis de Girardin à Ermenonville. Il écrit beaucoup, meurt des suites d'une crise d'urémie. Son corps est inhumé dans l'île des Peupliers ; il sera transféré au Panthéon en 1794, les contre-révolutionnaires jetteront ses restes aux ordures...

• L'œuvre

ŒUVRES IMPORTANTES	DATES
Collaboration à l'Encyclopédie	1744
Discours sur les sciences et les arts	1750
Le Devin du village (intermède musical)	1752
Discours sur l'origine et les fondements de l'inégalité parmi les hommes ; article « Économie politique », tome V de l'*Encyclopédie*	1755
Lettres morales (pour Mme d'Houdetot)	1757-1759
Julie ou la Nouvelle Héloïse	1761
Émile ou De l'éducation	1762
Du Contrat social ou Principes du droit politique	1762
Lettre à Christophe de Beaumont	1762
Confessions	1765-1770

Le progrès comme source du malheur

Rousseau n'est pas seulement un penseur original sinon à contre-temps, mais un écrivain de génie, sans doute le plus grand prosateur de son siècle. Le XVIIIe siècle pense unanimement que le progrès est un mieux, pas Rousseau pour qui il est une dégradation par rapport à notre nature : « *Nos âmes se sont corrompues à mesure que nos Sciences et nos Arts se sont avancés à la perfection*[1]. » Quatre œuvres expliquent les causes de cette évolution historique et apportent une solution thérapeutique adaptée : le *Discours sur les sciences et les arts*, le *Discours sur l'inégalité*, *Du contrat social* et l'*Émile*.

La démarche est la suivante.

- Établir une généalogie du mal social et fournir des réponses adaptées, même si elles restent utopiques.
- Comprendre que la « chute » de l'homme est un malheur mais aussi un progrès (d'ordre psychologique) qui nous incite à accéder à une existence d'être intelligent.
- Proposer des remèdes :
  - l'éducation dont le dessein est de « recréer » un homme plus près de la nature, à même de devenir un homme à la fois libre et heureux ;
  - proposer un nouveau contrat social reposant non sur la force mais sur le droit où, à travers une nouvelle forme d'association, la loi – issue de la volonté générale – soit l'organe de la liberté.

L'homme est ainsi appelé à renaître notamment grâce à une politique et à une religion naturelles où, dans un rapport personnel à la divinité, il fonde sa morale sur le sentiment, jaillissement de l'âme, et retrouve la saisissante bonté naturelle de sa condition.

1 *Discours sur les sciences et les arts* in Rousseau, *Œuvres complètes*, tome III, p. 9.

L'homme à l'état de nature : *Le Discours sur l'origine et les fondements de l'inégalité parmi les hommes*

Rousseau distingue quatre étapes de l'extension de l'inégalité, toutes fondées sur la nature humaine et ses variations dans l'histoire.

- L'homme à l'état de nature : il ne connaît ni le bien ni le mal, il est libre et ignore l'inégalité.
- Les « sociétés primitives » : elles sont le fruit de circonstances fortuites, l'homme les crée sans fonder d'institutions, l'inégalité y est négligeable.
- Les sociétés instables : elles naissent avec l'apparition de l'agriculture et de la métallurgie qui conduisent à diviser le travail et à instaurer la propriété privée ; elles favorisent l'inégalité et la violence.
- Les sociétés fondées sur un mauvais contrat social : elles engendrent la société civile et le droit, maintiennent l'inégalité et aliènent la liberté. Le contrat a négligé la racine du mal et les institutions dérivent vers le despotisme.

Le discours se divise en deux grandes parties.

- **La description de l'homme dans l'état de nature** compris comme un état d'équilibre et d'autosuffisance : l'homme est un animal solitaire au tempérament robuste, son isolement lui permet de vivre paisiblement ; mais il est aussi un animal métaphysique et moral, libre, doué de la faculté de se perfectionner. La raison est une capacité qui permet un développement ultérieur. Les richesses naturelles lui permettent de conserver sa stabilité, il ne s'attache à rien. Ses passions sont l'amour de soi (différent de l'égoïsme, il s'agit d'un instinct de conservation) et la pitié (seule vertu naturelle) ; il n'est pas féroce mais sociable.
- **La naissance de l'inégalité et la genèse de la société civile** regroupent les trois étapes déjà évoquées et les causes du mal social. En somme, tout sépare l'état de nature de l'état de la société civile, le sauvage et le civilisé : le premier ne vivant qu'en lui-même, le second de l'opinion d'autrui. Cette chute dans l'histoire est accompagnée par le développement des sciences et des arts qui génèrent corruption, inégalité, servitude, dépravation. Et comme il est impossible de retourner à l'état de nature, Rousseau propose de retrouver une liberté nouvelle :
  – dans le domaine collectif : ce sera l'objet du *Contrat social* ;
  – dans le domaine privé : ce sera l'objet de l'*Émile*.

La société civile : *Du contrat social*

Le contrat est une idée normative qui énonce le droit ; il propose de restaurer la liberté et l'égalité perdues, radicalement différentes de celle de l'état de nature puisque cette liberté d'indépendance totale est compatible avec l'état social existant. Obéir à la loi que l'on s'est prescrite, telle est cette liberté politique que Kant définira comme « autonomie ». *Du contrat social* est divisé en quatre livres.

• Livre I : le contrat

S'appuyant sur les thèses de son *Discours sur l'inégalité*, Rousseau démontre que l'ordre social se fonde sur un droit non pas naturel, mais qui repose sur des assises conventionnelles ; son origine est strictement humaine. La famille ne saurait être le modèle de la société publique, ni le pouvoir réservé à un petit nombre de chefs prétendûment de nature supérieure. Par ailleurs, la force n'engendre aucun droit : « *On n'est obligé d'obéir qu'aux puissances légitimes*[1] » ; tout pacte de soumission est à écarter car « *renoncer à sa liberté, c'est renoncer à sa qualité d'homme*[2] », seule une convention unanime d'association est indispensable.

Les conditions du vrai contrat sont les suivantes : « *Trouver une forme d'association qui défende et protège de toute la force commune la personne et les biens de chaque associé, et par laquelle chacun s'unissant à tous n'obéisse pourtant qu'à lui-même et reste aussi libre qu'auparavant*[3]. »

Ce pacte est ainsi défini : « *Chacun de nous met en commun sa personne et toute sa puissance sous la suprême direction de la volonté générale, et nous recevons en corps chaque membre comme partie indivisible du tout*[4]. » La volonté générale est celle de tous unis par un intérêt commun.

1 Livre I, ch. III.
2 Livre I, ch. IV.
3 Livre I, ch. VI.
4 *Ibid.*

Le Souverain est la somme des associés, il « *n'a ni ne peut avoir d'intérêt contraire au leur*[1] », si un individu n'obéit pas à la volonté générale, on le forcera d'être libre. Le premier bénéfice du pacte est un nouvel acte de naissance de l'homme qui reconquiert sa liberté, sa sécurité en obéissant aux lois : « *L'obéissance à la loi qu'on s'est prescrite est liberté*[2] » ; le bénéfice au niveau de l'État est la légitimation de la possession personnelle.

• Livre II : la souveraineté et la loi

La souveraineté est inaliénable, le peuple qui la rétrocède à un maître rompt le contrat. La volonté générale ne peut être ni transmise ni représentée. La souveraineté est indivisible.

Il ne faut pas confondre la « volonté de tous », qui est la somme des intérêts particuliers, tendant à satisfaire des intérêts particuliers, et la « volonté générale » qui n'a en vue que le bien commun et rien d'autre.

• Livre III : le gouvernement

Le gouvernement est le « ministre » du Souverain et lui est totalement subordonné. Le gouvernement d'un seul est à la fois plus efficace et plus actif . Rousseau divise les gouvernements en trois formes non fixes et combinables en fonction de la taille du Souverain.

- **Démocratie :** gouvernement et Souverain sont confondus ; « *à prendre le terme dans la rigueur de l'acception, il n'a jamais existé de véritable démocratie, et il n'en existera jamais*[3] », pour y parvenir, il faudrait un « peuple de dieux ».
- **Aristocratie :** gouvernement entre les mains d'un petit nombre ; il en existe trois formes.
  - naturelle : qui concerne les peuples primitifs ;
  - élective : dans une société inégalitaire, les plus puissants sont choisis (la meilleure forme de gouvernement) ;
  - héréditaire (la pire de toutes)[4].

---

1 Livre I, ch. VII.
2 Livre I, ch. VIII.
3 Définition donnée livre III, ch. IV.
4 Voir Livre III, ch. V.

- **Monarchie :** gouvernement d'un seul pouvant déléguer ses pouvoirs[1]. Rousseau distingue la « monarchie républicaine », la seule légitime, elle n'existe malheureusement pas, bien que la monarchie soit la plus efficace des formes de gouvernement, surtout pour les grands États[2]. Il existe également des formes mixtes[3] de gouvernement.

Livre IV : analyse de la volonté générale et des institutions politiques

Le dernier livre est un ajout ultérieur qui traite du suffrage, des élections des gouvernants (celle par tirage au sort convient à la démocratie), du fonctionnement des institutions romaines, du tribunat « *conservateur des lois net du pouvoir législatif*[4] », sans pouvoir législatif ni exécutif (notre Sénat en somme), de la dictature qu'il peut être opportun d'instituer, comme ce fut le cas au début de la République romaine ; il y est aussi question du contrôle exercé par l'État sur l'opinion, de la censure, de la religion civile, aucune religion qu'elle soit ancienne, chrétienne, musulmane ne pouvant s'inscrire dans un corps politique[5].

L'éducation du citoyen : l'*Émile*

> *« L'homme vraiment libre ne veut que ce qu'il peut, et fait ce qui lui plaît. Voilà ma maxime fondamentale. »*

Cet ouvrage vise à repenser l'éducation, de la naissance au mariage, dans le dessein de respecter la nature et de former une intelligence « naturelle », un cœur. Cet idéal pédagogique connaîtra un énorme retentissement. La volonté y est de tout mettre en place pour éviter, autant que faire se peut, la corruption de la civilisation en s'appuyant sur quatre orientations de base :

- le respect de la liberté de l'enfant ;
- la reconnaissance de l'enfant comme enfant ;

1 Livre III, ch. III.

2 Voir Livre III, ch. VI.

3 Objet du ch. VII du livre III. La distinction est celle d'Aristote, bien que Rousseau distingue ici le Souverain du gouvernement.

4 Livre IV, ch. V.

5 Livre IV, ch. VIII.

- la préséance de la conscience sur la science ;
- l'exercice personnel du jugement préférable de loin à toute accumulation de connaissance.

La condition première est d'isoler l'enfant et laisser se développer sa nature sans entraves ; une fois rendue solide, elle pourra résister à la société corrompue et corruptrice. L'ouvrage se divise en cinq livres qui correspondent aux âges de croissance.

• Livre I : le premier âge

Le nourrisson doit être libre de ses mouvements, être allaité par sa mère afin d'établir un rapport d'amour ; la famille naturelle peut être écartée au profit d'une famille éducative : un précepteur et une nourrice.

Le but de l'éducation à donner est « *d'accorder aux enfants plus de liberté véritable et moins d'empire, de leur laisser faire par eux-mêmes et moins exiger d'autrui. En s'accoutumant de bonne heure à borner leurs désirs et leurs forces, ils sentiront peu la privation de ce qui ne sera pas en leur pouvoir*[1] ». L'apprentissage du langage se fera lentement, l'important étant de ne pas avoir plus de mots que d'idées.

• Livre II : du pemier âge à douze ans

L'enfant devient un « être moral », capable de bonheur et de souffrance. Les principes de base sont inspirés par la nature : une enfance avec un minimum de contraintes, un maximum de liberté. La liberté n'est limitée que par la faiblesse. Quant à la dépendance, elle provient soit des choses, soit de la société ; seule la première s'applique aux enfants, il faut pratiquer une « éducation négative » qui « *consiste à garantir le cœur du vice et l'esprit de l'erreur* ». Les règles à transmettre sont les suivantes : donner le sens de la propriété afin qu'il respecte celle d'autrui, ne pas créer des situations favorisant le mensonge, ne lui apprendre à lire et à écrire que quand le besoin en sera formulé, ne pas cultiver l'esprit sans cultiver le corps parce que cela développe la raison bien mieux que les livres.

1 Livre I.

- Livre III : de douze à quinze ans

Émile apprend des « idées claires » pouvant entrer dans son cerveau (physique, géographie, etc.) et des méthodes pour apprendre les sciences. L'ensemble des connaissances sont assimilées à partir d'expériences dans le but de comprendre à quoi servent les choses. Le travail manuel formera le jugement, Émile et son maître apprendront la menuiserie. L'observation du travail collectif permet d'acquérir une idée de ce que sont les relations sociales.

- Livre IV : de quinze à vingt ans

Il porte sur l'éducation morale et religieuse. C'est l'âge (supposé) de la naissance des passions dont l'origine réside dans l'amour de soi qui permet la conservation de l'homme. En revanche, les relations sociales engendrent l'amour-propre, né de la comparaison avec les autres ; les premières sont « douces et affectueuses », les secondes « haineuses et irascibles ». Le besoin d'avoir une compagne produit la première passion qui entraîne toutes les autres. Mais, si l'éducation est bien conduite, l'amitié précède l'amour. Le premier sentiment « selon l'ordre de la nature » est la pitié suscitée par la vue de la souffrance d'autrui. Elle développe la gratitude et la philanthropie. Grâce à l'amitié qu'il entretient avec son précepteur, il sent s'élever en lui les premières voix de sa conscience.

FOCUS

La profession du vicaire savoyard

Émile est prêt pour entendre parler de religion (naturelle). Rousseau fait parler un vicaire imaginaire dont les propos feront condamner le livre, mis à l'index sur intervention de Mgr de Beaumont, archevêque de Paris.

La conscience est essentielle, en elle est la source de la religion ; véritable « lumière intérieure », elle suit « l'ordre de la nature ». L'expérience et la raison établissent l'existence de l'univers et des deux premiers articles de foi :

- *« Une volonté meut l'univers et anime la nature » ;*
- *« La matière mue selon certaines lois me montre une intelligence ».*

Le troisième article est fondé sur le sentiment : « *L'homme est libre dans ses actions, et, comme tel, animé d'une substance immatérielle* » qui peut survivre au corps. « *Le mal moral est incontestablement notre ouvrage, et le mal physique ne serait rien sans nos vices, qui nous l'ont rendu sensible.* » « *Il est au fond des âmes un principé inné de justice et de vertu, sur lequel, malgré nos propres maximes, nous jugerons nos actions et celles d'autrui comme bonnes ou mauvaises, et c'est à ce principe que je donne le nom de conscience.* »

Les besoins sexuels président à l'entrée dans le monde. Maintenant qu'il connaît les hommes, Émile peut vivre avec eux. Il faut lui chercher la compagne qui lui convient : elle s'appellera Sophie.

• Livre V : vers le mariage

Sophie ou « la femme » est passive et faible, son éducation est l'inverse de celle qu'Émile a reçue : pas de précepteur, les filles sont élevées par leur mère, des exercices physiques accroissant la capacité à avoir des enfants, un apprentissage des « arts agréables », pas de religion, pas d'études abstraites. Pour qu'un mariage soit réussi, il est préférable que les conditions de naissance soient égales. La rencontre est orchestrée... Une fois la demande d'Émile acceptée, les futurs époux sont séparés deux ans, officiellement pour vérifier la solidité de leur attachement, officieusement pour donner à Émile une leçon de droit politique qui permet à Rousseau de résumer le *Contrat social*. Les fiancés se marient, le précepteur peut s'en aller. En devenant père, Émile lui succède.

Le cas Voltaire (1694-1778)

Ce n'est pas sans ironie que j'insère ce grand nom, ce grand homme, dans le chapitre consacré à Rousseau : il n'avait qu'à mieux le comprendre et sans persifler ! Voltaire n'est pas un philosophe, mais un bel esprit. Son rationalisme est sensible à l'esprit expérimental alors en vogue ; il s'oppose, dans l'esprit des Lumières, à tout postulat métaphysique, à tout dogmatisme religieux. Sa pensée est le fruit du moment, toute nourrie qu'elle est d'emprunts antérieurs : d'abord épicurien, avec le *Mondain* (1736), par exemple, il vire au relativisme libéral et en appelle, non sans verve, non sans raison, à la tolérance : il suffit de citer ici son *Traité de la tolérance* (1763) ou le célèbre *Dictionnaire philosophique* (1764), objet de tant de scandales.

• Une plume bien trempée

Sa plume élégante et acerbe est placée au service d'un remarquable engagement politique et social : partisan d'une monarchie constitutionnelle conforme au modèle anglais, il s'implique dans des affaires judiciaires auxquelles son nom restera attaché : Calas, Sirven, La Barre... Convaincu comme l'étaient les encyclopédistes que l'humanité s'engage sur la voie du progrès, il consacre une bonne part de son œuvre à l'histoire : *Histoire de Charles XII* (1731), *Le Siècle de Louis XIV* (1751) où il s'oppose à l'interprétation classique d'une histoire que la Providence gouverne : il privilégie l'histoire de la civilisation *(Essai sur les mœurs et l'esprit des nations)* qu'il juge plus féconde que la simple et restrictive approche fondée sur la diplomatie ou les arts militaires. L'esprit du XVIIIe siècle est, sous bien des traits, celui de Voltaire : virevoltant, diffus, éclectique, touche-à-tout, le théâtre y est préféré à la métaphysique, le roman à l'esprit de système. Ce que nous entendons par philosophie était étranger à cet écrivain de génie.

• L'empreinte de Rousseau

En rejetant l'idée de progrès et en privilégiant le cœur au détriment de la raison, Rousseau n'est guère un homme des Lumières, mais plutôt un solitaire, un errant, un homme blessé qui annonce par bien des traits le romantisme et son « culte du moi » et des ressources personnelles. L'influence qu'il exerça sur la pédagogie comme sur la théorie politique a proprement révolutionné le XVIIIe siècle finissant et fécondé le XIXe siècle.

CHAPITRE 4

EMMANUEL KANT (1724-1804)

« Deux choses remplissent le cœur d'une admiration et d'une vénération toujours nouvelles et toujours croissantes : le ciel au-dessus de moi et la loi morale en moi. »

Le sujet au centre de la connaissance

Emmanuel Kant naît à Königsberg, en Prusse-Orientale, dans une famille modeste ; son père est sellier. Il passera toute sa vie dans sa ville natale, se consacrant entièrement à son œuvre. Sa mère l'élève dans le piétisme (Église protestante fondée sur la recherche d'une intime communion avec le Christ, soutenue par une ardente piété personnelle) qui le marquera beaucoup. À partir de 1755, Kant enseigne en qualité de Privat-docent (il est payé par ses élèves) à l'université de Königsberg et, en 1770, il obtient une chaire de professeur ordinaire, la majorité de ses cours est consacrée à la géographie… Rien de plus banal en apparence que cette vie réservée au travail : Kant ne se maria pas, sa santé fragile l'obligeant à régler militairement ses journées.

REPÈRES

Kant, le métronome de soi

Kant s'impose un rythme de travail régulier, un régime sévère, que ponctue la même promenade chaque jour à la même heure, excepté selon la légende (?) lors de la publication du *Contrat social* de Rousseau, le jour de l'annonce de la Révolution française et de la victoire de Valmy, en 1792.

Reste une œuvre gigantesque, longuement mûrie puisque la *Critique de la raison pure* paraît dans la cinquante-septième année de son auteur. L'ample construction qu'il a en tête lui demandera encore dix-sept ans d'un travail acharné pour être menée à terme. Kant prend sa retraite en 1797, meurt sept ans plus tard en disant simplement : « *C'est bien.* » Ce sédentaire n'était pas pour autant un bonnet de nuit puisqu'il aimait la compagnie et les repas délicats ; il inaugure le statut du philosophe enseignant.

L'œuvre

ŒUVRES IMPORTANTES	DATES
L'Unique fondement possible d'une démonstration de l'existence de Dieu	1763
Essai pour introduire en philosophie le concept de grandeur négative	1763
Observations sur le sentiment du beau et du sublime	1764
La Dissertation de 1770 : De la forme et des principes du monde sensible et intelligible	1767-1780
Critique de la raison pure (deuxième édition 1787)	1781
Prolégomènes à toute métaphysique qui pourra se présenter comme science	1783-1784
Réponse à la question : Qu'est-ce que les Lumières ?	1784
Idées d'une histoire universelle au point de vue cosmopolite	1784
Fondements de la métaphysique des mœurs	1785
Critique de la raison pratique	1788
Critique de la faculté de juger	1790
La Religion dans les limites de la simple raison	1793
Projet de paix perpétuelle	1795
Métaphysique des mœurs (1re partie : « Doctrine du droit » ; 2e partie : « Doctrine de la vertu »)	1797
Anthropologie d'un point de vue pragmatique	1798
Traité de pédagogie ou Réflexions sur l'éducation (posthume, publié en 1803 par Rink)	

Kant désavouera les œuvres antérieures à la *Dissertation* de 1770, ou du moins les écartera.

Le criticisme de Kant

Kant fut réveillé de son « *sommeil dogmatique*[1] » par la lecture de Hume et fut un grand admirateur de Rousseau. Jusqu'à quarante-six ans, il se cherche. Et, en 1770, il écrit une *Dissertation sur la dualité du monde sensible et du monde intelligible*, période dite « précritique » puisqu'elle précède la fondation du projet critique et la rédaction tardive de la *Critique de la raison pure* dont la première édition paraît en 1781. Jusque-là, sa pensée est inspirée de celle de Wolff, lui-même disciple de Leibniz. Sa philosophie s'appuie sur un programme qui tend d'une part à sauver la métaphysique, pour le moins contestée par les différents systèmes et approches philosophiques, et d'autre part à réhabiliter la science discréditée par le doute sceptique de Hume. Kant commence par s'interroger sur les pouvoirs et les limites de la raison et pose quatre questions majeures constituant à ses yeux le domaine de la philosophie :

> « *Que puis-je savoir ?*
>
> *Que dois-je faire ?*
>
> *Que m'est-il permis d'espérer ?*
>
> *Qu'est-ce que l'homme ?* »

À la première question répond la métaphysique, à la deuxième la morale, à la troisième la religion, à la quatrième l'anthropologie. Mais au fond, « *on pourrait tout ramener à l'anthropologie, puisque les trois premières questions se rapportent à la dernière*[2] ».

Les ouvrages publiés entre 1781 et 1798 et qui constituent l'essentiel de l'œuvre répondent à ce programme contenu dans la *Logique*, publiée seulement deux ans après le premier volet de la réponse générale : la *Critique de la raison pure.*

Vous avez dit critique ?

Par critique, il faut comprendre selon Kant un examen qui concerne l'usage légitime, l'étendue et les limites de la faculté de connaître a priori, examen dans lequel rien n'appartient à l'expérience sensible, et qui relève de la raison.

1 In *Prolégomènes à toute métaphysique future*, édition Vrin, p. 13.

2 *Logique*, Vrin, p. 25.

• L'autocritique de la raison

Pour Kant, la raison est tout ce qui a priori ne vient pas de l'expérience. Elle est :

- soit théorique (ou spéculative) quand elle concerne la connaissance,
- soit pratique quand elle est considérée comme contenant la règle de la moralité.

Au sens étroit, la raison est une faculté humaine qui vise la plus haute unité et ainsi s'élève jusqu'aux idées :

- *a priori*, ce qui signifie de façon absolument indépendante de l'expérience ;
- *a posteriori*, ce qui signifie postérieur à l'expérience, fondé sur elle.

On appelle criticisme la critique kantienne des prétentions (illusoires) de la métaphysique à s'ériger en savoir absolu ; elle englobe trois critiques successives :

- la *Critique de la raison pure* qui traite de la théorie des connaissances ;
- la *Critique de la raison pratique* qui traite du goût et de la finalité ;
- la *Critique de la faculté de juger* qui traite de l'action morale.

Kant a pensé le tout comme une architecture.

FOCUS

Une architectonique du savoir

Kant emploie fréquemment le terme d'« architectonique » pour souligner la construction de son édifice gigantesque. Il oppose « architectonique » à « rhapsodie », suite sans lien d'idées et de données.

Kant accorde une importance considérable à la vue d'ensemble au détriment des spécialités qui n'envisagent pas toutes les connaissances comme appartenant à un système possible.

La *Critique de la raison pure* au fondement de la science moderne

Cette *Critique* constitue une rupture dans l'histoire de la philosophie : il s'agit de fonder la science tout à la fois en repoussant les exigences de la raison et en légitimant ses prétentions ; cette critique du pouvoir de la raison doit permettre de répondre à la question : « *Comment la métaphysique est-elle possible en tant que science ?* » et ce en s'interrogeant sur les possibilités de la raison.

Le problème de la raison pure suppose :

- un examen des matériaux constitutifs de la connaissance : c'est la théorie transcendantale des éléments (objet de la première partie) ;
- une détermination des règles de méthode pour la raison où Kant s'attache à l'architectonique, l'art des systèmes : théorie transcendantale de la méthode (objet de la seconde partie).

Elle est divisée en : discipline, canon (règle), architectonique et histoire de la raison pure.

Préface

Dans la préface de la deuxième édition parue en 1787, Kant décrit son dessein et les étapes de sa démarche. La métaphysique doit s'inspirer du changement de méthode apporté par Galilée et Torricelli qui constatèrent que la raison ne peut apercevoir que ce qu'elle produit d'elle-même d'après ses propres lois.

FOCUS

La « révolution copernicienne » de Kant

Kant appelle ce changement la « révolution copernicienne » où il y a substitution d'une hypothèse idéaliste (l'esprit informe le réel) à une hypothèse réaliste (la réalité elle-même structure la connaissance). Il précise alors que nous ne pouvons connaître aucun objet comme chose en soi, mais uniquement comme objet de l'intuition sensible, c'est-à-dire comme phénomène.

Cette distinction est lourde de conséquences :

- il n'existe aucune liberté dans le monde des phénomènes puisqu'il est gouverné par le déterminisme ;
- si, contrairement aux phénomènes, les choses en soi ne sont pas soumises au principe de causalité :
  - une volonté libre peut être pensée sans contradiction ;
  - une morale est possible, rattachée à la croyance. « *Je dus donc abolir le savoir afin d'obtenir une place à la croyance.* »

Introduction

Kant distingue deux sortes de jugements.

- **Le jugement analytique,** où le prédicat ne fait que répéter ce qui est déjà contenu dans le sujet. Exemple : la ligne la plus courte reliant un point à un autre est la ligne droite ; un sou est un sou. Ce jugement n'a pas besoin de se référer à l'expérience, il est dit *a priori*. Il a pour qualité la rigueur, pour défaut le fait de ne rien apprendre.

- **Le jugement synthétique,** où le prédicat ajoute quelque chose de nouveau au sujet. Exemple : tous les corps sont pesants. L'information est nouvelle, fondée sur l'expérience, le jugement est dit *a posteriori*. Sa qualité est la fécondité (on apprend quelque chose), son défaut est l'absence de rigueur.

Il se pose alors la question de savoir s'il n'y a pas une troisième catégorie : les jugements synthétiques *a priori* dont les mathématiques offrent des exemples. L'esthétique transcendantale répond à la question de savoir comment ces jugements sont possibles : par « l'intuition *a priori* » de l'espace et du temps qui permet la formation de jugement synthétiques *a priori* en mathématiques.

Esthétique transcendantale

Les phénomènes sont coordonnés dans l'intuition par la « forme » du phénomène. Il existe deux formes pures de l'intuition sensible : l'espace se rapporte au sens interne et le temps au sens externe (il est pour Kant prééminent) ; c'est par eux que nous percevons les phénomènes comme occupant de l'espace et se déroulant dans le temps.

Le fait qu'il existe des jugements synthétiques *a priori* constitue pour Kant le point d'appui à partir duquel il pourra fonder la *Critique de la raison pure*.

Logique transcendantale

Kant en subdivise l'étude en deux parties :
- l'Analytique (logique de la vérité) des concepts ;
- l'Analytique des principes.

Toutes deux sont appliquées à l'étude de la faculté de connaître : l'entendement et la raison.

La première fait l'objet du chapitre I : il y a autant de concepts purs qui s'appliquent *a priori* aux objets de l'intuition qu'il y a de fonctions logiques dans les jugements. Kant appelle ces concepts purs des « catégories » par lesquelles nous pensons les objets, nous organisons le réel, nous lions les phénomènes entre eux.

TABLE DES CATÉGORIES *A PRIORI* CLASSÉES SELON UN ORDRE SYSTÉMATIQUE

	12 CATÉGORIES	12 JUGEMENTS
Selon la quantité	L'unité La pluralité La totalité	Jugement universel Jugement particulier Jugement singulier
Selon la quantité	La réalité La négation La limitation	Jugement affirmatif Jugement négatif Jugement indéfini
Selon la relation	La substance et l'accident La causalité et la dépendance La communauté	Jugement catégorique Jugement hypothétique, où l'assertion est subordonnée à une condition Jugement disjonctif, qui affirme une alternative
Selon la modalité	La possibilité et l'impossibilité L'existence et la non-existence La contingence	Jugement problématique Jugement assertorique, qui énonce une vérité de fait et non une vérité nécessaire Jugement apodictique, qui a une évidence de droit et non pas seulement de fait

Les catégories d'Aristote sont des genres suprêmes, celles de Kant sont des concepts fondamentaux de la pensée.

FOCUS

Les concepts fondamentaux de la pensée

Toutes les catégories de Kant se suivent dans un ordre précis selon quatre points de vue. Elles se rapportent toujours à des intuitions empiriques ; ces modes de liaison sont nécessaires et universels.

Au chapitre II, Kant montre que le « je pense » est un acte unificateur. Les catégories, qui sont de simples « formes » de pensée, acquièrent une réalité objective : elles peuvent s'appliquer aux objets donnés dans l'intuition mais à titre de phénomènes.

La seconde partie de l'ouvrage comporte trois chapitres. Le premier traite du « schématisme de l'entendement », c'est-à-dire de la condition sensible qui permet d'employer les concepts purs de l'entendement. À chaque catégorie correspond un « schème » ou représentation d'un procédé général de l'imagination destiné à procurer à un concept son image. Le deuxième traite des principes de l'entendement pur. Ils sont au nombre de quatre.

- **Axiomes de l'intuition :** toutes les intuitions sont des grandeurs extensives.

Vous avez dit extensive ?

Cela signifie que la représentation des parties rend possible la représentation du tout et la précède.

La géométrie en tant que science repose sur cette synthèse. Ce principe rend la mathématique pure applicable aux objets de l'expérience.

- **Anticipations de la perception :** dans tous les phénomènes, le réel – qui est un objet de sensation – a une grandeur intensive.

Vous avez dit intensive ?

Ce terme qualifie un degré qui varie continûment. L'espace et le temps sont des grandeurs continues.

Kant refute ici l'idéalisme dogmatique de Berkeley et l'idéalisme problématique de Descartes postulant que l'existence des objets dans l'espace est indémontrable.

- **Analogies de l'expérience :** l'expérience n'est possible que par la représentation d'une liaison nécessaire des perceptions ; elle est une « synthèse des perceptions ». Les analogies comprennent trois principes :
  - permanence de la substance (Kant appelle « substance » le réel des phénomènes) ;
  - principe de succession dans le temps selon la loi de causalité (liaison de la cause et de l'effet) ;
  - principe de simultanéité (action réciproque universelle).
- **Postulats de la pensée empirique** en général. Ils prennent trois formes :
  - ce qui s'accorde avec les conditions formelles de l'expérience est possible ;
  - ce qui s'accorde avec les conditions matérielles de l'expérience est réel ;
  - ce dont l'accord est déterminé selon les conditions générales de l'expérience est nécessaire.

Le troisième chapitre est une étude du principe de distinction de tous les objets en général : en phénomènes et en noumènes. « *L'usage transcendantal d'un concept dans un principe quelconque consiste à le rapporter aux choses* en général et en soi, *tandis que l'usage empirique l'applique aux phénomènes, c'est-à-dire à des objets d'une expérience possible.* »

Nous ne pouvons rien savoir des noumènes, des choses en soi, nous pouvons seulement les concevoir comme possibles.

FOCUS

Les noumènes

Le mot est forgé à partir de *Noûs* qui signifie « raison » en grec. Chez Kant, il est l'aspect par lequel la chose en soi échappe à notre aperception sensible dont les possibilités ne vont pas au-delà du phénomène qui est donc seul connaissable. Les noumènes échappent à la connaissance. Nous ne pouvons élaborer de pensée cohérente des concepts fondamentaux (liberté, Dieu...) que grâce à l'aspect pratique de la raison, c'est-à-dire dans le prolongement de la morale.

Le noumène peut-être pris dans un sens négatif : une chose en tant qu'elle n'est pas objet de notre intuition sensible, ou dans un sens positif comme objet d'une intuition non sensible (intellectuelle) dont nous ne pouvons pas envisager la possibilité. Entendu au sens négatif, le noumène est un concept limitatif qui restreint les prétentions de la sensibilité à sortir de son domaine : « *Ce n'est qu'en s'unissant que l'entendement et la sensibilité peuvent déterminer en nous des objets.* » La mathématique pure et la physique sont possibles.

Quid de la métaphysique ?

La division suivante s'attache à répondre à la question clé : la métaphysique est-elle possible comme science ?

Dialectique transcendantale

Par opposition à l'analytique, cette dialectique est une logique des apparences et plus précisément de l'apparence transcendantale (selon le principe de l'entendement qui commande de franchir les limites « infranchissables » de l'expérience). Elle « *se contentera de découvrir l'apparence des jugements transcendants et en même temps d'empêcher qu'elle ne nous trompe* ». La raison en est le siège ; elle recherche la plus haute unité et s'engage dans la recherche de l'inconditionné. La raison ne produit aucun concept (qui ne peut émaner que de l'entendement[1]) mais des « idées ». (« *Un concept rationnel nécessaire auquel nul objet qui lui corresponde ne peut être donné par les sens.* »)

Kant divise son système des idées transcendantales en trois classes[2] auxquelles correspondent trois espèces de raisonnement.

---

1 Livre II, ch. I.

2 Deuxième division, livre I.

La première contient l'unité absolue (inconditionnée) du sujet pensant ; au niveau du raisonnement, ce sont les paralogismes transcendentaux (raisonnement qui entretient l'illusion d'une connaissance rationnelle de l'âme comme substance) ; c'est le domaine de la psychologie rationnelle, du Moi.

La deuxième contient l'unité absolue de la série des conditions du phénomène ; au niveau du raisonnement, ce sont les antinomies (conditions dans lesquelles tombe la raison quand elle prétend déterminer l'univers considéré dans sa totalité et atteindre l'absolu) ; il existe quatre antinomies nées de quatre questions :

- le monde a-t-il un commencement et une limite ?
- existe-t-il des parties simples dans le monde ?
- la liberté existe-t-elle dans le monde ?
- y a-t-il un Être nécessaire, cause du monde[1] ?

La troisième contient l'unité absolue de la condition de tous les objets en général ; au niveau du raisonnement, c'est l'idéal de la raison pure. Il s'agit d'une critique des preuves de l'existence de Dieu. Kant en dénombre trois qu'il réfute :

- l'argument ontologique qui veut réduire Dieu à son essence (celui de saint Anselme) ;
- la preuve cosmologique qui consiste à remonter de la contingence à la nécessité ou à fonder l'ordre du monde sur un Être nécessaire ;
- l'argument physico-théologique ou preuve téléologique qui voit dans l'ordre du monde et sa finalité des caractères ou des effets non attribuables au hasard[2].

Vous avez dit téléologique ?

C'est un argument qui porte sur la finalité.

Trois idées de la raison correspondent à ces trois classes : l'âme, le monde et Dieu. Kant les rapporte à une psychologie rationnelle, une cosmologie rationnelle et une théologie rationnelle.

1 Livre II, ch. II.

2 Livre II, ch. III.

Théorie transcendantale de la méthode

Cette seconde partie de moindre ampleur s'attache à soumettre la raison pure à une méthode de manière à détruire toute apparence fausse. La raison pure recourt aux usages suivants : dogmatique, polémique, par rapport aux hypothèses, relatif aux démonstrations. Kant veut démontrer que « *la connaissance philosophique est la connaissance rationnelle par concepts et la connaissance mathématique une connaissance rationnelle par construction des concepts* ». Les preuves de la première sont fondées sur des mots, celles de la seconde sur des démonstrations.

Dans le chapitre II, Kant oppose « canon » à « discipline ». Le canon ne peut concerner que l'usage pratique de la raison. Il s'ensuit que les règles pour l'usage légitime de la raison pratique nous conduisent à supposer : une vie future et l'existence de Dieu. Parce qu'elles sont objet d'une certitude morale subjective. La foi trouve une place, bien que celle-ci soit objectivement insuffisante. Cette foi entraîne la conviction du sujet, une certitude morale.

La morale, le devoir

La raison ne peut donner sa pleine mesure qu'en morale ; il s'agit d'une raison pratique, c'est-à-dire éthique (science de la liberté), répondant à la question du « programme » : que faire ? Kant consacre son premier livre sur le sujet dans *Fondements de la métaphysique des mœurs* qui a pour objet l'établissement du principe suprême de moralité. Fonder philosophiquement une métaphysique des mœurs revient à établir la partie « pure » de la philosophie morale et à élucider les conditions du devoir.

FOCUS

La bonne volonté de Kant

Kant part de la bonne volonté : « *De tout ce qu'il est possible de concevoir dans le monde, et même en général du monde, il n'est rien qui puisse sans restriction être tenu pour bon, si ce n'est seulement une bonne volonté*[1]. » La volonté est bonne en son vouloir intérieur : une disposition à agir en vue du bien la meut ; la bonne volonté est la volonté d'agir par devoir. Le sujet moral ne doit se poser qu'une question : puis-je vouloir que ma maxime devienne universelle ? Cette universalisation est le critère essentiel de la morale[2].

1 *Fondements de la métaphysique des mœurs*, Delagrave, p. 87.

2 Développé dans la première section.

Par ailleurs, comme le devoir n'est pas un objet d'expérience, la loi morale ne saurait avoir d'autre fondement que la raison. Seul l'homme qui a la faculté d'agir d'après des principes a une volonté et cette dernière n'est rien d'autre qu'une raison pratique : « *La représentation d'un principe objectif, en tant que ce principe est contraignant pour une volonté, s'appelle un commandement, et la formule du commandement s'appelle un IMPÉRATIF. Tous les impératifs sont exprimés par le verbe devoir*[1]. »

Cet impératif catégorique commande inconditionnellement la forme et le principe dont l'action résulte : ce qui est bon dans l'action réside dans l'intention ; il se résume par trois formules.

- « *Agis comme si la maxime de ton action devait être érigée par ta volonté en loi universelle de la nature*[2] » : ici compte la loi universelle.
- « *Agis de telle sorte que tu traites l'humanité aussi bien dans ta personne que dans la personne de tout autre comme une fin et jamais simplement comme un moyen*[3] » : ici compte le respect de la personne dotée d'une valeur absolue ; dans le règne des fins, tout a un prix et une dignité.
- « *L'autonomie de la volonté est cette propriété qu'a la volonté d'être elle-même sa fin*[4] » : la volonté se donne elle-même sa loi : l'autonomie ou liberté. Volonté libre et volonté soumise à la loi morale ne font qu'un.

La liberté est possible parce que l'homme peut appartenir au monde intelligible.

La *Critique de la raison pratique* ou l'œuvre de la loi morale

Dans la *Critique de la raison pratique*, Kant développe l'idée que c'est par la liberté que la loi morale se trouve en nous ; il donne la définition suivante : « *L'autonomie de la volonté est le principe unique de toutes les lois morales et des devoirs qui y sont conformes*[5]. » Il ne s'agit nullement de trouver un bonheur personnel que Kant rejette comme errement, contrairement aux philosophes des Lumières. Les concepts de bien et de mal, seuls objets de la raison pratique, sont a priori : ils entrent dans le monde sensible par l'intermédiaire d'un schème : « *Demande-toi si l'action que tu projettes, en supposant qu'elle dût arriver selon une loi de la nature dont tu fais toi-même partie, tu pourrais encore la regarder comme possible pour ta volonté*[6]. »

---

1 Deuxième section, p. 123.
2 *Ibidem*, p. 137.
3 *Ibidem*, p. 150.
4 *Ibidem*, p. 169.
5 *Critique de la raison pratique*, livre I, ch. I.
6 Livre I, ch. II, p. 71.

Vous avez dit schème ?

Pour Kant, il s'agit d'une loi universelle de la nature.

La loi est toujours première, le sentiment qu'elle inspire s'attaque à l'égoïsme et crée de la douleur, mais la raison produit le respect qui ne s'applique qu'aux personnes et non aux choses. On mérite le respect en agissant par devoir : « *Devoir ! nom sublime et grand, toi qui ne renfermes rien en toi d'agréable, rien qui implique insinuation, mais qui réclames la soumission [...] quelle origine est digne de toi, et où trouve-t-on la racine de ta noble tige*[1] ? » Dans la « personnalité » qui appartient à la fois au monde sensible et au monde intelligible :

- dans le premier, les actions sont liées par un enchaînement rigoureux ;
- dans le second, un choix préalable et libre induit la responsabilité.

FOCUS

Le Souverain Bien

Le Souverain Bien peut être défini comme accord de la vertu et du bonheur. Mais poser cette « maxime » est soumis à deux conditions :

- postuler l'existence de Dieu parce que vertu et bonheur confondus ne peuvent exister dans le monde des phénomènes ;
- postuler que mon âme est immortelle parce que la perfection morale ne peut être atteinte en ce monde.

À ces deux conditions s'ajoute la liberté sans laquelle le Souverain Bien ne peut être réalisé.

L'ordre des choses et la morale forment le noyau de la doctrine de celui que Nietzsche surnomme ironiquement « le Chinois d'Heidelberg ».

La *Critique de la faculté de juger*, l'esthétisme en question

Le livre s'attache au jugement de finalité, c'est-à-dire à celui qui porte sur la convenance entre les moyens et une fin. Cette troisième et dernière critique explore également l'harmonie qui témoigne d'une possible participation à l'ordre divin. Il existe dans l'homme une troisième faculté après les principes *a priori* de la connaissance et de la moralité : le sentiment de plaisir et de déplaisir. Nous sommes en présence d'un jugement d'ordre esthétique et d'un jugement d'ordre téléologique.

1 Livre II, ch. III, p. 91.

Pour Kant, le principe de la faculté de juger est « *la finalité de la nature dans sa diversité* » ; cette finalité trouve son origine dans la seule faculté de juger réfléchissante. Il distingue :

- le **jugement déterminant,** quand l'universel est donné et qu'il s'agit de découvrir l'individuel (partir de l'idée d'homme et l'appliquer à Platon) ;
- du **jugement réfléchissant,** quand le particulier est donné et qu'il s'agit de découvrir l'universel (partir du sujet Platon et découvrir en lui la qualité d'homme).

Dans les deux cas, le jugement consiste à subsumer, c'est-à-dire à penser un objet individuel comme compris dans un ensemble (par exemple, un individu dans une espèce, une espèce dans un genre).

FOCUS

Les jugements dans l'œuvre de Kant

Les jugements de connaissance sont des jugements déterminants tels qu'ils sont exposés dans la *Critique de la raison pure* ; les jugements réfléchissants sont au centre de la *Critique de la faculté de juger*.

Le beau et le sublime

Le beau, première sorte de jugement esthétique, et la valeur esthétique sont caractérisés par quatre formules[1] :

- le beau est l'objet d'une satisfaction désintéressée (entièrement libre) ;
- le beau est ce qui plaît universellement sans concept : le jugement de goût est toujours subjectif, il s'agit d'une « universalité subjective » ;
- le beau est la forme de la finalité d'un objet en tant qu'elle est perçue dans cet objet sans représentation d'une fin : l'harmonie d'un objet beau ne sert aucune fin extérieure à l'art ;
- est beau ce qui est reconnu sans concept comme l'objet d'une satisfaction nécessaire (nécessité subjective).

Le beau est fini, le sublime nous dépasse, il est traversé par l'idée d'infini : « *Est sublime ce qui du seul fait qu'on ne puisse que le penser révèle une faculté de l'esprit qui dépasse tout critère des sens.* » Le premier procure du plaisir, il est symbole de moralité ; le second du déplaisir parce qu'il est lié à la saisie de nos limites : l'océan déchaîné est sublime. Kant distingue :

1 Première section, livre I.

- le sublime mathématique (qui contient l'idée d'infini en grandeur ; les pyramides...) ;
- du sublime dynamique (qui contient l'idée de puissance ; un tremblement de terre...)[1].

Le jugement esthétique affirme une harmonie entre nos facultés : imagination et entendement ; le jugement téléologique affirme une harmonie intérieure de la nature et concerne l'étude du vivant et de sa finalité interne. Cette unité est le signe d'un ordre auquel il faut se soumettre.

• En guise de conclusion

La présente synthèse est plus que parcellaire et néglige par exemple le *Projet de paix perpétuelle* qui formule l'idéal et la réalisation d'une paix universelle dépendant de la raison pratique ou le *Traité de pédagogie* qui se fonde sur l'idée que l'homme ne peut vraiment devenir homme que par l'éducation. L'essentiel est de retenir que cette œuvre répond au « programme » préalablement défini :

- Que puis connaître ? Seulement les phénomènes.
- Que dois-je faire ? Mon devoir, obéir à la loi universelle.
- Que m'est-il permis d'espérer ? L'existence de Dieu et l'immortalité de l'âme.
- Qu'est-ce que l'homme ? Le citoyen du monde de la nature et de la liberté, du monde des phénomènes et du monde suprasensible (qui éclaire le précédent).

1 Livre II.

CINQUIÈME PARTIE

LE XIXe SIÈCLE, LES TEMPS NOUVEAUX

Le sujet dans l'histoire

Au lendemain de la Révolution française, s'ouvre un temps de contradiction où s'entremêlent les images de l'individu et celles de l'histoire : le premier est exalté par le romantisme où le sujet individuel et ses sentiments s'opposent à la rationalité du siècle des Lumières, la seconde fait du philosophe un théoricien de l'histoire. L'avènement de la révolution industrielle bouleverse la donne en donnant naissance à un prolétariat ainsi qu'à une nouvelle manière de penser l'économie et donc le rapport de l'homme au monde matériel.

Hegel est représentatif d'un siècle obsédé par la volonté de synthétiser en embrassant la totalité du savoir humain ; Tocqueville (1805-1859) en analysant la démocratie américaine introduit une véritable « modernité politique » où l'opinion éprise d'égalité joue un rôle majeur dans le gouvernement des régimes.

Outre des pensées dites conservatrices sinon réactionnaires, comme celle de Joseph de Maistre, monarchiste catholique qui oppose la foi et l'intuition à la raison, la science est l'idée clé de l'époque, son essor est à l'origine du développement de la raison positive de Comte ; Cournot rapproche (pour longtemps) science et philosophie jugées inséparables. Marx aspire à transformer radicalement la société ainsi que les courants utopistes, socialistes et anarchistes que les révolutions successives convainquent du bien-fondé de leur engagement. Déjà se dessine une pensée à contre-courant, celle de Schopenhauer, Kierkegaard et Nietzsche : la critique de la métaphysique renvoie au sujet, à la subjectivité, ouvrant les voies à l'établissement de nouvelles valeurs... mais pour quels gains ?

CHAPITRE 1

L'IDÉALISME ALLEMAND

Hegel (1770-1831)

« La seule idée qu'apporte la philosophie est cette simple idée que la raison gouverne le monde et que par suite l'histoire universelle est rationnelle. »

• À la recherche du savoir absolu

Georg Wilhelm Friedrich Hegel naît à Stuttgart dans une famille de la petite bourgeoisie souabe. En 1780, il entre à l'école religieuse, l'illustre Gymnasium, de sa ville natale et y reste onze ans. Après l'obtention de son diplôme de fin d'études secondaires, il est inscrit au Stift de Tübingen, séminaire de théologie protestante, à titre de boursier.

Le jeune Hegel a pour condisciples Schelling et le poète Hölderlin ; ils admirent ensemble la cité grecque antique et se passionnent pour la Révolution française.

Il est *Magister philosophiae* en 1790 puis renonce, trois ans plus tard, à devenir pasteur pour être précepteur à Berne, puis à Francfort-sur-le-Main en 1798. Après avoir soutenu sa thèse d'habilitation à Iéna, il est *privatdozent* (assistant) à l'université (maître de conférences ouvrant un cours libre) en 1801, puis, l'année suivante fonde avec Schelling le *Journal critique de la philosophie*. En 1805, il est nommé professeur extraordinaire à Iéna, sur la recommandation de Goethe, il renoncera à sa chaire au motif d'être trop mal payé. En 1806, il aperçoit Napoléon, le lendemain de la bataille d'Iéna : « *Je vis l'empereur, cette âme du monde.* » Titulaire de la chaire de philosophie de l'université de Heidelberg en 1816, il est nommé à celle de Berlin en 1818, la place étant vacante depuis la mort de Fichte en 1814. En 1820, il est désigné membre de la commission de recherche scientifique du Brandebourg puis voyage (1822) en Belgique et aux Pays-Bas, à Prague et à Vienne (1824), à Paris (1827) où il rencontre Victor Cousin (1792-1867), fondateur de l'éclectisme spiritualiste et de l'histoire de la philosophie. Recteur de l'université, il côtoie Schelling à partir de 1929 ; le choléra l'emporte deux ans plus tard.

• L'œuvre

ŒUVRES IMPORTANTES	DATES
*La Phénoménologie de l'Esprit**	1807
Propédeutique philosophique	1807
*Science de la logique**, 3 volumes	1812-1816
*Précis de l'Encyclopédie des sciences philosophiques**	1817
Leçons d'Histoire de la philosophie, 3 volumes	1819-1828
Leçons sur l'esthétique, 3 volumes	1820-1829
*Principes de la philosophie du droit**	1821-1831
Leçons sur la philosophie de la religion, 2 volumes	1832
Leçons sur la philosophie de l'histoire	1822-1831
8 articles dans les *Annales de critique scientifique**…	1823-1831

* Les œuvres suivies d'un astérisque ont été publiées du vivant de l'auteur.

• Une philosophie de la totalité

Hegel est un homme venu à la philosophie pour répondre aux préoccupations de son temps, qu'il s'agisse du bouleversement des institutions, de la Révolution française ou des guerres européennes. Il croit en l'esprit humain, estime que la réalité est intelligible, que l'histoire progresse… Ses premiers écrits sont directement dépendants de la philosophie de Kant ; dans la *Vie de Jésus*, il manifeste clairement son intérêt pour la question religieuse. Hegel s'efforce de penser l'unité des choses et du réel, de comprendre la réalité particulière sous l'aspect de la totalité, sans négliger de mettre en avant les lois qui président au développement de la pensée et du réel.

Comprise comme une « science totale », la pensée philosophique de Hegel s'appuie sur le concept rigoureux, seul garant qui permette à la vérité de trouver l'élément de son existence. Le philosophe va mettre en ordre un gigantesque ensemble de concepts où l'Idée tient la première place.

Au travers de cette conception de l'Idée, c'est la vie impérissable qui se déploie dialectiquement, passe de la thèse à l'antithèse, puis à la synthèse des moments contradictoires. C'est sur cette notion de contradiction que repose le principe même d'enrichissement permanent du devenir, elle est le moteur du réel comme de la pensée, la condition de tout dynamisme, de toute vie.

• *La Phénoménologie de l'Esprit*

Le projet de Hegel peut paraître démentiel, il est ambitieux, englobant. Il l'annonce depuis 1802, cinq ans plus tard, il publie une « introduction » : *La Phénoménologie de l'Esprit.*

Dans cette encyclopédie spéculative, Hegel dresse le tableau du chemin parcouru par la conscience : elle s'élève de la certitude sensible (premier contact avec l'objet) vers le savoir absolu où plus aucune opposition ne résiste. Le vrai, c'est le tout. L'accès au savoir absolu se fait par étapes recouvrant l'analyse développée dans le livre.

Il s'agit d'un projet éminemment éducatif où le progrès de la conscience passe par une intériorisation de l'expérience et une intériorisation du passé humain grâce à la mémoire. L'individu s'éduque en s'appropriant :

- les grandes expériences du passé de l'humanité qu'il revit en quelque sorte,
- mais aussi l'histoire et les œuvres laissées en héritage.

Le mouvement dialectique

L'essentiel de cette éducation repose dans « le mouvement dialectique ». Cette « méthode » dialectique est fondée sur le mouvement compris comme principe intrinsèque (interne) de la réalité, elle dégage une saisie conceptuelle de ce mouvement. Comme chez Aristote, le mouvement est, pour Hegel, l'âme des choses, pour la simple raison que partout il y a tendance, conflit (qu'il faut résoudre), négations (qu'il faut dépasser).

En comprenant le mouvement de l'histoire passée, l'esprit comprend la philosophie : Hegel dit que « *la chouette de Minerve prend son envol au crépuscule* ». Le philosophe pose la « conciliation » comme la synthèse des opposés. S'il n'y a pas d'opposition absolue, toute opposition est, en revanche, une relation et suppose une unité entre opposés. « *Elle inclut idéalement ce qu'elle exclut réellement. Le singulier est un universel particularisé*[1]. » Le principe fondamental est que la partie (que ce soit un être ou un concept) ne manifeste sa vérité que dans le tout, en renonçant à se poser isolément.

FOCUS

Les trois termes de la dialectique hégélienne

Les trois termes : thèse, antithèse, synthèse reproduisent le mouvement où s'exprime toute réalité.

La plus célèbre des figures analysées par Hegel[2] décrit le passage de la conscience à la conscience de soi : deux consciences qui se rencontrent tendent à entrer en conflit dans le but de se faire reconnaître : « *Toute conscience poursuit la mort d'un autre.* » C'est en risquant sa vie que l'on accède à la conscience authentique de soi-même : « *On ne se pose qu'en s'opposant.* » Il s'agit là d'une « négativité hégélienne » où la pensée et l'assomption de la mort viennent donner sens à la vie. Le travail fait plus encore que ce risque accéder la conscience à l'objectivité.

FOCUS

La révolution dialectique

La dialectique s'opère ainsi : l'esclave qui satisfait les besoins du maître est une chose au regard de ce dernier ; il dépend de lui dans cette mesure. Lorsque l'esclave prend conscience de cette dépendance par le biais du travail, il peut s'engager sur la voie de la libération qui fera de lui le maître du maître, celui-ci devenant l'esclave de son esclave. Cette « inversion dialectique », transposée dans le domaine historique s'appelle une révolution. Et Marx y puisera une part de son inspiration.

1 M. Régnier, *Hegel*, in *Histoire de la philosophie*, Encyclopédie de la Pléiade, tome II, p. 858.

2 Développée dans la partie « Conscience de soi » (4e étape de la *Phénoménologie*).

Hegel analyse ensuite trois attitudes constituant trois moments fondamentaux, à ses yeux sans issue.

- Le stoïcisme : on se contente à tort d'une liberté abstraite indépendante du monde.
- Le scepticisme : la liberté y est illusoire et intérieure.
- La conscience malheureuse : celle du judaïsme (religion du désespoir) et celle du christianisme (religion de la séparation d'avec Dieu et de l'unité perdue), qui ne peuvent connaître le repos.

Cette dernière est une étape décisive : la douleur de la conscience lui permet de se découvrir elle-même comme déchirée. Cette « négativité » est le mouvement même de l'esprit allant au-delà de lui-même et cherchant, dans la raison, à retrouver l'unité perdue qui guérirait l'âme de son déséquilibre profond. La raison, synthèse de la conscience et de la conscience de soi, est unité de la pensée et de l'objet, de la certitude subjective et de la vérité objective.

FOCUS

Deux types de Raison

Hegel distingue la « *Raison observante* » (vouée à l'observation de la nature) à laquelle succède la « *Raison active et pratique* » (qui s'affirme dans ce qu'elle fait et recherche l'universel).

L'esprit

Hegel décrit l'évolution historique de la conscience collective en prenant pour exemples trois périodes censées correspondre à l'esprit subjectif, la conscience, la conscience de soi et la raison.

- L'esprit vrai, l'ordre éthique : de la cité grecque à l'Empire romain, à la sérénité (et à l'immédiateté) succède le déchirement.
- L'esprit devenu étranger à soi-même, la culture : de la féodalité à la Révolution ; c'est le temps de la division, un des plus caractéristiques de la conscience malheureuse. Les Lumières qui nient le monde de l'au-delà, la Révolution française suivie de la Terreur (furie de la destruction) sont un long moment de déchirement ; il s'agit d'une œuvre de mort qui n'a rien accompli.
- L'esprit certain de soi-même, la moralité où Hegel critique la vision morale de Kant : *« La conscience vit dans l'angoisse de souiller la splendeur de son intériorité par l'action et l'être-là, et pour préserver la pureté de son*

cœur, elle fuit le contact avec l'effectivité et persiste dans l'impuissance entêtée, impuissance à renoncer à son Soi. [...] Dans cette pureté transparente de ses moments, elle devient une malheureuse belle âme, comme on la nomme, sa lumière s'éteint peu à peu en elle-même[1]. »

En se contentant de contempler sa beauté intérieure et en refusant l'action, la « belle âme » est vouée à n'être rien.

La religion

Elle est comprise comme la conscience de soi de l'esprit absolu présent sous diverses formes.

- La religion de la nature (religions orientales avec une religion des animaux) : l'absolu est représenté par l'être de la nature (plantes, animaux).
- La religion esthétique (la Grèce) où prédominent l'art et la conscience esthétique.
- La religion révélée (christianisme) où l'esprit est en soi et pour soi.

Vers l'unité du savoir

La dernière étape est celle où l'esprit peut enfin espérer se réconcilier avec lui-même et en finir avec la conscience malheureuse. Le savoir absolu énonce en effet l'ultime réconciliation : unité de l'objet et du sujet, du fini et de l'infini ; la totalisation est définitive.

Hegel achève *La Phénoménologie de l'Esprit* par un texte lyrique et baroque, parfois confus et cependant poétique : « *Le but, le savoir absolu, ou l'esprit se cachant lui-même comme esprit, a pour voie d'accès la recollection des esprits, comme ils sont en eux-mêmes et comme ils accomplissent l'organisation du royaume spirituel. Leur conservation, sous l'aspect de leur être-là libre se manifestant dans la forme de la contingence, est l'histoire ; mais sous l'aspect de leur organisation conceptuelle, elle est la science du savoir phénoménal. Les deux aspects unis, en d'autres termes l'histoire conçue, forment la recollection et le calvaire de l'esprit absolu, l'effectivité, la vérité et la certitude de son trône, sans lequel il serait la solitude sans vie*[2]. »

---

1 Aubier, tome II, p. 189.

2 *Phénoménologie de l'Esprit, op. cit.*, tome II, p. 312.

• La philosophie du droit

Pour Hegel le droit désigne la liberté ou « *l'existence de la volonté libre* », le sens déborde la sphère du droit abstrait et englobe la moralité et l'État dont il s'efforce de construire une philosophie réaliste, sans négliger de brosser une histoire universelle ; l'État est lui-même une abstraction, alors que les peuples sont l'instrument de l'esprit du monde.

Par ailleurs, le système du droit est le royaume de la liberté réalisée[1].

Le livre est divisé en trois parties.

- **Le droit abstrait :** « *Sois une personne et respecte les autres comme personnes.* » Il concerne la propriété privée qui incarne le droit de l'esprit sur les choses et suppose un contrat exprimant l'unité des volontés (respect du bien d'autrui). Le non-respect est crime et négation du droit ; la peine ou la punition suppose que l'homme n'a pas été digne de sa liberté subjective, il n'a pas été à la hauteur d'une loi universelle.
- **La moralité subjective :** la moralité trouve son fondement dans l'autodétermination, le choix qu'opère le sujet est arbitraire (critique de Kant et de la « mauvaise ironie » des romantiques qui ne respectent aucune valeur).
- **La moralité objective :** elle est nécessaire pour pallier l'effondrement de la moralité subjective ; elle comprend : la famille que le mariage légitime et qui prend forme dans le patrimoine – mais elle conserve un caractère subjectif ; la société civile qui rassemble un ensemble d'hommes réunis dans un système économique de dépendance réciproque, malgré les conflits et l'oppositions des classes ; il faut privilégier la coopération : en travaillant chacun pour soi, chacun travaille pour les autres.

FOCUS

L'État hégélien

Il est le moment suprême de l'esprit objectif, sa pleine réalisation, c'est en lui que la liberté trouve sa pleine et entière expression ; son organisation porte le nom de Constitution. L'idée d'État donne naissance à une histoire universelle où les peuples sont les instruments inconscients de l'esprit.

1 Introduction, p. 71.

• L'art et l'histoire

Tout survol de la pensée de Hegel suppose d'évoquer sa conception de l'esthétique et ses *Leçons sur la philosophie de l'histoire*. Les deux sont des cours ; la première œuvre, aux dimensions monumentales, est consacrée à la beauté artistique que Hegel situe entre le sensible et la pensée pure ; il la préfère de loin à la beauté naturelle puisque l'art est une œuvre de l'esprit ; la seconde est comprise comme une réalisation de l'esprit à même de produire du sens.

L'esthétique

C'est la science du Beau artistique ; par elle, l'art est considéré comme la première forme de conscience de l'Absolu, avec la religion et la philosophie. L'art est l'esprit se prenant pour objet : « *L'esprit ne retrouve que lui-même dans les produits de l'art*[1]. » Il ne saurait être une simple imitation de la nature. Enfin, il appartient au passé pour avoir cessé d'exprimer l'Idée, au profit de la religion.

Le Beau est la manifestation sensible de l'Idée, telle est son essence. Hegel distingue trois moments essentiels de l'histoire de l'art.

- **L'art symbolique :** où la parfaite adéquation entre le contenu (infini) et la forme (finie) n'est pas atteinte. Il existe un déséquilibre car la matière domine l'Esprit ; l'architecture égyptienne ou babylonienne en est la forme symbolique.
- **L'art classique :** caractérisé par un équilibre réel entre la forme sensible et l'idée (la matière et l'Esprit), il obtient une représentation sensible adéquate : c'est le cas de la statuaire grecque où l'unité de l'idée et de la forme célèbre la forme humaine.
- **L'art romantique :** l'esprit s'affranchit de la matière et l'idée s'enrichit ; l'infini est ici porté par une subjectivité (incarnée par le Dieu des chrétiens). Ce moment s'exprime surtout dans la peinture et dans les arts de l'intériorité que sont la musique (qui fait « résonner l'âme ») et la poésie (qui manifeste une abstraction croissante). Celle-ci est le sommet de la hiérarchie parce que son élément est le langage, qui est lui-même un matériau spirituel.

1 *Esthétique*, Aubier, tome I, p. 22.

FOCUS

La mort de l'art

À ce moment, l'esprit tend à dépasser l'art en religion ; l'art romantique est donc appelé à mourir puisque la forme artistique, même supérieure, ne satisfait plus les besoins de l'esprit : il passe à la représentation par la religion, puis au concept, par la philosophie.

La philosophie de l'histoire

Elle est parallèlement conçue comme réalisation de l'esprit et production de sens. Hegel distingue :

- **l'histoire originale** où, dans le récit des faits, l'historien transmute l'éphémère en un équivalent spirituel ;
- **l'histoire réfléchissante** où l'actualité est transcendée, l'historien traitant le passé comme « actuel en esprit » ;
- **l'histoire universelle,** ou histoire philosophique, qui se place du point de vue de la raison universelle où les événements relatés possèdent un sens et une logique interne.

Hegel divise ensuite ses leçons en quatre parties correspondant aux quatre moments de l'histoire universelle :

- **le monde oriental,** première forme qui exprime l'Esprit universel ; la Chine, les Mongols, l'empire de l'Inde ; seul l'empereur est libre ;
- **le monde grec** qui « *nous offre le spectacle serein de la fraîche jeunesse de la vie de l'esprit* ». Il entre en déclin à partir de la mort d'Alexandre, avec la conquête romaine et la fin de la Cité ; il n'est plus un lieu de liberté politique ;
- **le monde romain** à qui nous devons le développement du droit positif ; en lui domine l'entendement abstrait. Le christianisme le renouvelle en l'anéantissant ; tous les hommes sont appelés au salut. Dans ces deux mondes, seuls quelques-uns sont libres ;
- **le monde germanique,** c'est-à-dire chrétien, qui a pour fin de réaliser pleinement la liberté qui se construit au cours de l'histoire. L'État, idée divine, et la Révolution française permettent à la Raison universelle de venir au jour. Dans ce monde, tous sont libres.

Nul besoin de dresser un schéma des influences que Hegel exerça puisque sa philosophie va révolutionner les manières de penser et ce jusqu'à nos jours ; aucune génération de penseurs et d'intellectuels n'échappa à la durable fascination que son œuvre suscita, de Marx à Lacan, en passant par Lénine, Sartre et Merleau-Ponty, pour ne citer qu'eux.

Fichte (1762-1814)

• L'âge d'or est devant nous

Johann Gottlieb Fichte naît à Rammenau, près de Dresde, dans une famille pauvre. Grâce à un seigneur local, il entreprend des études devant le mener au pastorat.

La découverte de l'œuvre de Kant lui donne envie de devenir philosophe… Il continue à être précepteur, à Varsovie, puis rentre par Königsberg pour y rencontrer le « maître » qui approuve son *Essai d'une critique de toute révélation*.

Il se marie en 1793 à Zurich, élabore sa pensée politique et métaphysique. L'année suivante, il est nommé professeur à Iéna où il reste cinq ans avant d'être contraint de démissionner pour cause d'athéisme. Après Erlangen et Königsberg où il se fait chahuter par ses étudiants, il est nommé professeur à la nouvelle université de Berlin, puis est élu recteur. Ses fameux *Discours à la nation allemande* éclairent de leurs feux un homme que les échecs vont aigrir, il ne publie guère sinon des exposés « populaires » de sa doctrine et s'occupe de politique ; il soutient d'interminables polémiques entre Schelling et les romantiques, avant de mourir lors d'une épidémie de typhus à Berlin.

• Le père de la philosophie moderne

Le mouvement de l'histoire humaine naît de l'opposition entre despotisme et liberté, monarchie et république. Philosophie et politique sont indissociables. Partageant la conception développée par Rousseau sur la volonté générale, Fichte en vient à penser à la problématique de l'intersubjectivité.

Vous avez dit intersubjectivité ?

On désigne par ce terme l'ensemble des relations existentielles créé par la communication, s'opérant entre les consciences individuelles, dans la réciprocité.

Comprendre la nature du rapport à l'autre permettra de comprendre le fondement de la politique, mais aussi le sens du monde, d'envisager une théorie du droit et de la morale. Toute la philosophie de Fichte est une démonstration « scientifique » de la liberté ; son idéal pratique est la liberté qui trouve sa loi en elle-même : « *Elle est à la fois cohérence et invention ; elle est fidélité à la raison et effort pour penser par soi-même ; mais elle est aussi renouvellement de soi, progrès de la raison en soi-même, éducation des autres ; car la liberté personnelle est inséparable de la liberté d'autrui*[1]. »

• La théorie du Moi

Cette théorie n'est pas simple, mais on ne peut en faire l'économie puisque c'est sur elle que tout le système repose.

FOCUS

La liberté du Moi

En s'opposant à la résistance du non-Moi – force cachée qui procède du monde extérieur –, la liberté du Moi, cet absolu, agit et lutte pour sa liberté : il ne peut s'affirmer réellement que par l'effort qu'il accomplit en essayant de vaincre sans cesse les obstacles provenant de la nature.

L'homme, la conscience, le savoir

L'homme ne peut être lui-même que parmi les hommes. Et donc la communauté est essentielle. Le sujet découvre la liberté d'autrui dans son regard ; le but final de l'homme est la réalisation d'une communauté d'êtres libres formant une « *unité des consciences* », chacune étant placée devant « son » devoir, qui n'appartient qu'à elle et qui marque sa place dans l'histoire des consciences[2]. Le mal devient le contraire du progrès : l'homme mauvais est inerte et inactif ; la paresse est le mal radical, elle pousse dans la voie des habitudes où la liberté s'enlise. L'éducation est le seul remède. Elle est confiée à un savant, « *prêtre de la vérité* », véritable apôtre social qui enseigne par l'exemple autant que par la parole. Pour Fichte, l'action est au commencement ; la liberté n'a besoin de rien d'autre que d'elle-même pour se déclarer – telle est la leçon de la Révolution française qui l'impressionna : l'homme est libre quand il se dit libre car c'est en le disant qu'il se fait libre.

Le premier « socialiste »

La liberté de l'individu dépend du système politique et économique en place. La misère est le fruit du mercantilisme où les intérêts du grand nombre sont sacrifiés à l'avantage de quelques-uns qui profitent du développement du

1 E. Bréhier, *Histoire de la philosophie, op. cit.*, tome III, p. 603.
2 In *Initiation à la vie heureuse.*

commerce extérieur. D'où la thèse de l'*État commercial fermé* qui prône la division du travail, le droit de chacun de vivre du travail qu'il a choisi ou qui lui est imposé en fermant l'État au commerce extérieur, la communauté économique se suffisant à elle-même dans ses « frontières naturelles » ; les travailleurs peuvent être orientés par l'administration dans telle branche selon les besoins du moment, un système d'examen et de prime sert de base à la répartition des travailleurs, l'État veille à faire respecter un équilibre entre catégories socioprofessionnelles... Ces réformes font de Fichte le premier auteur « socialiste » de l'histoire.

FOCUS

Un patriotisme pangermanique

Les *Discours à la nation allemande* de Fichte exaltent un patriotisme pangermanique exacerbé par l'occupation napoléonienne (Napoléon est traité d'« *homme sans nom* ») consécutive à la paix de Tilsitt : « *C'est vous qui, parmi tous les peuples modernes, possédez le plus nettement le germe de la perfection humaine et à qui revient la préséance dans le développement de l'humanité... Si vous sombrez, l'humanité tout entière sombre avec vous sans espoir de restauration future.* »

Schelling (1775-1854)

« Ne pas aboutir fait ta grandeur... »

• Une pensée variable

Friedrich Wilhelm Joseph von Schelling naît à Leonberg, dans le Wurtemberg, son père est pasteur. Après de bonnes études dans une école religieuse, il entre au *Stift* (séminaire) de Tübingen en 1790 et y retrouve Hegel et Hölderlin. Brillamment diplômé en 1795, il devient précepteur à Leipzig, s'initie aux sciences naturelles, publie *L'Âme du monde* qui attire l'attention de Goethe au point que celui-ci le fait nommer à l'université d'Iéna, où il ne tarde pas à être professeur extraordinaire.

REPÈRES

Au cœur du romantisme allemand

Outre Hölderlin, Schelling rencontrera Tieck, Novalis, les frères Schlegel, théoriciens du romantisme allemand.

En 1801, il fonde un *Journal de physique spéculative*, enseigne successivement à Iéna et à Wurtzbourg avant de se retirer à Munich, où il est nommé membre de l'Académie des sciences, puis secrétaire général de l'Académie des beaux-arts (en 1807). Après avoir définitivement abandonné l'université, il meurt en Suisse, où il consacra les dernières années de sa vie à élaborer sa « philosophie rationnelle ».

• Une théorie en devenir

Il y a plusieurs philosophies de Schelling dont la pensée évolue, voyage, tente plusieurs synthèses. Après s'être cherché (1794-1801) et avoir subi l'influence de Kant et de Fichte, il élabore une philosophie de l'identité (1801-1808) avant de changer de programme (1827-1854) en tentant de mettre au net une philosophie positive, méditation sur Dieu, la Création, la mystique... Sans entrer dans le détail de cet itinéraire intellectuel hors norme, il est possible de dégager des idées forces, en abordant notamment deux philosophies dont Schelling tentera en vain de se désolidariser : la « philosophie de l'identité » et la « philosophie de la nature ».

FOCUS

Le principe organisateur de la nature

La nature est gouvernée par un principe organisateur des phénomènes naturels ; pour Schelling, la vie est le produit (le résultat) de l'union de la pesanteur, sous son aspect réel et objectif, et de la lumière ; substance qui représente la totalité dans le particulier et de la cohésion, sous son aspect idéal. Comme « identité », la Nature est pesanteur pénétrée de lumière ou « organisme ».

Dans le *Système de l'idéalisme transcendantal*, non seulement il établit une concordance entre deux séries, la série des facultés représentatives – sensation, intuition productrice, réflexion, jugement – et la série des forces constitutives de la matière – magnétisme, électricité, « chimisme », organisme –, mais encore veut-il atteindre un objet où l'idéal pénètre le réel : dans la nature, c'est l'organisme vivant, dans l'esprit, c'est l'œuvre d'art.

• Art et mythologie

L'artiste génial sent, par l'inspiration, des forces inconscientes et impersonnelles s'unir à ses forces conscientes dans la production de l'œuvre d'art.

L'art, ici, témoigne de l'identité de l'esprit et de la nature, du conscient et de l'inconscient, de l'idéal et du réel. L'art est l'expression de l'infini dans le fini ; l'Idée éternelle est appelée à devenir vivante dans l'imagination. Ainsi, aux actes de l'intelligence correspondent les moments où la matière se construit ; les forces qui sommeillent en elle sont de même nature que les forces représentatives.

• Les deux mondes de Schelling

La mythologie est une « *histoire de la conscience humaine* », celle de forces hostiles qui cherchent à s'entre-détruire et à laquelle le monothéisme chrétien doit succéder. La philosophie de la Nature avec son inépuisable réseau de concordances mystérieuses redonne au monde sa profondeur imaginative… En posant la question de savoir s'il n'y aurait pas deux mondes (l'autre serait celui des esprits), Schelling répond en concevant le lien comme passage possible.

CHAPITRE 2

SCHOPENHAUER (1788-1860)

« La vie oscille comme un pendule, de gauche à droite, de la souffrance à l'ennui. »

L'appel du vouloir vivre

Arthur Schopenhauer naît à Dantzig dans une famille de riches commerçants. Élevé dans sa ville natale et à Hambourg, l'adolescent voyage ensuite en Europe avec ses parents (France, Hollande, Suisse, Autriche, Angleterre). Son père se suicide en 1805, Arthur s'installe à Weimar avec sa mère qui l'introduit dans les milieux littéraires en vogue, il rencontre notamment Goethe. En 1809, il entame des études de médecine puis les abandonne pour la philosophie. Après une brève carrière universitaire, il se retire en vivant de ses rentes.

Un esprit opiniâtre

• Le désespoir de l'existence

Schopenhauer est un marginal, un solitaire et d'ailleurs sa philosophie est une analyse de la solitude, de l'ennui compris comme lucidité, vérité profonde du désir, de l'insignifiance du monde soumis à une force implacable et obscure qu'il appelle « volonté », de l'angoisse qu'elle génère et que ne peut calmer qu'un renoncement volontaire, un salut par l'art et l'exercice de la compassion. La condition humaine est inséparable du malheur, et l'absurdité de la vie nous condamne au désespoir.

FOCUS

L'îlot de la conscience

Tout le malheur de l'homme vient de la trop grande acuité de sa conscience, îlot de psychisme dans un océan d'inconscience totale. Ce que nous avons l'habitude d'appeler « le monde » et que nous prenons pour la réalité n'est en fait qu'une « représentation » subjective, une illusion, un phantasme, un rêve éveillé. La véritable réalité est celle de la volonté : force aveugle, sans but, impérissable, pulsion qui pousse l'homme à survivre, à réaliser quelque chose.

L'œuvre majeure de Schopenhauer est *Le Monde comme volonté et comme représentation* qu'il compléta par de copieux suppléments.

• *Le Monde comme volonté et comme représentation*

Cet ouvrage est divisé en quatre livres formant deux sections analytiques.

Livre I : la seule donnée immédiate est celle de ma conscience, le monde n'est rien sans elle ; en conséquence, le monde n'est rien d'autre que ma représentation, il n'a de sens que dans la mesure où je le perçois. Le sujet est la condition de tout objet. Le monde n'est qu'apparence. Il n'y a rien hors de moi, la vie n'est que l'ombre d'un songe. Le monde est l'ensemble des phénomènes liés entre eux par la loi de causalité (c'est-à-dire pour l'entendement) ; temps et espace se combinent pour donner naissance à la matière qui est « action », « causalité active ».

FOCUS

Les limites de la raison

Schopenhauer appelle les concepts « *représentations de représentations* », la raison étant la faculté d'en former et le langage le premier instrument ; les relations entre concepts forment la logique et la science, la connaissance abstraite, qui est rationnelle.

Seule la connaissance intuitive nous permet d'aller au-delà des apparences et de connaître vraiment. Deux choses restent à jamais inexplicables :

- le principe de raison (source de toute explication),
- la « chose en soi » (à laquelle elle est subordonnée).

Livre II : le monde considéré comme volonté. Premier point de vue : l'objectivation de la volonté[1]. Résumable en ceci : « *Nous ne sommes pas seulement le sujet qui connaît, mais [...] appartenons nous-mêmes à la catégorie des choses à connaître, [...] nous sommes nous-mêmes la chose en soi, en conséquence, si nous ne pouvons pas pénétrer du dehors jusqu'à l'être propre et intime des choses, une route partant du dedans nous reste ouverte.* » Il y a identité du corps et de la volonté qui est « *l'intuition de la puissance universelle qui anime le cosmos* », essence de la totalité des phénomènes ; « *le mot volonté désigne quelque chose d'immédiatement connu. Il est le seul, parmi tous les concepts possibles, qui n'ait pas son origine dans le phénomène, mais qui vienne du plus profond, de la conscience immédiate de l'individu, dans son essence, immédiatement, sans aucune forme, même celle du sujet et de l'objet, attendu qu'ici le connaissant et le connu coïncident.* » Les forces de la nature en sont le degré le plus bas et l'homme le plus élevé ; les différents niveaux d'objectivation de la volonté luttent entre eux. La volonté est un effort sans fin, sans but, sans limite, un désir illimité (§ 29).

Livre III : le monde comme représentation. Second point de vue : la représentation considérée indépendamment du principe de raison. L'Idée platonicienne. L'objet d'art[2].

« *Lorsque la conscience des autres choses s'élève à une telle puissance que la conscience du moi disparaît* », le sujet s'absorbe dans la contemplation de l'objet qui s'offre à lui, il connaît l'Idée éternelle, en se confondant avec l'intuition de l'objet. « *Ce mode de connaissance, c'est l'art, c'est l'œuvre du génie. L'art reproduit les idées éternelles qu'il a conçues par le moyen de la contemplation pure, c'est-à-dire l'essentiel et le permanent de tous les phénomènes du monde* » (§ 36).

FOCUS

La consolation esthétique

Affranchi du moi et du principe de raison, séparé du vouloir, le plaisir esthétique issu de la contemplation de l'Idée libère l'homme de la tyrannie du devenir.

1 § 17 à 29 + *Sup.* ch. XVIII à XXVIII.
2 § 30 à 52 + *Sup.* ch. XIX à XXXIX.

« *La musique est un exercice de métaphysique inconscient dans lequel l'esprit ne sait pas qu'il fait de la philosophie*[1] », elle est l'art le plus proche de l'origine, elle parle de l'être pur.

Livre IV : le monde comme volonté. Second point de vue : arrivant à se connaître elle-même, la volonté de vivre s'affirme, puis se nie[2]. Schopenhauer développe ici une « *philosophie de la vie pratique* ». Il répudie les fondements rationnels de la morale jugés aussi illusoires que les sciences au profit de la compassion.

Pour lui, le caractère est le lieu où se nouent la liberté du vouloir et le déterminisme du phénomène, et la vie humaine est la forme la plus douloureuse de la vie puisque la condition de l'homme est d'aller du désir qui est manque, à l'ennui de la satiété. Or, « *l'individu se paraît à lui-même l'univers tout entier ; les autres comptent pour zéro* », et l'injustice n'est rien d'autre que la volonté d'un individu pénétrant un domaine où s'affirme celle d'un autre. Elle est négation qui prend la forme de la violence, de la ruse, des guerres. Le remède ? « *Le but de la loi pénale n'est que de prévenir la faute par la terreur.* » Prévention zéro : « *Le châtiment doit être si bien lié à la transgression que les deux fassent un tout unique.* »

• La libération par l'ascèse

S'il y a quelque chose à espérer, c'est dans le mythe de la métempsycose (c'est-à-dire de la transmigration des âmes) où le « saint » n'aurait pas à reprendre cette existence soumise aux phénomènes. Seul l'individu qui arrive par la force de son intelligence à dépasser le principe d'individuation peut parvenir à une certaine justice, puis à la compassion, à la bonté, à l'amour de ses semblables, à l'image de Bouddha que Schopenhauer admirait tant.

Il faut donc nier la volonté, le vouloir-vivre, se convertir à un ascétisme contrôlé qui permet à l'homme de se délivrer ; il faut abolir en soi toute volonté particulière, se fondre avec l'universel, telle est la sainteté.

1 Livre III, § 52.

2 § 53 à 71 + *Sup.* ch. XL à L.

L'homme peut être aidé par la grâce qui se produit « *subitement et comme par un choc venu du dehors* », car « *l'opération de la grâce change et convertit de fond en comble la nature entière de l'homme : désormais, il dédaigne ce qu'il désirait si ardemment jusque-là ; c'est vraiment un homme nouveau qui se substitue à l'ancien* ».

LE POSITIVISME : PRÉFÉRER LE COMMENT AU POURQUOI

Auguste Comte (1798-1857)

« Savoir pour pouvoir. »

• La « positive attitude »

Auguste Comte naît à Montpellier dans une famille légitimiste et catholique. Il perd très tôt la foi et, en 1824, est reçu à l'École polytechnique d'où il sera exclu pour avoir participé à la rébellion des élèves en faveur de Napoléon. De 1817 à 1824, il est secrétaire du comte de Saint-Simon (1760-1825), philosophe et économiste français dont la pensée exercera une influence déterminante sur le jeune homme, comme sur les socialistes du XIXe siècle. Partisan d'un nouvel ordre social et économique devant rompre avec l'ordre ancien, Saint-Simon pense que la société repose sur deux forces antagonistes : l'habitude (avec les institutions) et le changement. Il espère que l'œuvre des élites, constituées de savants, d'industriels et d'artistes, se substituera aux classes de l'Ancien Régime ; le gouvernement des personnes devant être, à terme, remplacé par l'administration des choses. Comte rompt avec ce précurseur de la philosophie positive dont il dit n'avoir plus rien à apprendre et donne des leçons de mathématiques pour vivre. En 1832, il est répétiteur d'analyse et de mécanique à Polytechnique. En 1844, il rencontre Clotilde de Vaux ; elle a seize ans de moins que lui, il en est fou au point de lui vouer un véritable culte (platonique).

Trois ans plus tard, il crée la Société positive, se nomme Grand Prêtre de la nouvelle religion, notamment dominée par les problèmes moraux et religieux. Comte meurt dans un appartement qui va devenir le siège social du positivisme.

• L'œuvre

ŒUVRES	DATES
Cours de philosophie positive, 60 leçons en six volumes	1830-1842
Discours de l'esprit positif	1844
Discours sur l'ensemble du positivisme	1848
Système de politique positive ou Traité de sociologie, qui institue la religion de l'humanité	1851-1854
Catéchisme positiviste	1852
Synthèse subjective ou système universel des conceptions propres à l'état normal de l'humanité	1856

• Réorganiser la société par la réforme intellectuelle

Comte n'a pas inventé le mot « positivisme » (forgé par l'école saint-simonienne), mais la philosophie du même nom : positive.

FOCUS

La philosophie positive

Dans la philosophie dite positive, le vrai ne s'attache qu'aux faits dans la mesure où ceux-ci sont établis par des méthodes scientifiques. L'état positif est celui de la Science souveraine qui dépasse la métaphysique et la religion.

La Loi des trois états

Cette grande loi[1] historique concerne le développement humain au sein de l'espèce et au niveau de l'individu. La pensée se développe en passant par :

- **l'état théologique ou « fictif »,** c'est le moment initial de l'évolution de l'esprit humain ; la croyance en des agents surnaturels doués de volonté permet d'expliquer les phénomènes ; l'âge théologique est celui de la théocratie et de l'esprit militaire, il va de l'Antiquité au Moyen Âge ;

1 Développée paragraphes I à III de la première leçon du *Cours de philosophie positive*. Dans les leçons 51 à 56, Comte donnera une explication psychologique et historique de la loi des trois états.

- **l'état métaphysique ou « abstrait »** qui s'attache à une explication qui recourt à des entités véritables, à des abstractions personnifiées capables d'engendrer par elles-mêmes les phénomènes observés ; l'âge métaphysique va de la Renaissance au lendemain de la Révolution, c'est l'âge de « l'éveil critique » ;
- **l'état positif ou « scientifique »** où l'on renonce à chercher les causes pour s'attacher aux lois ; l'esprit reconnaît ne pouvoir atteindre des notions absolues et se contente d'observer les phénomènes. Positif signifiant « réel », Comte l'oppose au « chimérique ». L'âge positif est l'avenir en marche ; il s'agit de retrouver l'âge médiéval en tenant compte du nouveau monde scientifique et industriel, en s'appuyant sur le conseil des savants.

Comte espère restaurer une période « organique et stable » qui reposerait sur l'ordre, on ne peut y parvenir qu'en sortant les esprits de la confusion et dresser le tableau de l'histoire de l'esprit humain pour écarter les croyances passées. Dans un second temps, les sciences seront fixées d'une façon définitive afin de rendre impossibles de nouvelles démarches théoriques jugées inutiles. Les sciences étant solidaires, il faut les aborder du simple au complexe, de l'abstrait au concret.

FOCUS

La sociologie de Comte

La sociologie reste à faire (Comte invente le mot) et couronnera l'édifice.

L'ordre et le progrès la constituent :

- **l'ordre naturel** régnant dans toutes les sociétés est étudié par la « **statique sociale** » : il repose sur quelques principes : les classes sociales, la propriété, le travail, la religion, la famille (l'individu n'est pas premier) ;
- **le progrès** est étudié par la « **dynamique sociale** » qui applique la loi des trois états au devenir des civilisations. L'ensemble comporte une « éducation positive ».

Les méthodes de la sociologie sont fondées sur l'observation (indispensable mais délicate), le phénomène social étant difficile à isoler, sur l'expérimentation et sur la comparaison sociologique qui permettra de justifier certains types de relations sociales. Cette théorie de la société s'attache d'abord à l'ordre dont on ne peut séparer l'idée de progrès.

Totalement inscrite dans cette logique, la religion positive est une religion de l'Humanité : l'individu en soi n'est rien, il appartient à une totalité, à une histoire, à une évolution.

FOCUS

La religion positive

Deux personnages y sont magnifiés : la Femme et le Prêtre. La religion est une sacralisation du lien social, au point que sont écartés du calendrier positif Rousseau ou Calvin, au profit de grands rassembleurs tel Mahomet ou Bouddha.

C'est l'Humanité qui doit être l'objet de tout notre amour, elle forme un « Grand Être » composé de la multitude des générations successives ; dans cette religion immanente qui emprunte malgré tout bien des dogmes et des sacrements au christianisme, le sacré est ici-bas, le salut consiste à « vivre pour autrui ». Les neuf sacrements fondamentaux sont les suivants : présentation, initiation, admission, destination, mariage, maturité, retraite, transformation, incorporation (le défunt est, après trois ans d'enquête, admis dans le corps de l'humanité ou rejeté) : cette ritualisation permet à l'individu d'échapper un temps aux troubles et autres déséquilibres causés par l'industrialisation.

CHAPITRE 4

MARX (1818-1883)

« Ce n'est pas la conscience des hommes qui détermine leur existence, mais c'est leur existence sociale qui détermine leur conscience. »

L'Idéologie allemande

Marx n'était pas marxiste !

Né à Trèves, en Rhénanie prussienne, Karl Marx est fils d'un avocat protestant d'origine juive. Après des études de droit et de philosophie, il devient journaliste, l'université lui étant fermée à cause de ses relations « hégéliennes de gauche ». En 1843, il épouse une aristocrate, Jenny de Westphalen, puis s'installe à Paris après avoir été un temps rédacteur de la *Gazette rhénane* à Cologne, journal persécuté par la censure.

REPÈRES

Marx et Engels

Directeur des *Annales franco-allemandes*, Karl Marx rencontre Friedrich Engels, fils d'un industriel ; ils resteront unis par une amitié sans ombre, leur collaboration intellectuelle donnant le jour à quelques ouvrages communs restés dans l'histoire, dont le plus célèbre est le *Manifeste du parti communiste*, paru un an après avoir assumé la direction de la Ligue des communistes dont le mot d'ordre est, lui aussi, plus que connu : « *Prolétaires de tous les pays, unissez-vous !* »

Expulsé de France, Marx s'installe à Bruxelles puis à Londres où il vit misérablement malgré l'aide du fidèle Engels ; il écrit nombre d'ouvrages économiques, rédige le premier livre du *Capital* (Engels publiera les deux restants), anime la Ire Internationale ouvrière créée en 1864 où il s'oppose violemment aux partisans de Bakounine (1814-1876), théoricien de l'anarchisme prônant la suppression immédiate et radicale de l'État par la révolution socialiste, et de Proudhon (1809-1865), père de l'anarchisme, que Marx traita de « *petit bourgeois constamment ballotté entre le Travail et le Capital, entre l'économie politique et le socialisme* », bien qu'il fût le fondateur du système mutualiste, du syndicalisme ouvrier et du fédéralisme ! Marx s'éteint à Londres, où il est enterré.

L'œuvre

ŒUVRES	DATES
L'Idéologie allemande (avec Engels)	1845-1846
De l'abolition de l'État à la constitution de la société humaine	1845
Libéralisme et révolution	1847
Misère de la philosophie	1847
Manifeste du parti communiste, sans nom d'auteur, au lendemain de la révolution de février, à Paris	1848
Les Luttes des classes en France	1850
Le 18 Brumaire de Louis Bonaparte	1852
Contribution à la critique de l'économie politique	1859
Le Capital, livre I (les livres II et III sont posthumes, 1885, 1894)	1867
La Guerre civile en France ; des articles, des poésies...	1871

• Une philosophie de l'action

Marx ne se contente pas de s'inscrire dans la tradition philosophique allemande qui commence par vouloir comprendre le réel et l'interpréter ; il ne perd jamais de vue l'application et l'activité pratique, parce que celle-ci est plus à même de transformer le monde, de le socialiser en cherchant à supprimer l'inhumanité de l'histoire et des conditions sociales qui humilient l'homme : « *Les philosophes n'ont fait qu'interpréter le monde de différentes manières ; il s'agit de le transformer*[1]. » Ces deux principes servent de base au matérialisme historique, application du matérialisme dialectique aux sociétés humaines. Il en donne une définition concrète : « *On peut définir l'homme par la conscience, par les sentiments, par tout ce que l'on voudra, lui-même se définit dans la pratique à partir du moment où il produit ses propres moyens d'existence.* » Pratique et production, tout est là.

FOCUS

Le matérialisme historique

Cette expression est inventée par Engels pour désigner la science des formations sociales ; c'est la science des lois de l'évolution sociale : la structure économique de la société explique la superstructure intellectuelle. La lutte des classes est son noyau dynamique, elle traverse l'histoire jusqu'à l'avènement d'une société sans classes. Elle induit l'idée de révolution nécessaire, non comme un plan arrêté, mais comme une discipline, une dynamique. Le matérialisme historique fait des forces productives et des rapports de production (relation et rapports sociaux noués dans le processus de production, telle la division du travail) la base du régime social.

Pour Engels et Marx, le régime social est caractérisé par la division de la société en classes et en superstructures juridiques, politiques (l'État est compris comme un instrument de la classe matériellement dominante) et idéologiques (philosophie, religion...), lesquelles exercent en retour une action sur l'infrastructure économique et sociale.

Cette doctrine de l'action signifie qu'une pensée n'a réellement de vérité que dans sa relation directe avec la pratique, la *praxis* – cette énergie humaine et sociale comprise comme le principal critère du vrai.

Dans cette logique, la religion est violemment critiquée car elle est suspecte de proposer à l'homme de se réaliser sur un plan imaginaire. Bien qu'il attaquât violemment la philosophie de Bauer (1809-1882), auteur d'une critique historique du christianisme et grand lecteur de d'Holbach, Marx reprend une de ses théories selon laquelle la religion endort la conscience des croyants.

1 *L'Idéologie allemande*, XIe thèse sur Feuerbach, Paris, p. 34.

REPÈRES

La religion ou l'« opium du peuple »

Selon Marx, la religion est « *le soupir de la créature accablée, l'âme d'un monde sans cœur, de même qu'elle est l'esprit d'un état de chose où il n'y a point d'esprit. Elle est l'opium du peuple*[1] ». La religion est donc une pure création sociale, sinon une « compensation idéale ».

L'essentiel est dans l'action et l'activité historique qui doit penser le réel à travers la puissance de la pensée dialectique. Pour Marx, la nature précède la pensée et c'est d'abord elle qui est à l'œuvre ; comme elle procède dialectiquement, le matérialisme sera lui aussi dialectique en tentant d'expliquer les transformations successives de la nature par le dépassement des éléments contraires en lutte jusqu'à l'apparition d'une réalité supérieure, selon le principe du changement qualitatif et du progrès par bonds. Il existe une loi d'action réciproque entre la nature et l'homme, celui-ci étant capable d'agir sur la matière.

• L'aliénation ou « *l'exploitation de l'homme par l'homme* »

La première aliénation est la religion, la seconde, les puissances économiques comme le capital. Dans un certain milieu historique qui met en présence une classe ouvrière et une classe capitaliste ou – pour reprendre le titre de la première partie du *Manifeste du parti communiste*, « bourgeois et prolétaires » –, le capital est une valeur qui permet l'obtention de la plus-value, grâce à l'exploitation des travailleurs salariés. Cette plus-value est une valeur supplémentaire produite par le travail de l'ouvrier salarié, le capitaliste se l'approprie sans la payer. L'exploitation est une relation économique fondamentale, elle consiste à ce que certains travaillent en partie gratuitement pour d'autres, ces derniers sont propriétaires de moyens de productions que les premiers ne possèdent pas.

REPÈRES

Sus au profit et à la propriété

Le profit est la source du mal puisqu'il est obtenu au détriment du prolétaire. Les communistes ont pour dessein d'organiser le prolétariat en classe et de détruire l'hégémonie bourgeoise pour conquérir le pouvoir ; l'abolition de la propriété privée est un « résumé de leur théorie » politique qui se confond avec l'action révolutionnaire et l'établissement d'un économie collectiviste.

1 In *Critique de la philosophie du droit de Hegel, Œuvres*, tome III, édition Rubel, Paris, 1982, p. 383.

Le communisme universel est l'aboutissement d'un processus qui passe par la disparition du capital et son remplacement par la révolution prolétarienne.

FOCUS

La lutte des classes

Il s'agit d'en finir avec les contradictions inhérentes à deux classes antagonistes : le système capitaliste porte en lui ses propres contradictions, s'appuyant sur la loi de la concurrence pour rendre le travail de moins en moins rémunérateur et de plus en plus inhumain. L'effort que les hommes font pour surmonter efficacement les difficultés de l'existence enclenche un processus historique inéluctable : la société sans classe étant celle de la libération et de la réalisation pleine et finale de l'homme libre.

CHAPITRE 5

DEUX CAS À PART

Kierkegaard (1813-1855)

« Je souffre du martyre de la raison. »

• L'angoisse de l'existence

Søren Kierkegaard naît à Copenhague, au Danemark, dans une famille de commerçants parvenus, d'un protestantisme austère. Le poids d'un mystérieux péché accable son père et accable d'angoisse le fils... Après des études à l'université, il entre dans la Garde royale dont il est exempté pour inaptitude. En 1840, il passe son examen final de théologie, mène une vie de dandy et d'esthète dispendieux. Il se fiance avec Régine Olsen, de dix ans sa cadette. L'année suivante, il soutient sa thèse de doctorat et obtient le grade de maître ès arts, rompt avec Régine, pour des raisons demeurées elles aussi mystérieuses. Il part pour Berlin où il reste cinq mois, y séjourne encore en 1843, 1845-1846. De retour à Copenhague, il écrit une œuvre conséquente, prêche, lutte contre les « prêtres fonctionnaires » de l'Église établie. Il s'éteint, terrassé par la maladie.

• Le héros d'un drame solitaire

Si pour Hegel la réalité est la réalisation de l'idée, pour Kierkegaard c'est l'individu libre qui construit lui-même son monde tel qu'il le veut, tel qu'il doit être. Ce héros solitaire estime que sa foi est l'unique possibilité de salut, cela suppose de retourner à un christianisme authentique et de s'être débarrassé de toutes spéculations rationalistes jugées stériles.

Existence et subjectivité

Kierkegaard estime que l'esprit de système (de Kant et Hegel) pétrifie la vie. Les drames de sa vie personnelle, dont il est parfois l'acteur, comme dans la rupture avec Régine, soulignent la solitude et surtout l'angoisse d'une existence qu'il est impossible de réduire à une catégorie, mais s'exprime par un rapport intime et sans le secours de concepts liés à la transcendance. Tout est dans la subjectivité de la personne, être c'est s'agiter dans ce qui n'est pas pensable, c'est trouver une vérité qui est vérité pour nous-mêmes, c'est se comprendre. Kierkegaard aimait citer Hamlet de Shakespeare : « *Il y a infiniment plus de choses dans le ciel et sur la terre que dans tout la philosophie.* » Hegel savait tout, sauf l'essentiel, il ignorait ou avait oublié qui il est vraiment.

Dans cet esprit, Kierkegaard estime que toute répétition est impossible, on ne peut rien reprendre et, comme le Christ est mort une fois pour toutes sur la croix, ce que je vis ne peut être revécu. Cette philosophie « incarnée » dans l'existence singulière n'est pas transmise par des traités, mais par des livres hors normes, mélange d'anecdotes, de descriptions, d'impressions..., l'idée qu'on a de soi étant d'abord un sentiment.

Les trois stades de la vie

Trois modalités d'existence, trois possibilités inconciliables demandent un choix, et donc une alternative : *ceci ou cela*, impliquant une hésitation, une négation, une destruction, dans la mesure où choisir suppose un drame, un déchirement. Se déterminer souligne l'angoisse de l'homme, le désespoir étant le rapport de l'homme à lui-même.

- **Le stade esthétique :** c'est vivre dans l'instant, jouir de chaque moment ; tel est le trait dominant de l'esthéticien (dans le sens de « *ce qui a rapport à la sensibilité* »). Il refuse de s'engager et a tous les traits du séducteur dont Don Juan est le modèle type, mais aussi le Juif errant qui va d'un pays à l'autre et Faust qui passe d'un savoir à l'autre ; l'inassouvissement du désir conduit à une critique (à l'occasion de laquelle le philosophe analyse l'ironie socratique) qui exige de dépasser ce stade, l'homme découvrant qu'il n'a pas de moi.
- **Le stade éthique :** c'est vivre dans la durée, dans la bonne conscience, dans le devoir (avoir un métier, se marier) ; il ne saurait représenter une solution stable parce que la vie de l'honnête homme est un tissu de désillusions, et la sagesse humaine précaire : pour preuve les fiançailles rompues avec Régine, que Kierkegaard traite avec un « humour » très personnel : l'ironie

est une « *méthode d'interprétation* », un désespoir intellectuel, expression d'une subjectivité libre face à un monde de contraintes. Ce stade conduit au suivant.

- **Le stade religieux :** c'est vivre dans l'éternité, être un « *chevalier de la foi* » qui parvient à se découvrir lui-même dans un face-à-face avec Dieu et non en acceptant les dogmes sans sourciller ; l'homme y reconnaît l'expérience de son péché comme source de son angoisse, mais surtout comme fondement tragique de la liberté. L'humour permet de comprendre qu'il y a quelque chose au-delà de sa propre existence. Le stade religieux est la prise de conscience de la distance qui sépare l'homme conscient de l'infini ; il sait que, contre toute espérance, il y a quelque chose à espérer ; il incite à l'humilité alors que l'ironie est orgueilleuse[1].

Un penseur religieux

La foi chrétienne est la donnée fondamentale de la vie et de la pensée de Kierkegaard comme de la société protestante dans laquelle il vit. Il n'en explique pas les fondements et n'a d'autre dessein que ramener la société danoise vers une religion authentique, aux antipodes d'un christianisme de façade et de confort ; l'individu doit s'engager, porté par le dynamisme de sa subjectivité. L'homme est un être déchiré, accablé de souffrance, soumis à la crainte et au tremblement grâce auxquels il peut s'ouvrir à la parole de Dieu.

L'angoisse

Plus l'angoisse est profonde, plus la spiritualité est féconde. Elle désigne d'abord une liberté entravée « *où la liberté n'est pas libre en elle-même*[2] », mais aussi un vertige de la liberté « *qui naît parce que l'esprit veut poser la synthèse et que la liberté, plongeant alors dans son propre possible, saisit à cet instant la finitude et s'y accroche*[3] ». L'accroissement quantitatif de l'angoisse est une conséquence du saut qualitatif par lequel l'individu pèche librement. Elle se vit d'abord dans l'instant, point de contact du temps et de l'éternité, puis se lie au possible car la faute est toujours un possible.

1 Analysés dans l'*Alternative* (Ou bien… Ou bien).

2 *Le Concept d'angoisse*, ch. I.

3 *Ibidem*, ch. II.

Le salut au bout de l'absurde

Le christianisme est source de paradoxes : l'amour que Dieu porte à l'homme l'effraie sinon le désespère, mais encore lui donne l'espérance au sein d'un monde absurde ; seule l'expérience religieuse personnelle, comme un saut dans le vide, est à même de nous sauver et de nous rendre à nous-mêmes.

Nietzsche (1844-1900)

« L'homme est quelque chose qui doit être surmonté. »

• Une pensée du par-delà

Friedrich Nietzsche naît au presbytère de Röcken, en Saxe ; son père est pasteur. Après de brillantes études, il est nommé professeur de philologie grecque à l'université de Bâle, en 1869. Son premier ouvrage important, *La Naissance de la tragédie*, révèle l'influence de Schopenhauer ; mal accueillie, l'œuvre est dédiée à Richard Wagner. L'amitié qui le lie au compositeur est telle qu'il se rend vingt-quatre fois chez lui entre 1868 et 1872 ; mais les relations se détériorent jusqu'à la rupture définitive en 1878. L'année suivante, la maladie contraint Nietzsche à démissionner de l'université ; il voyage beaucoup, en Suisse, en Italie, à Nice où le climat lui fait oublier un temps sa santé précaire. « *L'excès de la douleur a été chez moi monstrueux* », confie-t-il ; la souffrance le rend clairvoyant, il écrit et publie beaucoup, jusqu'à l'effondrement, en janvier 1889, la folie – vraisemblable combinaison d'une ancienne syphilis et d'une pensée flirtant avec l'impensable. En 1889, à Turin, il se précipite en pleurs au cou d'un cheval que son cocher venait de battre : il n'écrira plus une seule ligne et passera les dix dernières années de sa vie à improviser au piano et à chanter.

Nietzsche est le premier philosophe à écrire fréquemment des fragments, aphorismes, textes brefs et poétiques qui manifestent son hostilité aux grands systèmes.

L'œuvre

ŒUVRES IMPORTANTES	DATES
La Naissance de la tragédie	1872
Considérations intempestives	1873-1876
Humain trop humain	1878-1880
Le Voyageur et son ombre	1880
Aurore	1881
Le Gai Savoir	1881-1885
Ainsi parlait Zarathoustra	1883-1885
Par-delà le Bien et Mal	1886
La Généalogie de la morale	1887
Le Cas Wagner	1888
Ecce Homo, publié en 1906	1888
Le Crépuscule des idoles	1888
L'Antéchrist, publié en 1906	ca 1890
La Volonté de puissance, publié en 1901	1884-1886
Quantités de fragments, poèmes…	

L'exaltation des valeurs antiques

Nietzsche est d'abord un philosophe des valeurs, il exalte les valeurs originaires animées par la vie et la volonté de puissance ; la morale, la métaphysique et la religion se fondent sur la négation des valeurs premières. Il s'agit dans un premier temps de démystifier les idéaux traditionnels, de mettre à bas la culture moderne dont les symptômes de décadence sont manifestes, nourrie par un « nihilisme passif » qui prend racine dans le socratisme et dans le judéo-christianisme. Une fois établie la généalogie de la morale, il pense que le noyau de l'existence est dans la volonté de puissance.

La volonté de puissance[1]

Elle est cette force à la fois destructrice et créatrice qui pousse tout être à s'enrichir par des créations nouvelles ; elle s'applique :

- à l'homme qui trouve en elle une faculté dynamique qui tout à la fois crée et donne ; elle peut, dans une forme seconde, être pouvoir et domination ;

1 Analysée dans la deuxième partie de *Ainsi parlait Zarathoustra*.

dans ce cas, Nietzsche appelle « ressentiment » l'expression de cette volonté de puissance négative qui existe seulement contre ce qui la dépasse ;

- au monde entier, semblable à un flux construisant sans cesse de nouvelles formes, « *une mer de forces en tempête* » ; le monde revient toujours au même point : c'est la doctrine de l'Éternel retour qui justifie le perpétuel devenir. La volonté de puissance est représentée par Dyonisos, symbole de la pulsion fondamentale qui veut toujours « *croître et s'étendre* ».

Dès *La Naissance de la tragédie,* Nietzsche analyse les causes de cette « *valorisation inouïe du savoir conscient* » dont il attribue la responsabilité à Socrate, « *instrument de la décomposition grecque, le type du décadent* ». Le culte du savoir socratique étant à l'origine du déclin de la tragédie grecque, synthèse de deux idéaux : le dionysiaque, « *racine unique de tout l'art grec* », et l'apollinien. Dionysos incarne la volonté de puissance, pulsion fondamentale de la vie. La rationalité à tout prix est opposée à l'instinct, présence de la puissance créatrice de la vie. Nietzsche s'érige contre la morale du péché et le vouloir-vivre de Schopenhauer.

La négation de la vie

Nos sentiments moraux et religieux sont inauthentiques et hypocrites, ils ne sont que le résultat d'une fuite devant la vie et le fruit d'un profond ressentiment. Métaphysique et religion concourent à nous faire oublier la volonté de puissance et sa dynamique immanente au profit d'un monde bâti sur le mensonge, sur la souffrance des philosophes métaphysiciens et des faibles qui ont imaginé de fausses valeurs : le bien, le droit, la charité, l'égalité démocratique qui culpabilisent les plus forts en leur faisant honte de leur puissance *(Généalogie de la morale).*

FOCUS

Pour un renversement des valeurs

Cette dévalorisation est aussi celle du corps, déprécié par Platon puis par le christianisme. La religion est comprise comme la revanche des victimes contre l'activité pleine de santé des forts, les instincts naturels sont brimés, intériorisés ; ils deviennent rancune et haine incapables d'oubli.

La violente critique de l'idéal ascétique souligne l'opposition entre la sécurité d'un savoir et l'aventure exaltante de la vie ; la science elle-même falsifie le réel et entretient l'illusion qui rend supportable une vie que la clairvoyance rendrait presque intenable.

La moralité des faibles

Le bien, le mal, le juste, l'injuste ne sont que l'expression du ressentiment de celui qui ne peut s'affirmer positivement : il se venge, compense en érigeant le négatif de sa vie, de sa souffrance, de ses frustrations, en norme. Il s'agit d'une moralité d'esclave qui veut légitimer son malaise, sa décadence, sa faiblesse ; l'absence de forces psychiques et réactives deviennent des vertus, des valeurs positives, alors que le fort, le « maître », crée positivement ses valeurs. Pour inverser cette logique et retrouver l'accord avec la réalité, la vie créatrice et donc la volonté de puissance, Nietzsche invente une étape : le nihilisme.

Le nihilisme

Il est marqué par la célèbre phrase : *Dieu est mort*, qu'il faut entendre par le fait que, dans notre culture, Dieu a disparu.

Pour Nietzsche, il s'agit d'un phénomène spirituel où la mort de Dieu et des valeurs morales est liée à l'idée que le devenir est sans but. Le Dieu qui a existé était celui d'une morale, d'une croyance en la présence du supra-sensible ; cet événement est une rupture radicale qui engage la totalité de notre destin dans le monde.

FOCUS

Le Surhomme nietzschéen

Cette mort est signe d'un espoir, celui de créer un univers neuf, mais aussi l'annonce de la création du Surhomme (ou Plusqu'homme) par lequel la vie pourra s'imposer sans mélange jusqu'à l'affirmation créatrice ; il s'agit de se couler dans le dynamisme de la volonté de puissance en prenant comme point de départ le corps, mis de côté par la religion et la métaphysique. L'homme est appelé à devenir surhumain, à se réinventer, à se dépasser en devenant ce qu'il est, en devenant assez fort pour supporter la pensée de l'Éternel retour du même, car « *cette vie, tu devras la vivre encore une fois et d'innombrables fois* ».

Zarathoustra est celui qui annonce la venue du surhomme.

FOCUS

La théorie de l'Éternel retour

Tout est soumis à un retour cyclique et sans fin des mêmes événements, des mêmes êtres.

L'homme est un pont et non une fin ; il faut être des créateurs, des éducateurs, des semeurs d'avenirs, devenir durs.

L'homme doit assumer ses choix, ne pas dissocier le corps et la pensée ; le « gai savoir » lui confère la liberté.

Le Surhomme est proche, il est « *le sens de la terre* » ; l'homme supérieur doit apprendre à rire pour devenir Surhomme, libre de cœur et d'esprit, créateur dont la volonté de puissance est la seule vertu ; il a détruit les anciennes valeurs et l'autre monde, pour lui, il n'y a que ce monde-ci. Le Surhomme est d'abord celui qui se libère de tout ce qui le mutile.

SIXIÈME PARTIE

LE XXe SIÈCLE : LA PHILOSOPHIE CONTEMPORAINE

Tout repenser...

Voici venu le temps des incertitudes et de la crise de conscience. Le plus meurtrier des siècles est aussi celui de l'effondrement de la conception classique du sujet : Freud affirme que l'homme est autre que ce qu'il arrive à saisir de lui-même et qu'il y a en lui une part de sauvagerie qui ne demande qu'à détruire. D'autre part, les mathématiques (comme la théorie des indécidables de Gödel) induisent que la vérité n'est plus du domaine logique, mais que foi et croyance sont à prendre en compte ; la physique inscrit la probabilité dans le réel par l'analyse de la mécanique quantique ou les relations d'incertitudes de Heisenberg. Wittgenstein (1889-1951) affirme que les énoncés de la logique et des mathématiques ne nous apprennent rien sur le monde, que seuls les énoncés corrélés à un « état du monde » possèdent une signification : l'expérience humaine ne peut se résumer à ce qui est dicible et cette nouvelle philosophie du langage s'attache à ce qu'on peut exprimer. Bergson explore les limites du champ rationnel et défend l'élan vital, l'intuition, la vie immédiate contre la toute-puissance d'un positivisme en fin de course. L'éthique devient la réponse à la barbarie et engage à trouver une sagesse pratique à même de remplacer tant bien que mal le crépuscule des idoles annoncé par Nietzsche. L'existentialisme athée de Sartre n'est rien d'autre que la définition d'une responsabilité totale de l'homme : envers lui-même comme devant tous. L'analyse de Hannah Arendt (1906-1975) confirme l'implosion de l'individualisme dans les systèmes totalitaires et la nécessité de considérer la démocratie comme la condition même du progrès de la vie de l'esprit, sans vigilance éthique la démocratie ne cesse d'être en danger. Les derniers philosophes d'importance se sont éteints… Derrida, Ricœur, Levinas et la relève assez timide cherchent à l'homme un recours à la perte de sens…

HUSSERL (1859-1938)

« Cette particularité foncière et générale qu'a la conscience d'être conscience de quelque chose. »

La naissance de la phénoménologie

Edmund Husserl naît en Moravie (Autriche-Hongrie) ; après avoir suivi des études de mathématiques et de physique, il est reçu docteur en philosophie en 1882. Très marqué par l'enseignement philosophique du psychologue Brentano (1838-1917), père de la psychologie descriptive qui définit la conscience par son « intentionnalité », il décide de se consacrer entièrement à la philosophie et soutient, en 1887, un mémoire d'habilitation *Sur le concept de nombre (Études psychologiques)* qui lui vaut d'être nommé *privatdozent* (assistant) à l'université de Halle puis, en 1901, à celle de Göttingen. *Ses Recherches logiques* datent de cette époque ; à partir de 1911, il enseigne à Fribourg-en-Brisgau où il se lie avec le jeune Heidegger. Quand il prend sa retraite en 1928, c'est à ce dernier qu'il laisse sa chaire. Invité en 1929 par la Société française de philosophie, il prononce une série de conférences à la Sorbonne, publiées deux ans plus tard sous le titre *Méditations cartésiennes*. En 1933, les nazis prennent le pouvoir et Husserl est radié de la liste des professeurs émérites en raison de ses ascendances juives. Atteint d'une pleurésie en 1937, il meurt l'année suivante à Fribourg. En raison de la menace de destructions qui pesait sur ses manuscrits, ses papiers sont envoyés à Louvain, en Belgique.

La science des phénomènes

La phénoménologie est la méthode devant fonder la philosophie comme science rigoureuse, capable, à son tour, de fonder les sciences dans leur démarche spécifique ; il s'agit d'abord de « *revenir aux choses mêmes* », aux phénomènes, afin d'en saisir les essences ; non de construire un système, mais d'arriver à décrire ce que l'on peut voir en suivant cette méthode : « *La phénoménologie pure ou transcendantale ne sera pas érigée en science portant sur des faits, mais portant sur des essences ; une telle science vise à établir uniquement des connaissances d'essence et nullement des faits*[1]. »
Cette philosophie repose sur une double récusation :

- de l'attitude dite « naturelle », empirique, psychologique ;
- de l'attitude cartésienne, positiviste, physicaliste (théorie selon laquelle les sciences humaines doivent s'exprimer dans le vocabulaire des sciences physiques et s'inspirer selon leur méthodologie).

Ces deux attitudes méconnaissent le « *cogito* fondateur » d'où toutes les productions humaines sont issues.

La phénoménologie doit se tenir éloignée de l'opinion comme la science. Cette doctrine des essences (totalement indépendante des particularités) signifie que la véritable connaissance est vision de formes absolues qui permettent l'exercice de la pensée ; sans ces formes, les choses ne seraient pas ce qu'elles sont.

• La méthode phénoménologique

- Poser que les essences résident uniquement dans les phénomènes où elles se manifestent, contrairement à la philosophie platonicienne.
- Procéder à une « réduction eidétique », en éliminant les éléments empiriques (qui s'appuient sur l'expérience), variables du donné concret, afin de faire apparaître les lois fondamentales liées aux essences pures et universelles et parvenir à une vision de ces dernières.
- La réduction phénoménologique ou *épochè* est l'acte par lequel le monde objectif est mis entre parenthèses – où toute croyance existentielle à l'égard de ce monde est suspendue, ainsi que toute adhésion naïve à son

---

1 *Idées directrices pour une phénoménologie I*, Gallimard, p. 7.

égard ; le monde reste néanmoins, là, dans sa réduction, tout alors renvoie à un sujet : la conscience se considère elle-même. « *L'épochè phénoménologique m'interdit absolument tout jugement portant sur l'existence spatio-temporelle*[1]. »

- La réduction transcendantale, dernière étape, met le moi empirique entre parenthèses afin de rejoindre l'activité de l'ego pur. Husserl appelle « ego transcendantal » la conscience en tant que principe ultime de toute connaissance, le « sujet pur », non empirique, advenant une fois la mise entre parenthèses du monde objectif réalisée.

FOCUS

L'intentionnalité de la conscience

Tout au long de sa recherche, Husserl souligne l'intentionnalité de la conscience (terme qu'il reprend à Brentano) et qui, chez lui, signifie une tension de la conscience vers les choses, un élan : « *Le mot intentionnalité ne signifie rien d'autre que cette particularité foncière et générale qu'a la conscience d'être conscience de quelque chose*[2]. » La notion est centrale puisqu'elle suppose que la conscience est ouverture au monde.

L'ego transcendantal est inséparable d'autrui et du monde ; tout est construit sur une coexistence : de mon moi avec le moi d'autrui, de ma vie intentionnelle avec la sienne. Telle est l'intersubjectivité. « *Admettre que c'est en moi que les autres se constituent en tant qu'autres est le seul moyen de comprendre qu'ils puissent avoir pour moi le sens et la valeur d'existences et d'existences déterminées*[3]. »

• Le retour aux choses mêmes

Dans *La Crise des sciences européennes et la Phénoménologie transcendantale*, Husserl tente de comprendre l'origine de la crise de l'humanité en Europe. Il met en lumière la rationalité scientifique à partir de Galilée qui, en mathématisant la nature, a ouvert la voie aux « sciences-de-faits » modernes, coupées du monde de la vie, du vécu et de la philosophie.

1 *Idées…*, *op. cit.*, p. 102.
2 *Méditations cartésiennes II*, Vrin, p. 28.
3 *Méditations cartésiennes V*, p. 109.

La crise de la culture et de l'identité européenne ne peut se résoudre qu'en pratiquant une philosophie comprise comme autodétermination de l'humanité, science universelle du monde. Redonner le sens du monde revient à lutter contre l'insouciance et l'oubli, à revenir « aux choses mêmes », au monde de la vie.

FREUD (1856-1939)

« À quoi tend la psychanalyse sinon à rendre la joie de vivre aux hommes qui l'ont perdue ? »

La naissance de la psychanalyse

La famille Freud, originaire de Moldavie, s'installe à Vienne en 1860, dans le quartier juif de Leopoldstadt. Brillant lycéen, Sigmund lit en plusieurs langues, se passionne pour Shakespeare. Après avoir envisagé de faire du droit, il se décide pour la médecine en 1873 puis suit les cours de philosophie de Brentano. D'abord uniquement intéressé par la neurologie, il tarde à passer ses examens de fins d'études médicales en 1881 et se résout à gagner sa vie. La médecine générale l'ennuie.

En 1885, Freud obtient une bourse en vue d'un voyage d'étude et se rend à Paris, chez Charcot, spécialiste des maladies nerveuses à la Salpêtrière, où il observe les manifestations de l'hystérie et les effets de l'hypnotisme et de la suggestion.

De retour à Vienne, il ouvre un cabinet privé et épouse Martha Bernays, d'une famille d'intellectuels juifs. Cinq enfants naîtront, dont Anna qui deviendra psychanalyste spécialisée dans les problèmes de l'enfance. L'année suivante, il rencontre Wilhelm Fliess ; outre leurs liens d'amitié, ils échangent une correspondance décisive sur la formation de la psychanalyse. Après quelques articles, paraît en 1895 le fruit de sa collaboration avec Joseph Breuer (rencontré en 1878), *Études sur l'hystérie*, où il affirme la racine sexuelle des névroses. Deux ans plus tard, il découvre le complexe d'Œdipe et souligne l'existence d'une sexualité infantile. En 1899, paraît *L'Interprétation du rêve*, ouvrage qui passe alors inaperçu. Après de nombreux voyages, à Rome, Naples, Athènes, il continue à publier des œuvres capitales pour cette science naissante qu'est la psychanalyse. En avril 1908, se tient le premier Congrès international de psychanalyse à Salzbourg et, en 1910 le Congrès de Nuremberg. La Société internationale est fondée, Jung en est le président. Très marqué par la guerre de 1914-1918, Freud s'intéresse à la violence et développe sa théorie de l'instinct de mort ; il adapte l'enseignement psychanalytique à l'explication des phénomènes sociaux, explique les malaises d'une civilisation.

Freud s'exile à Londres en juin 1938, traitera des patients presque jusqu'à sa mort.

L'œuvre

ŒUVRES IMPORTANTES	DATES
Études sur l'hystérie (avec Joseph Breuer)	1895
L'Interprétation du rêve	1899
Psychopathologie de la vie quotidienne	1901
Trois Essais sur la théorie sexuelle	1905
Le Mot d'esprit dans ses rapports avec l'inconscient	1905
Cinq Psychanalyses	1905-1918
Totem et Tabou	1913
Métapsychologie	1915-1916
Introduction à la psychanalyse	1916
Au-delà du principe de plaisir	1920
L'Avenir d'une illusion	1927
Malaise dans la civilisation	1930
L'Homme Moïse et la Religion monothéiste	1939

L'invention du sujet psychanalytique

« Il y a chez tout homme des désirs qu'il ne voudrait pas communiquer aux autres et des désirs qu'il ne voudrait même pas s'avouer à lui-même. »

Freud et la psychanalyse ont bouleversé la pensée que l'homme se faisait jusque-là de lui-même : l'animal raisonnable d'Aristote, la pensée transparente pour elle-même de Descartes sont détrônés par une découverte fondamentale : l'homme non seulement se trompe lui-même, mais encore une bonne part de sa pensée lui échappe. Freud a dit qu'il s'agissait de la troisième blessure narcissique infligée à l'orgueil de l'homme : après l'héliocentrisme de Copernic et la théorie de l'évolution de Darwin.

La psychanalyse est, dans son sens premier, une analyse du psychisme qui comprend une dimension théorique et une dimension pratique. La pratique psychanalytique est une thérapie qui tend à guérir les névroses. Revendiquée par Freud comme théorie pleinement scientifique, elle a pour objet le psychisme et le comportement inconscient de l'être humain.

FOCUS

Une autodéfinition de la psychanalyse

Fondateur de la psychanalyse et inventeur du mot, Freud en fournit une définition claire : « *Psychanalyse est le nom : d'un procédé pour l'investigation de processus mentaux à peu près inaccessibles autrement ; d'une méthode fondée sur cette investigation pour le traitement des désordres névrotiques ; d'une série de conceptions psychologiques acquises par ce moyen.*[1] »

Freud s'est toujours défendu d'être philosophe, mais il a répondu à nombre de questions philosophiques touchant à l'éthique, la morale, la religion. Les principes de la thérapeutique ouvrant sur de nouvelles spéculations ont permis à ce médecin de penser autrement la conscience morale, l'art, la civilisation, la culture.

1 Article de l'*Encyclopédie* (1922).

Un monde intérieur : l'inconscient

Aussi appelée « psychologie des profondeurs », la psychanalyse a pour objet réel la profondeur de l'inconscient dont l'analyse permet d'expliquer, du moins en partie, les lacunes de la conscience.

Freud part d'un postulat : la pathologie mentale s'explique par le principe du déterminisme psychique : il existe toujours un ensemble de causes (refoulements, censures...) qui entraînent un ensemble d'effets (actes manqués...) ; toutefois, il est donné à l'homme d'introduire du sens et d'instituer de nouvelles normes à même de pouvoir libérer, soulager, guérir.

Au sein d'un apparent chaos, il est possible de dégager de l'intelligibilité, de déchiffrer le code, de faire tomber les masques et d'accéder à une liberté retrouvée.

L'appareil psychique

Il est constitué de couches que Freud localisera de façon symbolique. L'inconscient est l'un des systèmes de l'appareil psychique ; il contient des représentations refoulées, c'est-à-dire maintenues hors du champ de la conscience par des censures (des interdits).

À partir de 1920, Freud élabore une théorie de la personnalité et des pulsions humaines. Cette seconde topique distingue trois « instances ».

- Le ça : il représente l'ensemble des pulsions inconscientes qui nous animent ; il est le « pôle pulsionnel » de la personnalité.
- Le moi : c'est la partie de la personnalité qui assure les fonctions conscientes ; cette instance se pose en représentant des intérêts de la totalité de la personne, et comme telle est investie de libido narcissique.
- Le surmoi : il désigne une intériorisation des interdits parentaux ; cette instance juge et critique.

À la suite de la seconde topique, Freud distingue les deux principes régissant le fonctionnement mental.

- Le principe de plaisir : il s'agit de l'ensemble de l'activité psychique qui a pour but d'éviter le déplaisir et de procurer du plaisir.
- Le principe de réalité : lequel modifie le précédent dans la mesure où il réussit à s'imposer comme principe régulateur ; la recherche de satisfaction

ne s'effectue plus par les voies les plus courtes, mais emprunte des détours et ajourne son résultat en fonction des conditions imposées par le monde extérieur.

L'inconscient se manifeste principalement par les rêves, les symptômes, des troubles, des dysfonctionnements psychonévrotiques, les actes manqués, les mots d'esprit.

Le rêve

Le rêve est la voie royale qui, en dévoilant la persistance de ce qui est réprimé, permet d'interpréter l'inconscient. Dans *L'Interprétation du rêve* et dans *Introduction à la psychanalyse*, Freud analyse la formation du rêve, phénomène total qui se révèle comme l'accomplissement d'un désir ; l'essentiel est que ce phénomène soit interprétable : « *"Interpréter un rêve" signifie indiquer son sens, le remplacer par quelque chose qui peut s'insérer dans la chaîne de nos actions psychiques, chaînon important semblable à d'autres et d'égale valeur*[1]. » Il revient au rêveur d'interpréter lui-même son rêve car il est le seul capable de donner un sens à chaque élément de ce rêve grâce aux événements que cet élément évoque.

Le rêve est le fruit d'un travail, il est d'abord une déformation où les pensées latentes et le contenu inconscient sont transformés en un produit manifeste, apparemment difficile à reconnaître. Les pensées latentes sont défigurées par le refoulement et la censure : « *Nous pouvons établir une relation entre le caractère désagréable de tous les rêves et le fait de la déformation du rêve*[2]. »

Les maladies mentales

L'étude du rêve prépare à l'étude des maladies mentales appelées « névroses », parce qu'il nous révèle que l'inconscient peut opérer des déguisements complexes. Nous sommes dans un domaine qui n'est plus celui de « l'homme normal », mais qui concerne la pathologie.

1 *L'Interprétation du rêve*, PUF, p. 90.
2 *Ibidem*, p. 143.

Par « névrose », Freud entend un ensemble d'affections dont les symptômes sont l'expression d'un conflit psychique qui trouve ses racines dans l'histoire infantile du sujet.

FOCUS

Le névrosé

Le névrosé souffre de refoulement, il reste fixé à un moment du passé : son psychisme inconscient reste attaché à un temps où ses désirs étaient satisfaits. Il est soit en état de fixation à un stade antérieur du développement psychique, soit en état de régression pour avoir rencontré des obstacles. Le sens des symptômes est inconnu du malade.

Vers 1920, Freud développe une théorie des pulsions de vie et de mort et distingue :

- les pulsions de vie liées à Éros (dieu de l'amour) ;
- les pulsions de mort et de destruction liées à Thanatos (la mort, en grec).

CHAPITRE 3

BERGSON (1859-1941)

« On appelle liberté le rapport du moi concret à l'acte qu'il accomplit. Ce rapport est indéfinissable, précisément parce que nous sommes libres. [...] Toute définition de la liberté donnera raison au déterminisme. »

Le renouveau spiritualiste

Né à Paris, Henri Bergson appartient à une famille juive bien que toute sa vie il ait été animé de sentiments chrétiens (catholiques). Brillant élève en sciences et en lettres, il entre à l'École normale supérieure de la rue d'Ulm en 1878, section « lettres » ; il est agrégé de philosophie en 1881. En 1889, il soutient ses deux thèses de doctorat, la thèse principale est intitulée *Essai sur les données immédiates de la conscience*. Maître de conférence à Normale sup pendant deux ans, il est élu au Collège de France en 1900, son enseignement fascine totalement ses auditeurs, dont Maritain, Péguy. Nobel de littérature en 1927, il meurt alors que la France, coupée en deux, sombre dans la collaboration, promulgue des lois antisémites. Bien que catholique de cœur, il refuse de se convertir, pour « *rester parmi ceux qui seront demain des persécutés* ».

L'œuvre

ŒUVRES IMPORTANTES	DATES
Essai sur les données immédiates de la conscience	1889
Matière et Mémoire. Essai sur la relation du corps à l'esprit	1896
Le Rire	1900
L'Évolution créatrice	1907
L'Énergie spirituelle	1919
Les Deux Sources de la morale et de la religion	1932
La Pensée et le Mouvant	1934

Une pensée du mouvement et de la créativité

Sa philosophie est une réaction à la pensée positiviste, matérialiste, et au scientisme, sa cousine, qui traitaient les phénomènes de la vie et de la conscience comme des choses physiques. Selon lui, cette manière de procéder n'a rien à voir avec ce que la vie et la conscience ont d'essentiel : le mouvement et la créativité.

• Les Données immédiates de la conscience

Bergson s'élève contre la notion de quantitatif appliquée à l'intensité des états psychologiques. La conscience est pour lui « *qualité pure* » et possède essentiellement une dimension temporelle : quand un sentiment « croît » pour se transformer en passion, le psychisme en est totalement envahi et donc l'intensité exprime la qualité. C'est le cas des sentiments esthétiques, des émotions violentes, des impressions d'effort psychiques lors d'un effort musculaire… Ce que nous prenons pour des degrés ne représentent que des transformations qualitatives.

FOCUS

La durée, nouveauté imprévisible

Le temps est homogène, mesurable, et la durée concrète ; le temps des horloges et des physiciens n'est pas la durée pure de notre conscience, organisation intime d'éléments et flux ininterrompu. Le monde de l'esprit et celui de la durée est liberté, domaine de l'acte libre qui exprime la totalité de notre personnalité ; en ce sens, durée veut dire création, nouveauté imprévisible, et non déterminisme.

« *Agir librement, c'est reprendre possession de soi, c'est se replacer dans la durée pure* » ; cela demande une véritable conversion spirituelle vers cette « *forme que prend la succession de nos états de conscience quand notre moi se laisse vivre, quand il s'abstient d'établir une séparation entre l'état présent et les états antérieurs*[1]. »

• *Matière et Mémoire*

L'objet du livre est l'étude de la relation du corps à l'esprit et, plus généralement, de la matière à l'esprit à partir de la mémoire. Bergson en distingue deux formes :

- la mémoire-habitude ; véritable mécanisme corporel, elle concentre les habitudes motrices (apprendre par cœur) ; elle seule est fixée dans l'organisme ;
- la mémoire pure ou vraie mémoire est celle de mon histoire, non réductible à des mécanismes.

La mémoire pure sert de base à la mémoire-habitude. Bergson conclut que c'est dans le rêve qu'il faut aller chercher la mémoire pure : « *Un être humain qui rêverait son existence au lieu de la vivre tiendrait sans doute sous son regard, à tout moment, la multitude infinie des détails de son histoire passée*[2]. »

« *Avec la mémoire, nous sommes bien véritablement dans le domaine de l'esprit* », conclut le philosophe pour qui l'esprit peut s'associer à la matière.

• *L'Évolution créatrice* : l'élan vital

Dans un premier temps, Bergson montre que seule sa théorie de l'élan vital est à même de pouvoir expliquer l'évolution de la vie : continuité indivise et créatrice, imprévisibilité, passé faisant corps avec le présent. La vie est comme la conscience, elle est un dynamisme créateur, une « *création sans fin en vertu d'un mouvement initial*[3] » :

- le **végétal** est défini par une « *conscience endormie et l'insensibilité* » ;
- l'**animal** est défini par « *la sensibilité et la conscience éveillée* » ; la poussée de l'élan vital a conduit à la création du système nerveux central et au mécanisme de conservation ; au sein du même règne animal sont apparues deux voies divergentes :

1 *Ibidem*, p. 74.
2 *Matière et Mémoire*, p. 172.
3 *L'Évolution créatrice*, p. 106.

– **l'instinct,** dont la forme la plus pure est chez l'insecte ; il est capable de résoudre les problèmes que traite l'intelligence en s'adaptant ; l'instinct utilise un instrument naturel organisé ;
– **l'intelligence,** dont la forme la plus achevée est chez l'homme ; sa faculté est l'action, la puissance de produire et d'employer des outils.

FOCUS

L'intuition bergsonienne

C'est l'intuition qui nous conduit au cœur de la vie elle-même ; elle est l'instinct désintéressé, « *conscient de lui-même, capable de réfléchir sur son objet et de l'élargir indéfiniment*[1] ».

• L'ordre et le désordre

Notre esprit cherche un type d'ordre et en trouve un autre, d'où le désordre compris comme une déception.

- L'ordre de l'intelligence : il s'appuie sur l'ordre géométrique (inhérent à la matière). C'est l'ordre de l'induction et de la déduction. L'intelligence se reconnaît en lui ; l'action s'appuie sur lui. Exemple : une chambre rangée où les objets sont disposés mécaniquement selon des mouvements spontanés.
- L'ordre de l'intuition : c'est l'ordre vital, l'ordre « voulu » (= produit par la volonté), il est essentiellement création : la chambre est rangée selon un rangement consciemment organisé ; il n'y a pas de désordre. Mais ces deux états d'ordre s'excluent l'un l'autre. L'intuition nous fait comprendre que l'homme est le terme et le but de l'évolution.

• *Les Deux Sources de la morale et de la religion* : une nouvelle morale

Analyser l'obligation morale revient à étudier un système d'habitudes qui exerce une pression sur notre volonté ; ces pressions sont d'abord d'origine sociale. L'existence quotidienne de l'individu est, elle aussi, gouvernée par la société qui dresse pour lui son programme de vie. L'exigence sociale est issue d'une société figée, statique, close.

1 *Ibidem*, p. 177.

Mais il y a l'appel du héros qui, loin d'être une pression, est ouverture, transcendance. Cette morale est celle de l'âme ouverte, celle de l'élan vital. La morale de l'Évangile est celle de l'âme ouverte : « ... *quelque chose comme un instantané pris dans un mouvement. Tel est le sens profond des oppositions qui se succèdent dans le Sermon sur la montagne : "On vous a dit que... Et moi je vous dis que..." D'un côté le clos, de l'autre l'ouvert*[1]. »

Bergson en vient à distinguer :

- la religion statique qui correspond à la morale close et permet d'assurer la conservation du groupe social en réagissant d'une manière défensive par rapport à l'idée de mort et à l'angoisse qu'elle génère. Elle protège la société de la peur et de la désagrégation ;
- la religion dynamique qui s'appuie sur l'élan mystique qui est créateur et sur l'amour. Dans le mysticisme chrétien, Dieu qui est amour et objet d'amour appelle à l'action : « *Vient alors une immensité de joie, extase où elle [l'âme] s'absorbe au ravissement qu'elle subit : Dieu est là, et elle en lui*[2]. » Cette âme connaît l'agitation dans le repos, la vie surabonde en elle, pour la simple raison que le mystique veut changer l'humanité en lui transmettant son élan créateur, sa durée inventive qui est celle de l'amour.

• Mécanique et mystique

La machine semble être nécessaire à la libération de l'homme, mais elle ne suffit pas à notre civilisation en débarrassant l'individu des seules contraintes matérielles. Ce dont l'homme a besoin, c'est d'un « supplément d'âme » qui lui permette de ne pas figer la vie. En conséquence, la mécanique appelle la mystique : « *Elle ne retrouvera sa direction vraie, elle ne rendra des services proportionnés à sa puissance, que si l'humanité qu'elle a courbée encore davantage vers la terre arrive par elle à se redresser, et à regarder le ciel*[3]. »

Ce n'est pas sans raison que Péguy, poète et socialiste chrétien, affirmait que Bergson avait réintroduit la vie spirituelle dans le monde. Sans oublier le dynamisme et une nouvelle morale de l'amour...

1 *Ibidem*, p. 57.
2 *Ibidem*, p. 245.
3 *Ibidem*, p. 335.

CHAPITRE 4

HEIDEGGER (1889-1976)

« L'essence de l'homme est essentielle à la vérité de l'être. »

Le problème de l'Être

Martin Heidegger naît à Messkirch, en Allemagne (Bade-Wurtenberg). Son père est tonnelier et sacristain. Après des études au lycée de Constance puis à celui de Fribourg-en-Brisgau, il étudie quatre semestres à la faculté de théologie, renonce à être prêtre et s'inscrit à la faculté des lettres (philosophie) et à celle des sciences. Docteur en 1913, il est réformé pour raison de santé quand la guerre éclate, puis habilité en 1915 ; mobilisé en 1917, il se marie avec une de ses anciennes étudiantes, Elfriede Petri, qui lui donnera deux fils. Assistant à l'université de Fribourg jusqu'en 1922, il enseigne au côté de Husserl, avant d'être nommé à l'université de Marbourg. En 1927, paraît *L'Être et le Temps*, son œuvre maîtresse, qu'il dédie à Husserl à qui il succède en qualité de professeur « ordinaire ». En avril 1933, il est élu recteur de l'université de Fribourg ; les nazis sont au pouvoir depuis le 30 janvier. Entre 1933 et 1945, Heidegger coopère administrativement dix mois avec le régime, adhère au parti nazi (considérant que le national-socialisme est « *la voie tracée pour l'Allemagne* »), démissionne de ses fonctions en 1934, s'abstient de publier (sauf dans de rares éditions collectives) ; la direction du parti l'incorpore dans la milice populaire, en 1944, cette mesure d'éloignement sera prolongée par les autorités françaises d'occupation. Heidegger ne reprend ses cours qu'en

1951, voyage beaucoup (surtout en France), ne reprend ses publications qu'en 1957 avec la *Lettre sur l'humanisme*, adressée à Jean Beaufret. En 1955, il est invité à Cerisy-La-Salle, rencontre le peintre Braque, le poète René Char, ancien résistant, avec qui il se lie d'amitié. À partir de 1969, se tiennent les séminaires du Thor puis celui de Zähringen, dans la banlieue de Fribourg ; le philosophe, disparu en 1976, enterré chrétiennement, repose dans son village natal.

L'œuvre

ŒUVRES IMPORTANTES	DATES
Traité des catégories et de la classification chez Duns Scot	1916
Être et Temps	1927
Qu'est-ce que la métaphysique (discours inaugural)	1929
Kant et le problème de la métaphysique	1929
Hölderlin et l'essence de la poésie	1930
Introduction à la métaphysique (publiée en 1953)	1935
De l'essence de la vérité	1943
Chemins qui ne mènent nulle part	1935-1943
Lettre sur l'humanisme	1947
Essais et conférences	1954
Qu'appelle-t-on penser ?	1954
Qu'est-ce que la philosophie (publié en 1956)	1955
Identité et différence	1957
Le Principe de raison	1957
Acheminement vers la parole	1959
Nietzsche	1961

L'Être et l'étant

Si l'on en croit le philosophe Jean Beaufret : « *On ne résume pas la pensée de Heidegger. On ne peut même pas l'exposer. La pensée de Heidegger, c'est ce rayonnement insolite du monde moderne lui-même en une Parole qui détruit la sécurité de langage à tout dire et compromet l'assise de l'homme dans l'étant*[1]. » Que faire ? Tenter malgré tout de dégager quelques concepts fondamentaux. Celui que certains estiment être, à juste titre, le plus grand philosophe du XXe siècle, se porte en digne héritier de Husserl phénoménologiquement au cœur de la question de l'être développé dans *Être et Temps*, comme dans toute l'œuvre. Nous sommes en présence d'une source qu'aucun concept ne peut réduire : l'être qui jamais ne peut être confondu avec l'étant, l'être concret, particulier, existant au cœur de sa réalité empirique ; l'homme est le seul étant à posséder la capacité d'interroger l'être. Cette interrogation constitue même l'être de cet étant.

Petit lexique heideggérien

Sans doute faut-il prévenir que la langue allemande est plus à même que le français de contenir ces nuances difficilement traduisibles. Heidegger invente nombre de néologismes, de mots inédits :

- l'« ontique », par exemple, désigne l'existant simplement comme il est, tel qu'il est donné, « ce qui est » ;
- alors que l'ontologique se rapporte à ce qui fait que l'existant est ce qu'il est, à la plus profonde réalité ;
- le sens de certains termes est autre que le sens courant (souci) ;
- la lecture de mots composés demande une attention soutenue. Ainsi, le Dasein ou « être-le-là » dit l'étant qui interroge l'être, il est « *ce au sein de quoi l'homme déploie tout son être*[2] », il est cette voie d'accès unique et obligée à toute compréhension de tout être.

L'être est partout, mais il a divers modes et divers types d'existants : celui de la chose, de l'instrument, de l'homme... Heidegger commence par l'existant que nous sommes. En s'interrogeant sur lui-même, l'homme initie « *l'analytique fondamentale du Dasein* », préalable à toute ontologie générale. Ainsi, la philosophie consiste d'abord à méditer, à penser l'être tel qu'il se donne ou se dérobe.

1 In *Introduction à une lecture du poème de Parménide*, Paris, 1984, p. 7.

2 *Être et Temps*, traduction Vezin, Paris, p. 125.

La structure du Dasein

C'est une structure tridimensionnelle désignée par le terme générique de « souci », unité de la facticité (ou déréliction), de l'existence et l'« être-auprès-de ».

• Le souci

La facticité, c'est le Dasein qui se découvre comme étant « toujours-déjà-là » : « *Ce que nous entendons par facticité n'est pas le fait brut d'un étant subsistant, mais un caractère ontologique du Dasein* », c'est le caractère de ce qui existe comme pur fait : « *Nous sommes embarqués* », jetés dans l'existence sans l'avoir choisi. La déréliction est signe de la dimension temporelle du passé, du Dasein comme « ayant-été ». Déréliction aussi dans ce caractère du Dasein jeté dans le monde et abandonné à lui-même[1].

L'existence est le fait pour l'homme de se tenir dans l'éclairement de l'être, il est ce rapport qui caractérise l'homme dans son essence et qui se tient hors de lui-même, qui porte le Dasein à être continuellement en avant de lui-même. Il a pour modalités : la compréhension et le pro-jet (avec tiret pour traduire *Entwurf*), intrinsèquement reliés à l'existence : toute existence est compréhensive par l'articulation d'un pro-jet.

L'être-auprès-de signifie que le Dasein est continuellement en présence de quelqu'un d'autre que lui-même, il se tourne vers lui et se transcende. Temporellement, il est le présent originaire.

FOCUS

L'être-au-monde heideggérien

Par le pouvoir de saisir n'importe quel étant en tant qu'il est (amené à la présence et placé dans le domaine d'ouverture), l'homme « illumine » par un double mouvement de prospection et de rétrospection au sein même de la présence. C'est la « compréhension », l'être-au-monde dans le lieu de toutes les significations. L'homme trouve son unité en s'extériorisant sans cesse, en se sachant dans le temps, la temporalité n'est pas succession de moments, mais le fait d'être contemporain du passé, du présent, de l'avenir.

1 *Ibidem*, p. 180.

Ainsi, souci, compréhension de l'être et temporalité sont d'une certaine façon identiques.

• Les modalités du souci

La première est l'existence comme « préoccupation » qui découpe un monde ambiant à l'intérieur du monde et découvre « l'étant intra-mondain » (en ce monde) de deux manières.

- Soit il est un autre Dasein : le rapport à l'autre est alors un rapport de coexistence qui peut dégénérer en simple rapport de préoccupation.
- Soit il est un étant d'un autre type et se dévoile comme « étant-offert-à-la-main », c'est-à-dire comme ustensile ; ce mode est premier mais peut se renverser. Il est alors le propre de la pensée théorique et considère l'étant comme une chose. La pensée théorique est seconde et dérivée, l'importance que la philosophie occidentale lui a accordé est abusif, et ce depuis Platon. Heidegger en tire la conclusion de déconstruire par nécessité l'histoire de la métaphysique.

Le Dasein existe enfin sur deux modes concrets fondamentaux.

- Le mode du « on », soucieux de ses possibilités pour se distraire. On, c'est la forme de l'existence en commun vouée par nature à l'inauthenticité et à la banalité ; la pression que cette forme exerce sur le quotidien tend à vider le Dasein de son être, à le dissoudre[1] ; ajoutons que le mode de la quotidienneté est celui de la déchéance du Dasein, un tourbillon, une chute.
- Le mode de l'authenticité, c'est le mode de l'existence résolue où l'étant existe selon ses possibilités propres et irréductibles ; elles débouchent toutes sur l'acceptation de l'être-pour-la-mort qui en constitue la mesure ultime et manifeste le temps originaire fini. Tout Dasein débute par l'inauthenticité et souvent y demeure, il est cependant possible de conquérir l'authenticité.

1 Ch. IV de *Être et Temps*.

FOCUS

L'angoisse comme passage

Entre les deux modes, l'angoisse (différente de la peur qui est crainte d'un étant nuisible) assure le passage de l'un à l'autre ; elle est toujours angoisse devant le néant et le révèle. Le néant est ce « rien » qui « n'est » que parce qu'il n'est aucun étant. L'angoisse fait sombrer les étants dans la nullité mais, du même coup, ouvre à la saisie de l'étant en tant que tel et à la saisie de l'être.

L'analytique existentiale constitue enfin le Dasein comme « historique » dans le sens où la rétrospection vers la situation originelle, le pro-jet de soi dans l'existence et la présence à l'autre, sont unis par une structure au sein de laquelle s'ouvre « l'historicité ».

Le « tournant »

Vers les années 1930, Heidegger passe de la quête du sens à la méditation sur la vérité de l'être. En 1930, d'ailleurs, il prononce une conférence, *L'Essence de la vérité*, où il remet en question le concept courant de vérité et souligne l'essence « *originellement privative* » de la vérité comme dévoilement. C'est le concept d'Alétheia, nom grec de la vérité, formé de « a » privatif et de *lanthano* qui signifie « je dissimule ». Le mystère de l'être ne se livre pas brutalement au Dasein et le dévoilement de la vérité est compris comme une lente sortie de « *l'enténèbrement du monde* ».

FOCUS

L'oubli de l'être

Pour Heidegger, toute la métaphysique occidentale se caractérise par « *l'oubli de l'être* » : « *Dans le massif de l'être, la plus haute cime est le mont Oubli.* » Il entend par là qu'a été refoulée la différence ontologique (soit, ce qui se rapporte à l'être) entre l'être et l'étant, non sans avoir de surcroît assimilé l'Être suprême (Dieu) à l'être créant ainsi une ontothéologie (où la métaphysique est conçue comme une ontologie, mais aussi comme la recherche de la cause première – divine).

Dieu « a » de l'être et donc n'est en conséquence qu'un étant, même si l'on admet qu'il est la condition de tous les autres. Les présocratiques en ce sens se trompent moins que Descartes ou Nietzsche chez qui l'homme devient le fondement et le centre de tout l'étant, consommant ainsi l'oubli de l'être. Pour Heidegger, penser la différence de l'être à l'étant revient à reconnaître que la Présence et ce qui est présent n'arriveront jamais à être identiques. Il importe de souligner un double mouvement : celui de l'être « se donnant » à l'homme (qui en le recevant contracte une dette), et l'appelle ainsi à une participation, et celui de l'homme vers l'être qui peut à tout instant se dérober alors que l'homme peut, à tout instant, oublier l'être.

REPÈRES

L'homme est le « berger de l'être »

La mission de l'homme est de rassembler tous les étants non humains dans la lumière même de l'être, il devient le médiateur, le fameux « berger l'être » de la *Lettre sur l'humanisme*.

La technique et la parole poétique

Le fond de la pensée de Heidegger est la « finitude de l'être » ; à partir de 1953, il aborde la « question de la technique » qu'il fait reposer sur la finitude. Le terme ne recouvre pas seulement les différents secteurs de l'équipement par machines, mais l'équipement du tout de l'étant qui manifeste le vide ontologique. Pour le philosophe, l'essence de la technique, c'est « *la métaphysique poussée jusqu'à son terme*[1] » puisque, pour les Grecs, la « *techné* » était un « savoir » et non un « faire » ; au fil de l'histoire, connaissance et puissance (marques actuelles de la technique dans son sens contemporain) se sont enchevêtrées au point que la domination que l'homme exerce sur la nature dépasse les espérances de Descartes, sans que la réussite soit patente. Cette domination est le signe d'une errance loin de l'être ; l'homme est dominé par l'évolution technicienne au point d'oublier l'être.

1 In *Essais et Conférences.*

FOCUS

La « maison de l'être »

À la question de la technique, Heidegger répond par celle de la langue ou de la parole : « *La langue est le poème originel dans lequel le peuple dit l'être. Inversement, la grande poésie, celle par laquelle un peuple entre dans l'histoire, est ce qui commence à donner figure à sa langue. Les Grecs et Homère ont créé et connu cette poésie. La langue qu'ils parlaient leur fut ainsi ouverte comme départ dans l'être, comme stature donnée dans l'ouvert à l'étant*[1]. » La poésie devient cet accomplissement de la langue qui est « maison de l'être » ; elle montre au lieu de signifier comme il arrive aussi à la parole pensante de désigner.

Cette intime parenté entre le poète et le penseur, seulement séparés par l'oubli de l'essentiel, instaure, par la langue, un domaine d'appartenance commune. Ses méditations sur Trakl, Hölderlin, Héraclite forment une seule et même réflexion chez celui qui se voulut même un moment poète en écrivant : « *Si l'amour grandit dans la pensée/l'être vers lui s'est tourné. Si la pensée ouvre une clairière à l'amour,/la grâce a mis en vers sa splendeur*[2]. »

1 In *Introduction à la métaphysique*, 1930.

2 « Les retrouvailles pour le 6 février 1950 », in *Le Concept d'amour chez Heidegger*, V. Piazza, L'Amour en retrait, Paris, 2003, p. 103.

CHAPITRE 5

SARTRE (1905-1980)

« Nous courons vers nous-mêmes et nous sommes, de ce fait, l'être qui ne peut se rejoindre. »

La naissance de l'existentialisme

Né à Paris, Jean-Paul Sartre est orphelin de père à un an ; il est élevé par ses grands-parents maternels. En 1924, Sartre réussit le concours d'entrée à l'École normale supérieure de la rue d'Ulm (Raymond Aron, Pierre Nizan sont ses camarades). Après avoir échoué à l'agrégation de philosophie, il est reçu premier en 1929 – Simone de Beauvoir qu'il vient de rencontrer est deuxième. Professeur de philosophie au Havre de 1931 à 1937 puis au lycée Pasteur de Neuilly, il publie des écrits philosophiques avant de publier ses premières œuvres littéraires (*Le Mur*, en 1937). Le roman *La Nausée* lui apporte la notoriété alors que *L'Être et le Néant* passe presque inaperçu. Sartre devient plus que célèbre à la Libération en devenant le chef de file de l'existentialisme ; il quitte l'enseignement pour se consacrer à l'écriture et co-dirige avec Simone de Beauvoir et Maurice Merleau-Ponty la revue *Les Temps Modernes*, politiquement très engagée à gauche (le premier numéro paraît le 1er octobre 1945). À partir de 1950, Sartre se rapproche du Parti communiste dont il soutient ardemment la politique jusqu'à l'écrasement de la Révolution hongroise de 1956 par les troupes soviétiques. La publication en 1960 du premier volume de la *Critique de la raison dialectique* (il n'y aura pas de second) marque la volonté d'approfondir la théorie marxiste.

REPÈRES

Le refus du prix Nobel

En 1964, alors que paraît *Les Mots*, Sartre se voit décerné le prix Nobel qu'il refuse sous prétexte qu'un écrivain ne doit pas être une institution.

Lors des événements de Mai 1968, il soutient les étudiants révoltés ainsi que les publications d'extrême gauche. Le dernier ouvrage paru de son vivant, *L'Idiot de la famille, Gustave Flaubert*, est une longue synthèse de sa pensée et de la psychanalyse. Devenu aveugle, il continue son activité intellectuelle et s'éteint à Paris le 15 avril 1980 à l'hôpital Broussais. Il est inhumé au cimetière Montparnasse.

Une pensée engagée

Sa pensée est sans doute l'une des mieux connues, l'une des plus populaires au monde ; le nom de Sartre étant pour beaucoup celui du plus grand philosophe français de son siècle, pour d'autres un homme qui s'est toute sa vie compromis par ses choix politiques, un grand écrivain plus qu'un grand penseur. Il a été le « Voltaire français » d'après de Gaulle, « l'agité du bocal » d'après Céline... L'existentialisme est à jamais attaché à son nom.

L'œuvre

ŒUVRES LITTÉRAIRES PRINCIPALES	ŒUVRES PHILOSOPHIQUES, ESSAIS, CRITIQUE PRINCIPAUX
La Nausée (roman), 1938	*L'Imagination*, 1936
Le Mur (nouvelles), 1939	*La Transcendance de l'Ego*, 1936-1937
Les Mouches (théâtre), 1943	*Esquisse d'une théorie des émotions*, 1939
Huis clos (théâtre), 1944	*L'Imaginaire. Psychologie phénoménologique de l'imagination*, 1940
Les Chemins de la liberté (roman), 3 tomes, 1945-1949	*L'Être et le Néant*, 1943
Mort sans sépulture (théâtre), 1946	*Réflexion sur la question juive*, 1946
Les Mains sales (théâtre), 1948	*L'existentialisme est un humanisme*, 1946

Le Diable et le Bon Dieu (théâtre), 1951	*Baudelaire*, 1947
Les Séquestrés d'Altona (théâtre), 1959-60	*Cahier pour une morale*, 1947-1948, posthume (1983)
Les Mots (Mémoires), 1964	*Questions de méthode*, 1957
	Critique de la raison dialectique I, 1960
	L'Idiot de la famille, Gustave Flaubert (1971-73)

La liberté absolue de l'homme

• L'expérience de la contingence

Ce n'est pas par un traité, mais par un roman, *La Nausée*, que Sartre exprime une métaphysique en décrivant l'expérience cruciale de la contingence. Le « héros », Antoine Roquentin, travaille à Bouville (transposition du Havre) et prépare une thèse sur le marquis de Rollebon. Un jour de printemps, il découvre dans un jardin public le sens de cette étrange nausée dont il est victime et qui le métamorphose lentement. Elle lui dévoile tout d'abord l'absurde d'une existence assujettie à une contingence au-delà de toute rationalité. L'homme vit au-delà des raisons et de la logique : « *Exister, c'est être là, simplement ; les existants apparaissent, se laissent rencontrer, mais on ne peut jamais les déduire*[1]. » L'absurdité ne condamne pas à la paralysie, mais engage à plus d'action, à se déterminer pour un choix et pour sa liberté.

La liberté est ce chemin sur lequel nous tentons d'avancer sans tomber, en elle s'enracinent les seules valeurs parce qu'elle est gravée dans le cœur de chaque homme et de chaque existence. Grâce à elle, il est possible de rompre avec soi-même, de néantiser l'ensemble des déterminations naturelles.

• L'angoisse et la mauvaise foi

L'homme est en quelque sorte « condamné » à la liberté, à chaque instant responsable, il a le pouvoir de dire « oui » ou « non », de faire ce qu'il veut, mais il s'angoisse à cause de ce « rien » qui vient s'insinuer entre les motifs et les actes. Le néant hante l'être et la liberté est une rupture avec

1 *La Nausée*, Gallimard, p. 181.

ce dernier : « *La condition pour que la réalité humaine puisse nier tout ou partie du monde, c'est qu'elle porte le néant en elle comme le rien qui sépare son présent de tout passé*[1]. » L'angoisse est un sentiment vertigineux né de la multiplicité des possibles, elle est liée non à un objet (c'est le cas de la peur), mais à la prise de conscience que « mon » existence est totalement libre, elle est angoisse de soi et de l'infinie liberté car « je » décide seul, injustifié, injustifiable, sans circonstances atténuantes, sans la moindre excuse et les barrières censées me protéger ne signifient rien.

FOCUS

L'insupportable liberté

Effrayée par cette liberté, la conscience tente de fuir par la mauvaise foi. Se mentir à soi-même semble être le meilleur moyen pour fuir cette vertigineuse liberté au point de feindre de croire que « je » ne suis pas libre ou de penser que tel déterminisme psychique pèse sur mes actes ; je peux aussi me réfugier au sein d'idéologies ou de mythes comme autant d'alibis.

L'autre comme conscience de soi

Sartre reprend la question développée par Hegel dans *La Phénoménologie de l'esprit* : le pour-autrui mais, en décrivant cette nouvelle structure, il part de la honte, cette saisie de soi-même devant l'autre. Il privilégie l'expérience du regard : quand l'autre me regarde, la situation m'échappe : je ne suis plus qu'une transcendance transcendée, une liberté dépassée : « *Par le regard d'autrui, je me vis comme figé au milieu du monde, comme en danger, comme irrémédiable. Mais je ne sais ni qui je suis, ni quelle est ma place dans le monde, ni quelle face ce monde où je suis tourne vers autrui*[2]. »

1 *Ibidem*, première partie, ch. I.
2 *Ibidem*, troisième partie, ch. I, p. 327.

REPÈRES

« L'enfer, c'est les autres »

Cette célèbre réplique de *Huis clos* est presque contemporaine de l'analyse conduite dans *L'Être et le Néant*[1]. Le regard d'autrui m'agresse et signifie que cette existence autre est ma chute originelle, ce regard me dépossède de moi-même et fait de moi une chose parmi les choses. De la même manière, mon corps, par autrui, m'échappe de toutes parts, tant et si bien que toute relation concrète qui engendre le conflit est soldée par une succession d'échecs : l'amour est impossible...

Un existentialisme athée

« Il n'y a pas de nature humaine, puisqu'il n'y a pas de Dieu pour la concevoir. »

La doctrine est réactive et s'oppose autant à la *Lettre sur l'humanisme* de Heidegger qu'à l'humanisme chrétien de l'immédiat après-guerre. Le fait qu'il n'y ait pas de Dieu implique la totale responsabilité de l'homme : Dieu est mort, tout est permis ! Mais l'angoisse et le désespoir sont la rançon de la liberté. La morale existentielle est une morale de la création et de l'invention : quand le pour-soi est authentique, il veut non seulement sa liberté, mais encore celle des autres, et jamais ne se réfugie dans la mauvaise foi. C'est en se projetant hors de lui que l'homme fait exister l'homme, c'est « *toujours en cherchant hors de lui un but qui est telle libération, telle réalisation particulière, que l'homme se réalise précisément comme humain*[2] ». Rien ne saurait mieux définir cette philosophie optimiste de l'action où le « faire » et le projet sont instance de libération.

1 *Ibidem*, voir troisième partie.

2 *L'existentialisme est un humanisme*, Nagel, Paris, 1946, p. 94.

CHAPITRE 6

DU STRUCTURALISME À RICŒUR

Le structuralisme

Il s'agit d'une méthode d'analyse et d'étude qui s'appuie sur la recherche des structures d'un domaine donné. Par structure, il faut entendre un ensemble constitutif d'éléments tel que chacun d'eux n'ait de sens que par les relations qu'il entretient avec les autres et que la modification d'un seul entraîne une modification de l'ensemble. Le modèle a été fourni aux disciplines contemporaines par Ferdinand de Saussure qui opposait langue et parole, diachronie et synchronie, signifiant et signifié.

Vous avez dit diachronie et synchronie ?

La diachronie se propose de retracer l'évolution antérieure ou postérieure d'un objet ou d'un domaine ; la synchronie montre l'objet ou le domaine dans ses relations à d'autres événements ou structure à un instant donné ; les structuralistes privilégient ce point de vue.

La langue est définie comme un système de différences dont le fonctionnement doit être étudié ici et maintenant. Cette nouvelle approche influence considérablement la linguistique, mais aussi la philosophie avec le structuralisme épistémologique de Foucault, les sciences humaines dont Claude Lévi-Strauss, ethnologue, Jacques Lacan, psychanalyste, dans une autre mesure, Jean Piaget, psychologue spécialiste du comportement de l'enfant, la théorie marxiste avec Louis Althusser, la critique littéraire avec Roland Barthes.

Michel Foucault (1926-1984)

• Une pensée de la discipline

Les centres d'intérêt de ce philosophe considérable dont l'influence est toujours manifeste sont les disciplines, dans les deux sens du mot : domaine de connaissance particulière (la « discipline scientifique ») et le contrôle de soi et d'autrui (s'imposer une discipline ou l'imposer...).

La psychiatrie lui offrit un terrain de choix : dès 1961, il démontre comment s'effectuent les différentes mutations du regard collectif et du discours appliqué au « fou », dans *Histoire de la folie à l'âge classique* ; il prolonge son analyse par une « archéologie » méthodique du rapport médecin/patient (*Naissance de la clinique*, 1963), définissant les discours comme des « *pratiques obéissant à des règles* » assimilables à des monuments.

• Les mots et les choses

La nouveauté est la définition de ces pratiques comme « réécriture », « *transformation réglée de ce qui a déjà été écrit* ». Son « grand œuvre », *Histoire de la sexualité*, parut avant sa mort prématurée : 1. *La Volonté de savoir*, 2. *L'usage des plaisirs*, 3. *Le souci de soi*, où la sexualité est prise en charge par le discours notamment psychanalytique. Le sexe n'est pas la « *vérité de l'être humain* », mais une dimension considérable, récupérée à travers les discours soit que l'on tient sur lui, soit qu'on fait sur lui, à la manière d'aveux. L'affaire ne concerne pas tant les « organes » que le discours, qu'il soit celui de pratiques religieuses (la confession) ou de pratiques analytiques (la psychanalyse). La formation du lien entre morale et plaisir invite chacun à faire de sa vie l'équivalent d'une œuvre où il sera conscient que la vérité est un effet politique (dans le sens de ce qui a rapport au pouvoir dans une société donnée). Il en est du pouvoir comme du langage, il est diffus et le dirigeant comme l'analyste ne détiennent pas davantage de pouvoir que celui qui parle ne détient la langue.

• Le discours et le pouvoir

L'étude des modifications du discours historique (*Archéologie du savoir*), du dicible (*L'Ordre du discours*, 1971) ou des systèmes carcéraux (*Surveiller et punir*, 1975) dégage « *le réseau de pouvoir qui fonctionne dans une société et la fait fonctionner* », insistant sur le fait que les dispositifs mis en place pour distribuer récompenses, châtiments, favoriser les inhibitions et les incitations ne contiennent d'autre vérité que celle de la formation même du lien.

Jacques Lacan (1901-1981)

• Une nouvelle interprétation des théories freudiennes

Imposteur fumeux pour les uns, génie pour les autres, Lacan est un incontournable, auteur d'une œuvre ardue, baroque, révolutionnaire sous bien des points. L'apport lacanien en psychanalyse est multiple et s'articule autour de thèmes clés exposés notamment dans les *Écrits* ainsi que dans les tomes du fameux *Séminaire*.

- L'objet de la pulsion et le manque : la relation à l'objet est spécifique dans la mesure où la satisfaction est impossible ; nous ne réussissons que nos actes manqués, nos ratages, telle est la caractéristique de la pulsion selon celui qui créa le concept d'« objet petit *a* », typique de sa relation à la linguistique structurale et aux mathématiques (appelée *modélisation*).
- « *L'inconscient est structuré comme un langage* », il contient sa vérité propre en même temps qu'une dimension symbolique qui signifie que le réel, hors de portée, n'est concevable qu'à travers le voile du langage.
- Le « réel » n'est pas la réalité, il échappe au sujet, il est l'objet toujours raté d'une quête : la satisfaction. Plus encore, le réel est ce qui se dérobe à la parole ou, en d'autres termes, à la production symbolique du langage ; il est l'impossible, l'inaccessible. Lacan l'articule avec l'imaginaire et le symbolique.
- Le registre de l'imaginaire se construit avec le stade du miroir : notion qui désigne l'unification imaginaire dont l'enfant fait l'expérience en reconnaissant son image (inversée) dans un miroir, condition de la constitution du moi. Nous n'avons pas d'autre accès à nous-mêmes que cette image ; l'imaginaire étant le développement de ces images dans le rêve ou le phantasme.

FOCUS

Le symbolique : la part culturelle

Le symbolique est la part culturelle de l'être humain dont le langage (attaché à la fonction paternelle) permet par la désignation le fait de nommer, d'inscrire l'enfant dans un monde symbolique qui préexiste (appelé : le Nom du père). La fonction symbolique est castratrice par rapport au phantasme de toute-puissance de l'enfant.

La réalité humaine est incompréhensible sans la fonction symbolique et l'approche clinique de la psychanalyse consiste à se confronter avec le réel – unique destination du désir inconscient.

La « schizanalyse » de Deleuze et Guattari

Le philosophe Gilles Deleuze (1925-1995) critiquera violemment la psychanalyse qu'il accuse d'avoir méconnu la véritable nature du désir : son infinie inventivité, sa production poétique... Il qualifie le postulat du « *désir qui est manque* » de machine répressive qui enferme le désir ; raison pour laquelle il en appelle à la « schizanalyse » (terme formé avec son compère et ami Félix Guattari, 1930-1992) dans un livre célèbre : *L'Anti-Œdipe* (1972) qui propose une psychanalyse subversive : il s'agit d'une mise en rapport entre psychanalyse, histoire et politique dans le but de montrer que le schizophrène est un révélateur sinon la limite que le capitalisme ne saurait franchir pour rassembler en lui toutes les contradictions du système. Désirer n'est pas manquer, mais franchir des normes grâce à la « *machine désirante* ».

Jacques Derrida (1930-2005)

« Dès qu'il est saisit par l'écriture, le concept est cuit. »

• Déconstruire la métaphysique

Auteur d'une œuvre plus que volumineuse et profuse, Derrida part de la phénoménologie de Husserl à laquelle il adjoint une réflexion sur l'écriture (inspirée par Mallarmé) et l'interprétation de Nietzsche par Heidegger. L'ensemble de ces données lui permet d'élaborer une « déconstruction » de toute métaphysique. Le terme est utilisé par Heidegger dans *Être et Temps*.

FOCUS

La déconstruction

La déconstruction est un montage qui consiste à mettre à nu ce qui, dans une pensée comme dans une œuvre, en constitue « l'impensé » – autre terme emprunté à Heidegger. Si l'on admet que la métaphysique est fondée sur un système d'opposition entre apparence trompeuse et essence véridique, déconstruire c'est écarter ces dualités : essence/ apparence, esprit/corps... Il s'agit d'un instrument de subversion qui vise à dépasser.

Autre point capital : le fait d'écrire masque un refoulement : l'absence de sens à l'origine que colmate ensuite un texte. C'est parce qu'aucune espèce de fondement n'assoit le discours que le sens ne cesse de se dissiper, d'être semé à tous vents. Derrida appelle ce processus : « dissémination » ; le « sème » est unité de signification, et dans « dissémination » il y a la semence qui fait le séminaire... Ce qui reste est dit « trace » dont l'écriture marque la présence. La « grammatologie » travaille ainsi à lire les textes écrits dans les marges de la philosophie comme de la littérature (Levinas, Artaud, Bataille, Ponge...), afin de déconstruire le « logophonocentrisme » en trouvant dans l'inscription graphique autre chose.

• L'œuvre

ŒUVRES IMPORTANTES	DATES
De la grammatologie	1967
L'Écriture et la Différence	1967
La Voix et le Phénomène. Introduction au problème du signe dans la phénoménologie de Husserl	1967
La Dissémination	1972
Marges – de la philosophie	1972
La Carte postale. De Socrate à Freud et au-delà	1980
De l'esprit. Heidegger et la question	1987
Psyché. Inventions de l'autre	1987
Du droit à la philosophie	1990

Emmanuel Levinas (1905-1995)

• Le visage d'Autrui

D'origine lituanienne, Levinas vécut en France à partir de 1923. Influencé par Husserl, il le révèle au public français et retient surtout les méthodes d'analyses intentionnelles. Une longue fréquentation avec le talmudisme le conduit à centrer son travail sur la présence et plus particulièrement le visage de l'Autre : expérience majeure sans laquelle il ne pourrait exister de signification. La métaphysique devient une « *transcendance vers l'autre* » ; il y a de l'être parce qu'il y a de l'autre... La relation avec l'être ne doit pas être trop abstraite, l'expérience de l'autre ouvre sur un champ d'expérience de l'infini où l'éthique précède l'ontologie.

• Le don infini

Dans *Totalité et Infini*, Levinas fait jouer l'infini – où autrui est irréductible au moi comme au concept – contre la totalité, c'est-à-dire la logique englobante. L'infini est sans conteste supérieur, incomparable puisque l'Autre rend possible la totalité et son identification. La réflexion est à la croisée des études talmudiques et de la phénoménologie qui « revient aux choses mêmes », telles qu'elles apparaissent dans la conscience. Pour Levinas, le visage n'est pas la face objective, il est ce qui vient vers moi et qui, cependant, ne saurait m'appartenir ; il est ce qui se destine à l'autre qui m'apparaît d'abord sous ce don : le visage, signe d'une transcendance unique aussi infinie que vulnérable. Il s'agit réellement d'une injonction que je ne peux ignorer et qui commence par dire : « *Tu ne tueras point* »...

• L'œuvre

ŒUVRES CAPITALES	DATES
La Théorie de l'intuition dans la phénoménologie de Husserl (thèse de doctorat)	1923
De l'existence à l'existant	1947
Le Temps et l'Autre	1947
Totalité et Infini	1961
Difficile Liberté	1963
Autrement qu'être ou Au-delà de l'essence	1974
Du sacré au saint	1977
De Dieu qui vient à l'idée	1982
En découvrant l'existence avec Husserl et Heidegger	1982

Paul Ricœur (1913-2005)

« Ne pas voir, regarder à côté, c'est plus facile que de vouloir s'informer à tout prix. Les fautes par omission, par précaution, sont bien plus nombreuses que les grands crimes. »

• Le philosophe du compromis

Ainsi aimait se définir ce philosophe, pour qui vivre ensemble était affirmer la grandeur d'une culture de compromis (comme les États-Unis fondés par des émigrants de religions différentes). Son œuvre est une œuvre de patience, d'analyse pour le moins méticuleuse de problèmes précis dont le suivant dérive du précédent. Ainsi, poser la question de la volonté conduit à poser celle de la mauvaise volonté, du mal, de l'inconscient, et donc de l'interprétation. Ses premiers travaux s'effectuent sous le parrainage du théologien protestant Karl Barth, du philosophe de l'existentialisme chrétien Gabriel Marcel et de la phénoménologie de Husserl. Le premier fruit donne naissance à une puissante réflexion sur l'agir humain : *Philosophie de la volonté*.

Rapidement son œuvre s'oriente vers l'herméneutique, que Ricœur applique à une lecture philosophique de la psychanalyse par exemple.

Vous avez dit herméneutique ?

À l'origine, le terme désigne l'interprétation des textes bibliques, puis plus généralement l'interprétation de textes difficiles.

Le concept majeur est celui d'identité narrative : un individu ou un groupe constitue son identité à partir de ce qu'il exprime par des récits. L'autobiographie, la narration romanesque, le récit historique et même la poésie se donnent comme une lecture dialectique au cours de laquelle le sens perçu est en même temps prêté par l'auteur et révélateur d'un lecteur. Lire produit du sens par rapport au texte et par rapport au lecteur qui enrichit ainsi sa propre conception de lui-même. Ce principe novateur peut être appliqué à la psychologie individuelle autant qu'aux sciences sociales.

• Un engagement éthique

Dans un second temps de réflexion, Ricœur en vient à fonder l'engagement éthique sur la promesse et la parole tenue, comprises comme écho d'un don qui engage l'obligation. Ainsi, la vraie vie n'a de sens qu'avec et pour l'autre, dans le cadre d'institutions justes, la justice doit tendre à l'universalité en même temps qu'à la singularisation. Dépasser les préjugés ethniques, nationaux, résister à la tentation de penser l'individu comme une norme fait de cette pensée une philosophe de la justice et de la charité. Le souci d'hospitalité est un point d'intersection entre l'engagement chrétien et la responsabilité philosophique : « *Il ne faut jamais séparer l'héritage du projet.* »

• L'œuvre

ŒUVRES IMPORTANTES	DATES
Philosophie de la volonté : 1. Le volontaire et l'involontaire ; 2. Finitude et culpabilité : l'homme faillible, La symbolique du mal	1960
De l'interprétation, essai sur Freud	1965
Le Conflit des interprétations. Essais d'herméneutique, tome I	1969
La Métaphore vive	1975
Temps et récit, 3 volumes	1983-1985
Du texte à l'action. Essais d'herméneutique, tome II	1986
Soi-même comme un autre	1990

INDEX DES PHILOSOPHES PRINCIPAUX

SCHÉMAS RÉCAPITULATIFS

Philosophie allemande

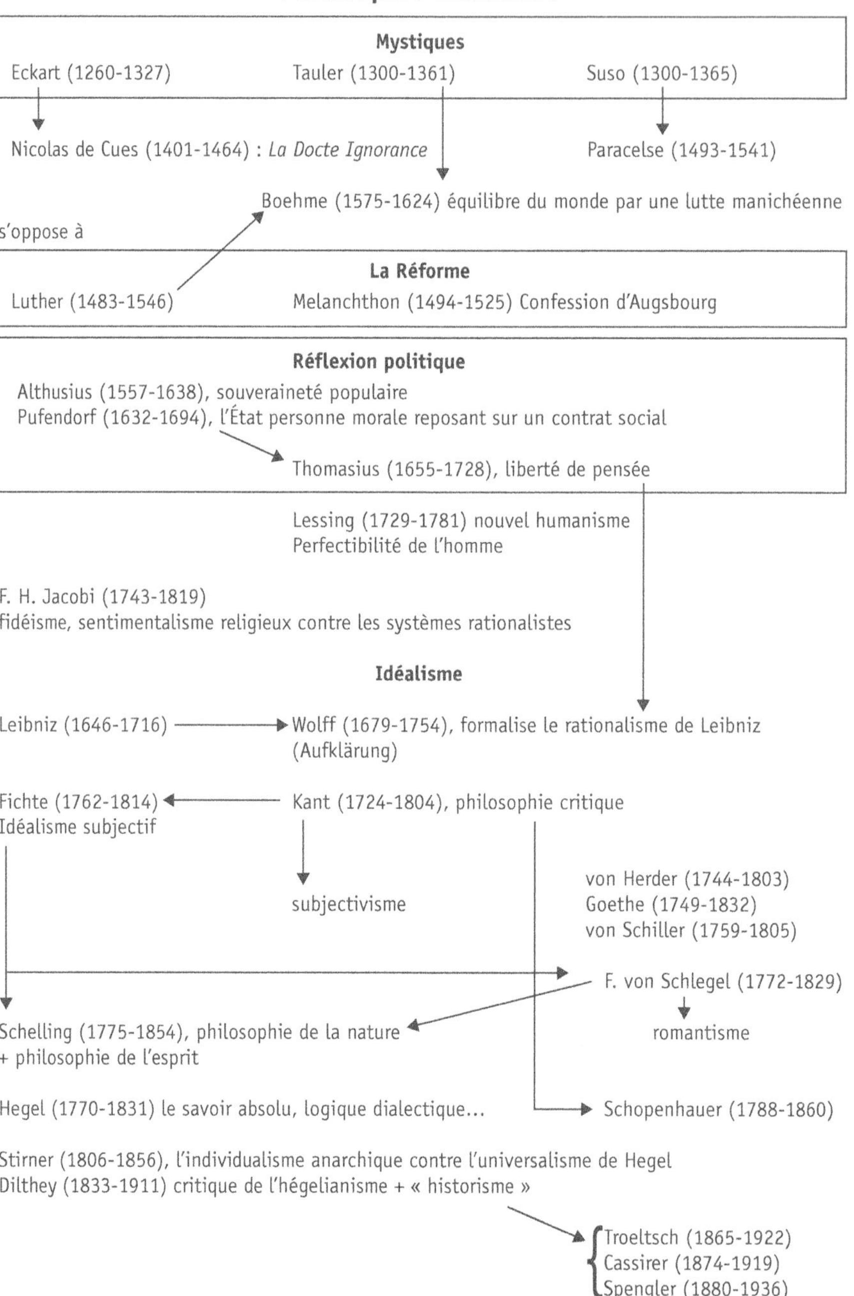

300

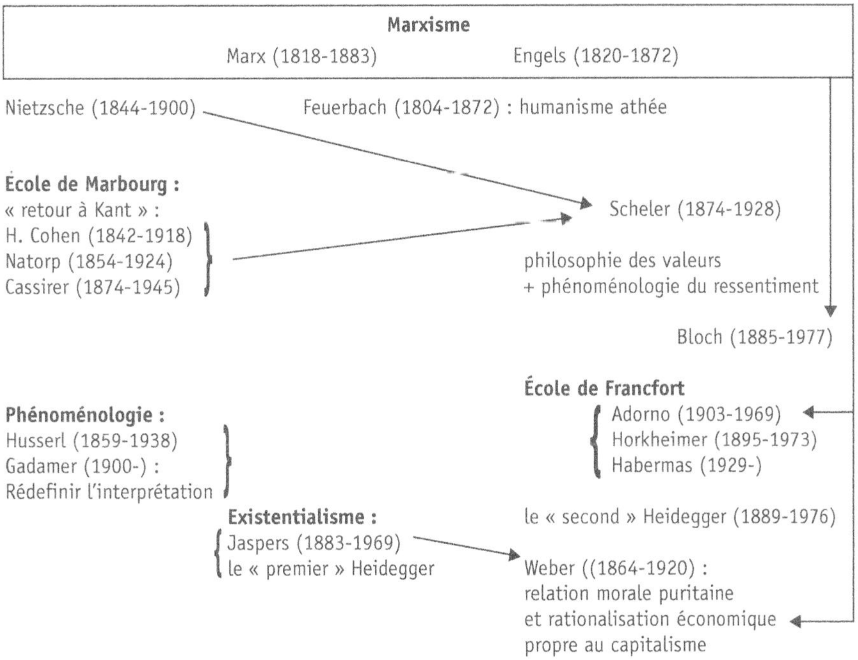

Marxisme
Marx (1818-1883) Engels (1820-1872)

Nietzsche (1844-1900) → Scheler (1874-1928)

Feuerbach (1804-1872) : humanisme athée

École de Marbourg :
« retour à Kant » :
H. Cohen (1842-1918)
Natorp (1854-1924)
Cassirer (1874-1945)
→ Scheler (1874-1928)

Scheler (1874-1928)
philosophie des valeurs
+ phénoménologie du ressentiment

Marxisme → Bloch (1885-1977)

École de Francfort
Adorno (1903-1969)
Horkheimer (1895-1973)
Habermas (1929-)

Phénoménologie :
Husserl (1859-1938)
Gadamer (1900-) :
Rédefinir l'interprétation

le « second » Heidegger (1889-1976)

Existentialisme :
Jaspers (1883-1969)
le « premier » Heidegger
→ Weber ((1864-1920) :
relation morale puritaine
et rationalisation économique
propre au capitalisme

Philosophie anglaise

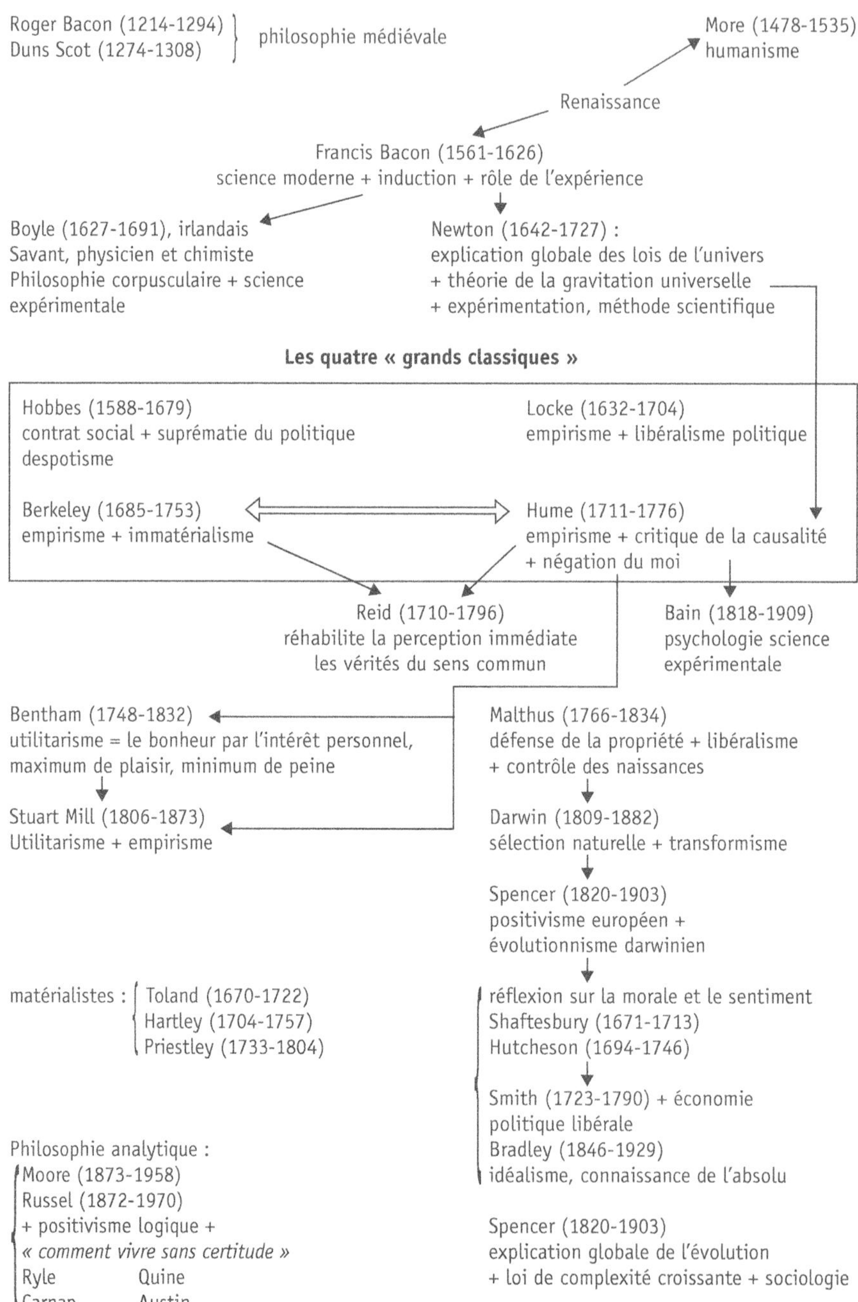

Philosophie arabe

Du VII au Xe siècle :
Transmission de la philosophie grecque dans le monde musulman

Al-Kindi (796-873)
initiateur de l'aristotélisme

Al Farabi (872-950)
1re synthèse Platon/Aristote
+ division de l'être en contingent et nécessaire

Avicenne (Ibn Sina ; 980-1037)
Réflexion sur l'essence du mal, théorie des Dix Intelligences

Averroès (Ibn Ruchd ; 1126-1198)
la philosophie peut s'accorder avec les principes religieux

→ **Aristotélisme rationalisme**

Les frères de la pureté :
œuvres encyclopédiques
+ l'homme est un microcosme

⟷ **Al Ghazali** (mort en 1111) :
le philosophe est incroyant
+ critique de l'éternité du monde
} affirmation de l'islam

Philosophie française

XVIe siècle : Montaigne (1533-1592) — Calvin (1509-1564)

XVIIe siècle : Descartes (1596-1650) — Bossuet (1727-1704) orthodoxie chrétienne — Fénelon quiétisme
Malebranche (1638)
A. Arnauld (1612-1694) → Pascal (1623-1662) jansénisme
Bayle (1647-1715), la libre pensée
Fontenelle (1657-1757)...

XVIIIe siècle : Montesquieu (1689-1755)
Diderot (1713-1784), La Mettrie (1709-1751), D'Holbach (1723-1794), Helvetius (1715-1771) : **matérialistes**
Condillac (1715-1780), sensualisme
Condorcet (1743-1794)
Voltaire (1694-1778)
Rousseau (1712-1778)
Lamarck (1744-1829)...

Idéologues : Destutt de Tracy (1754-1836)
Cabanis (1757-1808)
Maine de Biran (1766-1824)

XIXe siècle :

Traditionalistes
- J. de Maistre (1753-1821)
- de Bonald (1754-1840)

Eclectisme
- Royer-Collard (1763-1845)
- Jouffroy (1796-1842)
- Cousin (1792-1867)

Socialiste utopiques
- Saint-Simon (1760-1825)
- Fourier (1772-1837)

de Tocqueville (1805-1859)

Positivisme
- Comte (1798-1857)
- Taine (1828-1867)

Théoricien du socialisme
- Leroux (1797-1871)
- Proudhon (1809-1865)

Idéalisme, criticisme
- Renouvier (1815-1903)
- Lachelier (1832-1918)
- Boutroux (1845-1921)
- Lequier (1814-1862), néo-criticisme

Cournot (1801-1877), doctrine probabiliste et relativiste de la science
Bernard (1813-1878), méthode scientifique
Bergson (1845-1922)

XXe siècle :

Philosophie des sciences :
- Poincaré (1854-1912)
- Meyerson (1859-1933)
- Bachelard (1884-1962)
- Koyré (1892-1964)
- Canguilhem (1904-1995)
- Bouveresse (1940)

Serres (1930)
Dagonet (1924)...

Pensée hégelienne :
- Kojève (1902-1968)
- Wahl
- Hyppolite

Philosophies de l'existence :
- Sartre (1905-1980) Existentialisme
- Camus (1913-1960)
- de Beauvoir (1908-1986)
- Merleau-Ponty (1908-1961)
- G. Marcel, (1889-1973) existentialisme chrétien

Sociologie :
- Durkheim (1858-1917)
- Lévy-Bruhl (1857-1939)

Marxisme :
- Lefèvre (1901-1991)
- Althusser (1918-1990)
- ...

↓ **Structuralismes**
- Foucault (1926-1984)
- Lacan (1901-1981), psychanalyse
- Lévi-Strauss (1908), ethnologie
- Barthes (1915-1980), critique

Alain (1868-1951), une nouvelle éthique

M. Blondel (1861-1949) rapport spéculation et pratique
Lavelle (1883-1951) philosophie spiritualiste

BIBLIOGRAPHIE GÉNÉRALE

A. Rivaud, *Histoire de la philosophie*, 4 volumes, PUF, Paris, 1948-1962.

J. Chevalier, *Histoire de la pensée*, 4 volumes, Flammarion, Paris, 1955-1966.

A. Lalande, *Vocabulaire technique et critique de la philosophie*, PUF, Paris, 1960.

H. Gouhier, *La Philosophie et son histoire*, Librairie philosophique J. Vrin, Paris, 1952.

A. Koyré, *Études d'histoire de la pensée philosophique*, Gallimard, Paris, 1961.

P. Foulquié, R. Saint-Jean, *Dictionnaire de la langue philosophique*, PUF, Paris, 1962.

F. Chatelet (sous la direction de), *Histoire de la Philosophie*, 4 volumes, Hachette Pluriel, Paris, 1972.

E. Bréhier, *Histoire de la philosophie*, 4 volumes, PUF, Paris, 1981.

B. Parain (sous la direction de), *Histoire de la philosophie*, 3 volumes. Encyclopédie de la Pléiade, Gallimard, 1961.

TABLE DES MATIÈRES

Première partie
LE MIRACLE GREC

Deuxième partie

DU MOYEN ÂGE À LA RENAISSANCE

Cinquième partie

LE XIXe SIÈCLE, LES TEMPS NOUVEAUX

Sixième partie

LE XXe SIÈCLE : LA PHILOSOPHIE CONTEMPORAINE

Dépôt légal : juin 2016
Imprimé en Allemagne par BoD

www.ingramcontent.com/pod-product-compliance
Ingram Content Group UK Ltd.
Pitfield, Milton Keynes, MK11 3LW, UK
UKHW051110230726
13924UKWH00010B/2250